Für meine Familie

„Im Verhalten unserer Kinder zeigt sich unser Denken über sie.“

Reinhold Bartel

Impressum

1. Auflage 2013
© by isybuk Verlag, Oyten
www.isybuk.de
Alle Rechte vorbehalten

Satz und Gestaltung: Katja Mense-Seerich, Verden
Fotos Umschlag innen: Foto Spektrum, Oyten
Illustrationen: Katja Mense-Seerich und Bianka Reichardt
Lektorat: Thomas Sonntag, Oldenburg
Druck und Verarbeitung: flyeralarm GmbH

Printed in Germany
ISBN 978-3-9815883-0-9

Inhalt

Vorwort

Ich wollte eine gute Mutter sein – nicht mehr und nicht weniger. Obwohl ich keine Vorstellung davon hatte, was eine gute Mutter ausmacht, wie sie handelt, was sie sagt oder was sie vorlebt. Ich dachte, ich bin einfach so, wie ich bin, und das wäre schon ausreichend, um mich als gute Mutter bezeichnen zu können. Aber ich hatte keine Ahnung von temperamentvollen Söhnen und Vätern. Und ich hatte keine Ahnung von generationsübergreifenden Lebenszusammenhängen. Mein Sohn schaffte es immer wieder mit Leichtigkeit, mich an meine Grenzen zu bringen. Damals wusste ich jedoch noch nichts von meinen „Gespenstern" der Vergangenheit und auch nichts von den „Gespenstern" der Gegenwart, die alle ihr Recht einforderten, wahrgenommen zu werden.

Als Erziehungswissenschaftlerin habe ich daraufhin begonnen, mich mit geschlechterspezifischen Verhaltensweisen von Jungen und Familienzusammenhängen zu befassen. Als Mutter habe ich mich weiterhin so gut es ging durchgewurschtelt und immer wieder dazugelernt. Mein heutiges Leben, meine Arbeit und dieses Buch wären ohne das Leben in meiner Familie nicht entstanden. Und wenn ich das alles vorher gewusst hätte, was ich heute weiß, dann hätte ich schon von Anfang an gewusst, was ich heute weiß: Ich habe meine Fehler, ich neige zur Ungeduld und zum Perfektionismus. Aber ich bin eine echt gute Mutter.

Und vieles, was einem als fast unlösbares Problem erscheint, verwächst sich von ganz alleine.

Wenn ich das vorher gewusst hätte!

Diese aus tiefstem Herzen kommende Erkenntnis hat mit den Anstoß für dieses Buch gegeben. Dazu die oft gestellte Frage am Ende meiner Vorträge und Seminare: „Kann man das irgendwo nachlesen?" Die Erkenntnis „Wenn ich das vorher gewusst hätte" hat mich auch daran erinnert, wie ich selbst Mutter wurde. Ich war voller Zuversicht und Liebe, hatte aber keine Ahnung, was ein Kind und insbesondere ein Sohn wirklich braucht, wie man eine dauerhafte und erfüllende Partnerschaft lebt und welche verborgenen, mir unbekannten Zusammenhänge einen Einfluss auf die Beziehung zu meinen Kindern und zu meinem Partner haben. Auch hatte ich keine Ahnung davon, wie bedeutend die Rolle des Vaters in der Erziehung seines Sohnes ist und welche Rolle die Frau und Mutter dabei spielt.

Ich wusste nichts über Ursachen, Symptome und Auswirkungen von ADHS (Aufmerksamkeitsdefizit-/Hyperaktivitätsstörung). Umso mehr war ich schockiert, als ein Arzt meinte, mein Sohn würde sich hyperaktiv verhalten. Die Diagnose stellte er aufgrund der Beobachtung, dass mein vierjähriger Sohn sich lieber das lebensgroße Skelett und diverse skurrile Dinge im Schrank des Untersuchungsraums ansehen wollte als auf meinem Schoß zu sitzen und zuzuhören, wie ich über Verdauungsbeschwerden sprach. Auch eine Grundschullehrerin war der Meinung, dass der siebenjährige Junge eine Störung hat und riet mir dringend, ihn untersuchen zu lassen.

Drei Jahre nach dem Sohn kam meine Tochter zur Welt, und sie verhielt sich ganz anders. So begann ich, mich nicht nur als Mutter, sondern auch als Erziehungswissenschaftlerin mit dem Thema der Differenz von Jungen und Mädchen professionell zu beschäftigen.

Sie lesen dieses Buch mit dem Blick auf Ihren Sohn, Enkelsohn, Ehemann, Vater, Bruder, Arbeitskollegen, Nachbarn oder einen Jungen aus Ihrem Arbeitskontext? Dann möchte ich Ihnen in diesem Buch gern aufzeigen, welche Chancen sich bieten, wenn Sie sich einerseits Wissen über die besonderen Bedürfnisse von Jungen und Männern aneignen und sich andererseits der Zusammenhänge in Ihrer eigenen Familie und in Ihrer Biografie bewusst werden. Dieses Wissen können Sie nutzen und Ihre Beziehungen, innerhalb und außerhalb der Familie, positiv verändern.

Wenn Sie sich durch dieses Buch angeregt fühlen, sich mit Ihrer Familie und Ihrer Biografie zu beschäftigen, geht es nicht darum, Schuldige zu suchen. Zu wissen, wer Schuld an etwas hat, verändert nichts. Kinder machen Erfahrungen, die sie zu Handlungen animieren, und auch Eltern sind Kinder von Eltern. Diese Erfahrungen bringen Sie später in Ihre eigene Familie mit ein, sie sind nicht mehr veränderbar. Aber manchmal reicht es schon aus, den Blick auf bestimmte Erlebnisse oder Verhaltensweisen zu verändern, um ein Verhalten besser zu verstehen und damit leichter akzeptieren zu können.

Nicht nur die Statistik, sondern auch meine Beratungspraxis zeigt, dass mehr Familien mit Jungen eine Beratung aufsuchen. Ich selbst habe die klassische Konstellation des scheinbar „schwierigen" Jungen und scheinbar „pflegeleichten" Mädchens erlebt. Mehr Mütter als Väter fühlen sich in der Erziehung ihres Sohnes verunsichert und fragen sich, wie sie mit seinem Verhalten umgehen sollen. Der geschlechterspezifische Schwerpunkt in meinem Buch liegt daher bei den Bedürfnissen der Jungen und der Rolle der Väter und Männer und was dies für das Handeln und Fühlen der Mutter und Frau bedeutet.

Gleichzeitig machen Sie sich mit diesem Buch auf die Reise zu Ihrer eigenen Lebensgeschichte und ihren Zusammenhängen.

Das Buch richtet sich an alle Menschen, die sich für die Erziehung von Jungen verantwortlich fühlen. Bekanntermaßen lesen aber viel mehr Frauen als Männer pädagogische Ratgeber. Daher richtet sich meine Ansprache überwiegend an Frauen bzw. Mütter. Väter bzw. Männer fühlen sich bitte auch angesprochen.

Jungen und Männer sind nicht schwierig, sie sind einfach anders. Diese Andersartigkeit können Sie verstehen lernen – z. B. mit Hilfe dieses Buches. Und dann brauchen Sie nicht mehr zu sagen: „Wenn ich das vorher gewusst hätte!"

1 Kinder sind das sichtbar gewordene Wir der Eltern

So fängt es meistens an

Nach dem unglaublich schöpferischen und meist anstrengenden Akt der Geburt und der Freude über das Kind bleibt den Eltern in den ersten Monaten wenig Zeit für das eigene Leben. Die Sehnsucht nach Freiheit für die eigenen Interessen nimmt zu, aber oft wird alle Energie durch das Kind verbraucht. Eltern sind darauf nicht vorbereitet. Sie lernen nicht, was es für das eigene Leben, die eigenen Interessen bedeutet, wenn ein Kind geboren wird. Es entsteht ein Interessenkonflikt zwischen den eigenen Bedürfnissen und denen des Kindes. Vielleicht auch ein Neid auf die Berufstätigkeit des Partners, der das Haus verlässt und scheinbar seinen „Interessen" nachgehen kann. Ein Kind, das lange Zeit nicht durchschläft, den Eltern die so notwendige Nachtruhe raubt und/oder stundenlang schreit, kann auch bei noch so wohlwollenden Eltern Aggressionen auslösen, von denen sie vorher gar nicht geahnt haben, dass sie zu solchen Gefühlen gegenüber ihrem Kind fähig sind. Das belastet nicht nur die eigenen moralischen Vorstellungen, sondern auch die Partnerschaft. Die Umstellung vom Paar zur Familie ist ein Abschnitt im Lebenszyklus, dem viele Paare nicht gewachsen sind.

Für immer mehr Paare scheint Trennung die einzige Möglichkeit zu sein, der Belastung zu entgehen. Im Durchschnitt wird heute jede dritte Ehe in Deutschland in den ersten sechs Ehejahren geschieden, bei 50 % der Scheidungen sind minderjährige Kinder betroffen (vgl. Statistisches Bundesamt 2012). Fast 20 % der Eltern sind alleinerziehend, davon 90 % Frauen. Väter werden hier nicht selten zu einer alle zwei Wochen wiederkehrenden Randerscheinung. Aber auch Väter, die sich aktiv in die Erziehung ihrer Kinder einbringen möchten, sind verunsichert, wie sie ihre Rolle ausfüllen sollen. Das bleibt nicht ohne Folgen für die Kinder. Aggressionen, auffälliges Verhalten, Gewalt, Sucht und Orientierungslosigkeit nehmen zu, besonders bei den Jungen. Seit Jahren sind sie schulisch auf der Verliererseite (vgl. Beuster, 2007).

Jungen und Mädchen brauchen auf ihrem Weg der Identitätsbildung Vorbilder, die ihnen Orientierung und Sicherheit geben. Jungen können aber nicht von Müttern oder anderen Frauen lernen, was es heißt, ein Mann zu sein. Während der Herausbildung der Geschlechteridentität orientieren sich Jungen und Mädchen überwiegend am gleichen Geschlecht. Darüber hinaus erziehen Mütter anders als Väter, und oft fällt es ihnen schwer, die Erziehungsvorstellungen und -haltungen des Vaters zu akzeptieren. Das verunsichert die Väter und nicht selten ziehen sie sich ganz aus der Erziehung zurück. Jungen benötigen auf ihrem Weg zum Mannwerden einen Mann als Vorbild, und zwar den Vater oder ein anderes älteres männliches Vorbild. Fehlt dieses Vorbild, greifen Jungen oft auf andere Vorbilder im Fernsehen oder in PC-Spielen zurück. Väter, die geliebt werden und die lieben (ihre Kinder, aber auch ihre Frau), sind das beste Vorbild für Söhne und Töchter. Der Sohn orientiert sich an ihm in seiner Rolle als Mann und die Tochter entwickelt eine Vorstellung davon, wie

Männer so sein könnten. Nicht selten fehlt aber auch schon den Vätern das Erleben eines eigenen Vaters in seiner Rolle als Vorbild, sodass sie in ihrer Vaterrolle auf wenig Vorgelebtes zurückgreifen können.

Mädchen scheinen dagegen bei der Bildung die Gewinnerinnen zu sein. Viele Frauen haben sich von ihrer traditionellen Rolle gelöst und Töchter erzogen, die selbstbewusst sind und ein gutes Selbstwertgefühl haben. Mädchen sind im Durchschnitt die besseren Schülerinnen und das beliebtere Geschlecht in Bildungs- und Erziehungssituationen. Mehr Mädchen als Jungen besuchen das Gymnasium (vgl. Statistisches Bundesamt 2011). Sie zeigen eine größere Beziehungsfähigkeit und sind im Allgemeinen verhaltensunauffälliger als Jungen. Aber auch sie brauchen männliche und weibliche Vorbilder auf ihrem Lebensweg.

Aus dem Nähkästchen geplaudert

„Herzlichen Glückwunsch, es ist ein Junge!"

Ich habe mein erstes Kind ohne jegliche praktische und theoretische Erfahrung über oder mit Kindern bekommen. Meine Kenntnisse beschränkten sich auf das Wissen aus einem Kinderpflegekurs während der Schwangerschaft – wann in welchem Alter welche Nahrung zu verabreichen ist und ob Stoff- oder Einmalwindeln die bessere Wahl sind.

Bis zu meinem 30. Lebensjahr war ich, als Einzelkind aufgewachsen, erfolgreich in der wirtschaftlichen Arbeitswelt tätig und verschwendete keinerlei Gedanken an eigene Kinder. Dann schlug die biologische Uhr zu und ich wollte von jetzt auf gleich Kinder haben. Glücklicherweise lernte ich meinen

Mann kennen, ältestes von vier Geschwistern. Wir heirateten etwa ein Jahr später, ich war im sechsten Monat schwanger. Die Rollenverteilung schien von Beginn an klar zu sein. Nach klassischem Vorbild blieb mein Mann berufstätig, während ich mich um Kind und Haushalt kümmern wollte.

Auf ein „Schreikind", das anfing zu weinen, sobald es keinen Körperkontakt mehr zu mir hatte, war ich allerdings nicht vorbereitet. Davon hatte die Dozentin im Kinderpflegekurs nichts erzählt. Vielmehr hatte ich mich auf die Erfahrung meiner Oma – Kinder sind so niedlich, die kann man so hübsch anziehen und mit ihnen spazieren gehen – verlassen. Ich habe dann, mehr oder weniger erfolgreich, versucht, der Situation gerecht zu werden. Sechs Monate lang schrie unser Sohn stundenlang am Stück, vorzugsweise in den Abendstunden, ohne einen für mich ersichtlichen Grund. Er war gewickelt, satt und hatte Körperkontakt. Ärztliche Untersuchungen zeigten keinen Befund, das Kind war gesund und schrie trotzdem. Wütend und weinend zugleich kam ich immer schneller an meine Grenzen, eine liebevolle und verständnisvolle Mutter zu sein. Fast täglich übergab ich abends den brüllenden Sohn seinem Vater. Der hatte einen anstrengenden Arbeitstag hinter sich und hätte seine Rolle als Ehemann und Vater sicherlich gern anders ausgefüllt, als mit einem schreienden Kind stundenlang im Wohnzimmer auf und ab zu laufen (die Gehspuren waren noch lange Zeit deutlich im Teppich zu sehen). Wenn unser Sohn dann erschöpft einschlief, waren wir es auch. Die Ehe war einer harten Probe ausgesetzt. Nach etwa acht Monaten endete das abendliche Schreien. Die außerordentliche Aktivität unseres Sohnes aber blieb bestehen. Er blieb ein „anstrengendes" Kind, das in jeder wachen Minute vollste Aufmerksamkeit forderte.

Ich wollte eine gute Mutter sein und meinte, die außerordentliche Liebe zu meinem Kind und meinem Mann würde schon ausreichen, um eine gute Beziehung zum Kind und zum Partner zu haben. Ich kannte aber weder meine eigenen Grenzen noch habe ich meinem Sohn eine verlässliche Grenze geboten. Ich wusste wenig von meiner eigenen Geschichte, kannte die Geschichte meiner Eltern nicht und hatte keine Ahnung von Zusammenhängen im Familiensystem. Später wusste ich, was die Gründe für die außerordentliche Aktivität unseres Sohnes waren. Er hatte mit allen ihm zur Verfügung stehenden Mitteln darauf aufmerksam gemacht, aber wir haben es nicht erkennen können. Die Diagnose ADHS, mit entsprechender medikamentöser Behandlung, hatte nur deshalb keine Chance, weil ich intuitiv wusste, dass das der falsche Weg war. Einen richtigen Weg kannte ich nicht, und so wurschtelte ich mich weiter durch. Bei der Geburt meiner Tochter drei Jahre später wusste ich immer noch nicht genau, wie ich es richtig machen sollte, aber ich wusste immerhin schon, wie ich es nicht noch einmal haben wollte – es hat ein bisschen geholfen. Auch der Umstand, dass die Tochter ein „pflegeleichtes" Mädchen war, hat uns das Zusammensein erleichtert. Geschwister neigen dazu, sich die Nische zu suchen, die noch nicht besetzt ist. Und da die hyperaktive Sparte schon zur Genüge besetzt war, versuchte sie es mit „Ich brülle nicht und verhalte mich ruhig, so lange ich auf deinem Schoß sitzen darf". Das hat sie fast bis zu ihrem vierten Geburtstag so gehalten. Dann sprang sie buchstäblich von meinem Schoß herunter und ging in die Welt. Hätte ich nicht auch da wieder auf mein Gefühl gehört, hätte ich sie schon Jahre vorher wegen extremen Klammerns an die Mutter und Nicht-Sprechens mit Fremden in Behandlung gegeben.

Auf der Suche nach einer Erklärung für das Verhalten meines Sohnes könnte man zu dem Schluss kommen, der Sohn hätte auch einfach nur gern auf dem Schoß sitzen wollen (und ich hätte das nur zulassen müssen). Wollte er aber nicht. Nur vorlesend oder

Geschichten erzählend konnte man ihn auf dem Schoß behalten, ohne Unterhaltung zappelte er herum und widmete sich lieber anderen interessanteren Dingen wie Schubladen, Blumentöpfen oder der Stereoanlage. Später verging nicht ein Jahr, in dem wir uns nicht in Gesprächen mit pädagogischen Mitarbeitern und Mitarbeiterinnen über unseren Sohn wegen Nichteinhaltung von Regeln und Grenzen und schlechter Schulnoten auseinandersetzen mussten. Auch hier holte mich meine eigene Vergangenheit ein, ohne dass ich eine Ahnung davon gehabt hatte.

Nun, 15 Jahre später, bin ich schlauer und muss selbst sagen: „Wenn ich das alles vorher gewusst hätte!" Ich möchte mein Wissen gern weitergeben, damit auch andere ihre eigene, manchmal vielleicht schwierige Familiensituation besser verstehen und bewältigen können. Dafür ist es in keinem Fall zu spät! Alle Faktoren, Regeln, Strukturen, die in einer Familie eine Bedeutung haben, sind veränderbar, zu jeder Zeit. Bisher war es vielleicht so oder so in Ihrer Familie, ab jetzt kann es anders sein. Früher Versäumtes kann zu einem späteren Zeitpunkt aufholbar sein. Vielleicht hinterlässt es Spuren, aber auch damit kann man sich auseinandersetzen und so die Zukunft verändern. So musste mein Sohn fast 15 Jahre seine Symptome „pflegen", so lange, bis die Eltern endlich ihr Gleichgewicht gefunden hatten. Ab da wurde alles besser, erstaunlicherweise auch die Schulnoten, und die Gespräche mit den Lehrkräften endeten. Das Sprichwort „Was Hänschen nicht lernt, lernt Hans nimmermehr" ist also nur bedingt richtig. Der Mensch ist ein lebenslang lernfähiges Individuum und kann in jeder Lebenssituation Neues lernen. Vielleicht nicht mehr mit der Leichtigkeit und Selbstverständlichkeit der ersten Lebensjahre, aber möglich ist es immer, sich zu verändern, sich zu entwickeln und Neues dazuzulernen.

Letztendlich hat sich bewahrheitet, was ich immer geglaubt und was ich jedem erzählt habe, der an meinem Sohn herumzerren

Der Blick durch die „Brille"

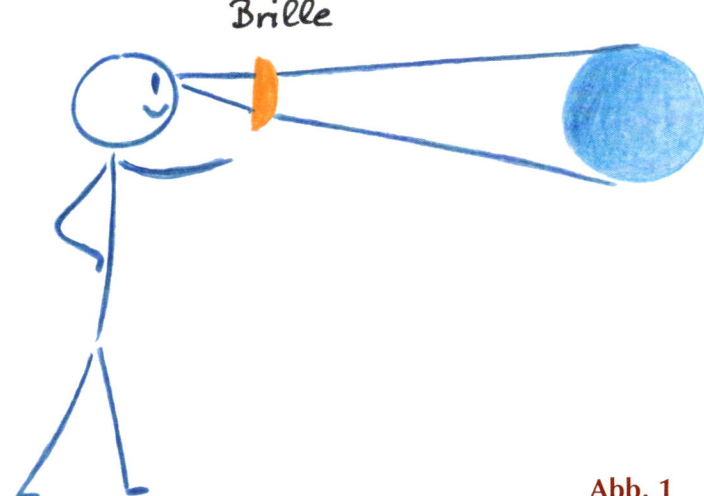

Brille

Abb. 1

Wenn Sie sich Gedanken über die Beziehungen in Ihrer Familie machen, zu Ihrem Partner/Ihrer Partnerin, zu Ihrem Kind/Ihren Kindern, zu Ihren Geschwistern oder Ihren Eltern, so geht das nicht ohne das Verständnis von Ihrer eigenen Familiengeschichte. Die Entwicklung und das Verhalten eines Kindes können nicht losgelöst von seiner übrigen Familie betrachtet werden. Ihr Kind ist genauso wie Sie selbst, Ihre anderen Kinder, Ihr Partner, Ihre Eltern ein Teil des Systems Familie.

Jedes Familienmitglied betrachtet die Beziehungen, Geschehnisse und die Vergangenheit durch seine eigene „Brille". Dabei gibt es keine absolute Wirklichkeit; die Wirklichkeit wird durch das Auge des Betrachters geschaffen, und jeder Mensch hat seinen ganz individuellen Blick auf das Erlebte (vgl. Foerster/Glasersfeld, Hejl et al., 2010).

Menschen kommunizieren in Begriffen, ohne verbale, also eine Kommunikation mit Worten, wäre das Finden von Begriffen nicht notwendig. Ein Wort ist zunächst eine Zusammensetzung aus verschiedenen Buchstaben. Erst das Füllen mit einem Inhalt oder Sinn macht es zu einem Begriff. Menschen haben sich zwar auf die Bedeutung eines Wortes festgelegt, bei dem inhaltlichen Verständnis eines Begriffs gibt es aber kulturelle und individuelle Unterschiede. Zwei Menschen deuten einen Begriff niemals auf die völlig identische Art und Weise (vgl. Schmid, 2009), denn die Deutung eines Begriffs hängt von der ganz persönlichen Lebenserfahrung ab, die der Mensch gemacht hat. Deutlich wird das, wenn wir uns den Begriff Liebe betrachten. Was bedeutet Liebe für Sie? Und was bedeutet Liebe für Ihren Partner? Dabei geht jeder davon aus – und das ist ganz menschlich –, die einzig wahre Bedeutung eines Begriffs zu kennen und glaubt, dass alle anderen diesen Begriff auf die gleiche Art und Weise füllen. Meiner Meinung nach entstehen durch solche Vorwegannahmen die größten und häufigsten Kommunikationsprobleme. Eine ganze Reihe von Konflikten könnte schneller beigelegt werden, wenn die Gesprächspartner sich zuallererst darüber austauschen würden, welche Vorstellungen sie von den Begriffen haben, die im Zusammenhang mit dem Konflikt eine Rolle spielen. Liebe, Vertrauen, Partnerschaft, Erziehung, Nähe, Trost, Zuhören, Freiheit, Geld – was bedeuten diese Begriffe für beide Beziehungspartner?

Der Blick durch die „Brille" hat nicht nur für einzelne Begriffe oder Wertevorstellungen eine Bedeutung. Menschen neigen dazu zu meinen, so wie sie selbst etwas erkennen, deuten und bewerten würden auch andere Menschen Situationen oder Erlebtes erkennen, deuten und bewerten. Wir nehmen die Umwelt aber durch unsere ganz „individuelle Brille" wahr, jeder Mensch auf seine ganz einzigartige und vielleicht auch geschlechterspezifisch geprägte Art. Eine Geschichte macht das deutlich.

Aus dem Nähkästchen geplaudert

Jungen dürfen raufen

Mein Sohn erzählte eine Geschichte von einer Konfirmandenfreizeit, die er als 15-Jähriger begleitet hatte. Er war mit seiner Gruppe zu Fuß unterwegs und hatte einen abgepflückten Strohhalm im Mund. Ein jüngerer Vorkonfirmand ärgerte ihn und versuchte immer wieder, den Strohhalm aus dem Mund zu ziehen. Typisches Hierarchiespiel unter Jungen. Mein Sohn sagte: „Wenn du das jetzt nicht sein lässt, wird das Konsequenzen haben." Gesagt, getan. Der andere Junge ließ es nicht sein und die beiden klärten es miteinander raufend. Mein Sohn gewann, und der andere Junge ließ ihn fortan in Ruhe. So erzählte er es jedenfalls zu Hause.
Ich belehrte ihn daraufhin: „Das darf man nicht, man rauft nicht mit anderen. Gewalt ist überhaupt keine Lösung. Du hättest mit ihm reden sollen und ihm erklären können, warum dich sein Verhalten stört, und ihn bitten können, damit aufzuhören. Du bist doch schließlich auch ein Vorbild." Er erwiderte: „Hab' ich ja alles gemacht. Aber er hat nicht aufgehört. Nach dem Gerangel war er aber total freundlich und hat endlich Ruhe gegeben. Und ich habe ihn ja schließlich nicht verprügelt. Er hat mich wirklich provoziert und ich habe ihn mehrfach gewarnt." Mein Mann erklärte mir nachsichtig: „Die beiden haben halt ein Spiel gespielt – wer meint es ernst, wer setzt sich durch, wer hält, was er sagt, wer ist der Sieger? Danach

war alles geklärt." Männer stimmen diesem Kommentar meist zu, Frauen weniger. Sie meinen eher, dass man Meinungsverschiedenheiten friedlich, redend, klären sollte.

Viele Frauen pflichten mir bei, dass sie es auch schwer aushalten können, wenn Jungen raufen und ihre Differenzen auf diese Art und Weise austragen. Das sei so gar nicht die Methode, mit der die meisten Mädchen und Frauen ihre Konflikte lösen. Die Methode vieler Mädchen, mehrere Tage nicht miteinander zu sprechen und die andere zu ignorieren, ist meiner Ansicht nach aber auch keine wirklich bessere Alternative.

In der Art, Konflikte zu klären, scheint es also auch geschlechterspezifische Unterschiede zu geben. Davon später mehr und zunächst noch einmal zurück zu den Anfängen.

Das Meiste liegt im Verborgenen

Mit Hilfe des Eisbergmodells veranschaulichen Kommunikationswissenschaftler, dass nur ein kleiner Teil der menschlichen Kommunikation bewusst wahrgenommen wird und für den Menschen sichtbar ist (vgl. z.B. Schulz von Thun, 2011a, 2011b, Watzlawick, Beavin & Jackson, 2000). Dabei handelt es sich um Sachinformationen, also Daten, Fakten, Sachverhalte. Daneben werden mit einer sprachlichen Äußerung aber auch – und das ist der weitaus größte Teil – Gefühle, Bedürfnisse, Wünsche, Ratschläge, Erwartungen, Rollen, Beziehungshinweise usw. ausgedrückt; diese unausgesprochenen Mitteilungen werden von dem anderen Gesprächsteilnehmer auf der Beziehungsebene wahrgenommen und entschlüsselt. Dabei wird der Blick einer Person auf ein bestimmtes Geschehen oder einen Sachverhalt

u. a. durch ihre individuelle Biografie und Lebenserfahrung bestimmt. Wodurch ihre Sichtweise oder Handlung gesteuert wird, liegt dabei für die Person zum größten Teil verborgen (auch hier kommt wieder der Vergleich mit einem Eisberg ins Spiel, s. Abb. 2). Freud als Begründer der Psychoanalyse legte dafür u. a. die Begriffe des Bewusstseins und des Unbewussten fest. Er nahm an, dass sich eine Person nicht automatisch darüber bewusst ist, woher ihr Antrieb zu handeln und sich auf eine bestimmte Art und Weise zu verhalten kommt. Und er folgerte, dass die Erfahrungen, die zu einem bestimmten Verhalten geführt haben, nicht so einfach durch Nachdenken bewusst zu machen sind (vgl. Freud, 1975).

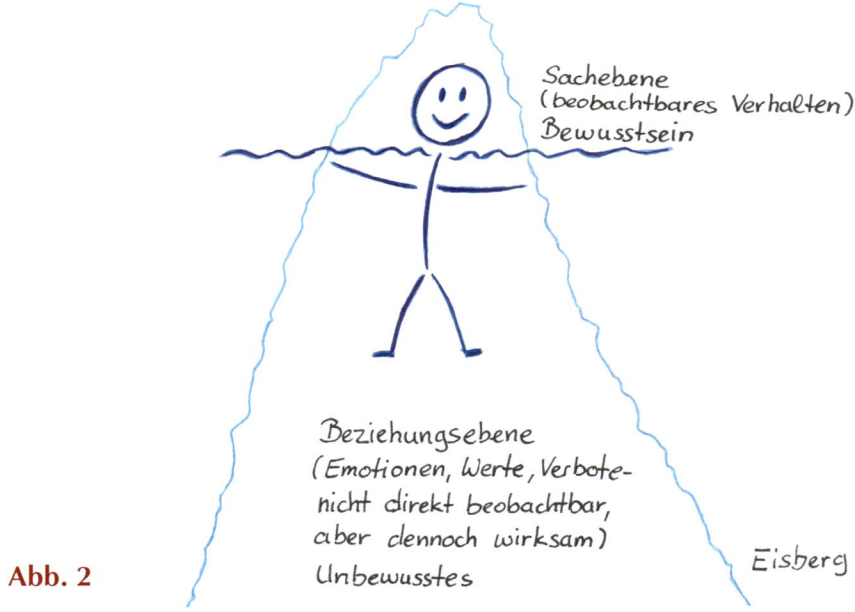

Abb. 2

Durch die Eisbergmetapher wird verdeutlicht, dass das, was wir von einem Eisberg über der Wasseroberfläche erkennen können, nur ein Bruchteil des ganzen Eisbergs ist. Der größere und gewichtigere Teil liegt unterhalb der Wasseroberfläche im Verborgenen, aber beide Teile sind miteinander verbunden und beeinflussen sich gegenseitig.

Daran sollten Sie in einem Gespräch mit Kindern, dem oder der Partnerin, Eltern – einfach allen Menschen immer denken, um möglichst viel vom „verborgenen Eisberg herauszuhören", um die persönliche Sichtweise des Gesprächspartners oder der Gesprächspartnerin zu erfahren und nachvollziehen zu können. Hierfür ist der Respekt vor anderen Sichtweisen eine Grundvoraussetzung. Alle Beteiligten einer Kommunikation können nur ihre eigene, subjektive Wahrheit entwickeln, die keinesfalls besser oder schlechter als andere Sichtweisen sein kann, nur anders (Schlee, 2008: 39). Das sollten Sie unbedingt auch beherzigen, wenn Sie andere Familienmitglieder über die Geschichte der Familie befragen und die Kommunikation darüber schwierig ist.

Warum eine gute Beziehung so wichtig ist

Ein Kind, egal ob Junge oder Mädchen, braucht vor allem in den ersten Lebensmonaten eine liebevolle und zuverlässige Bindungsperson. Kann das Kind in Situationen, die es für bedrohlich hält oder die Angst bei ihm auslösen, nicht auf die Bindungsperson zurückgreifen, fängt es an zu protestieren, was sich meist in Weinen äußert. Brisch (2011: 49) schreibt: „Schon vor Hunderttausenden von Jahren sicherte dieses Verhalten dem menschlichen Nachwuchs das Überleben: Ein schutzloses Baby wäre schnell zum Opfer von Raubtieren oder anderen Gefahren der Wildnis geworden. Da nicht nur der Mensch, sondern alle Säugetiere und selbst Vogeljunge Bindungsverhalten zeigen, muss es sehr früh in der Evolution genetisch verankert worden sein." Meist ist die Mutter die erste engste Bezugsperson. Vater, Großeltern, Geschwister, eine Tagesmutter, Erzieher oder Erzieherinnen können als weitere Bindungspersonen angenommen werden.

Die Nähe zur wichtigsten Bindungsperson, nicht immer die Mutter, wird in Angst auslösenden oder bedrohlichen Situationen vehement eingefordert. Ein Kind kann sich an mehrere Personen binden; im Folgenden verwende ich der Einfachheit halber aber die Begriffe Bindungsperson und Beziehungsperson überwiegend in der Einzahl und meine damit die Primärbindungsperson.

Ein Neugeborenes, das in der Schwangerschaft angenommen und dessen Geburt freudig erwartet wird, kommt bereits mit allen Grundlagen eines guten Selbstwertgefühls auf die Welt. Es ist voller Zuversicht, voller Liebe und Vertrauen und voller Hingabe an die Menschen, die es lieben. Neugeborene Babys bringen keine „böse" Veranlagung mit ins Leben, Gewalttätigkeit und kriminelles Verhalten sind keine vererbbaren Gene.

Ein Baby ist intuitiv voller Vertrauen in seine Bindungsperson und von ihrer bedingungslosen Liebe abhängig. In den ersten Lebensjahren lernt das Kind immer mehr zu unterscheiden, welche Verhaltensweisen ihm die Liebe und Zuneigung der Bindungsperson sichern. Diese Sicherheit ist für das Kind lebensnotwendig, ebenso wie Essen und Schlafen. Mit allen ihm zur Verfügung stehenden Mitteln wird es versuchen, sich die Liebe seiner Bindungsperson zu sichern.

Ein Mensch braucht einen anderen Menschen, um sich selbst zu erkennen. Ein Kind erkennt sich in den ersten 1–2 Lebensjahren nicht als eigenständige Person, es erkennt sich in der Symbiose mit seiner engsten Beziehungsperson, oftmals die Mutter. Die Beziehung wird schon vom Säugling, durch Aufnahme des Blickkontaktes, aktiv gesucht. Michael Pauen (G&G, 11/2010) schreibt dazu in einem Essay:

„Haben Sie sich eigentlich schon einmal überlegt, warum Menschen weiße Augäpfel haben? Tiere haben das nicht, bei ihnen besitzen Augäpfel, Iris und Pupille meist die gleiche Farbe. Tiere verbergen damit die Blickrichtung vor möglichen Opfern oder Feinden. Warum ist das bei Menschen anders? Warum geben sie ihre Blickrichtung zu erkennen? Offenbar tun sie das,

um sich besser zu verständigen. Und dieser Vorteil für das Zusammenleben scheint so wichtig zu sein, dass er das damit verbundene individuelle Risiko überwiegt.

Dieses kleine Detail zeigt beispielhaft, wie die Natur des Menschen auf ein Leben in Gemeinschaft vorbereitet. [...] Viele unserer sozialen Bedürfnisse sind so tief greifend, dass unsere Entwicklung und unsere Gesundheit gefährdet sind, wenn sie nicht befriedigt werden. Einsamkeit macht krank: Alleinstehende haben nicht nur eine geringere Lebenserwartung als Verheiratete (und in festen Beziehungen lebende Menschen, Anm. der Autorin), auch ihr Krankheitsrisiko, insbesondere, was psychiatrische Erkrankungen angeht, ist erheblich höher. Umgekehrt fördern stabile soziale Beziehungen die intellektuelle Entwicklung, insbesondere bei kleinen Kindern."

Ein Kind braucht für eine gesunde emotionale Entwicklung eine gesunde Beziehung. Es möchte in den Beziehungen mit den Menschen, die es liebt und von denen es geliebt wird, als wertvoll angesehen werden. Es möchte mit den ihm zur Verfügung stehenden Mitteln zu einer guten Beziehung beitragen. Auch in erwachsenen Beziehungen ist uns daran gelegen, als liebevoll und wertvoll von dem anderen betrachtet zu werden. Das macht uns, zusammen mit anderen Faktoren, zu glücklichen Erwachsenen.

Eine gute und bedingungslose Beziehung herzustellen, wird dem Baby nicht immer gelingen; es kann Ablehnung und Zurückweisung spüren und lernt, dass es nicht bedingungslos geliebt wird. Das Selbstwertgefühl kann sich nicht im vollen Umfang entwickeln. Je mehr Ablehnung ein Kind erfährt, umso mehr muss es sich um eine Beziehung bemühen, in der es sich spiegeln und somit selbst erkennen lässt. Seine Entwicklung wird davon bestimmt sein, Anerkennung zu finden. Diese Verhaltensweise wird so ausgiebig verinnerlicht, dass sie bis ins Erwachsenenalter bestehen bleiben kann. Die Anerkennung und bedingungslose Liebe, die wir als Kleinkinder von unseren engsten Bindungspersonen nicht bekommen haben, wird so lange das Gefühl von Leere hinterlassen, bis wir es erkennen und ausfüllen. Bis dahin werden Ersatzhandlungen wie Konsumverhalten, Arbeitswut, exzessives Sexualverhalten und andere Ersatzbefriedigungen die Leere ausfüllen und zu keiner wirklichen Befriedigung führen. Das ungestillte, unerfüllte Kind in uns wird weiterhin nach der bedingungslosen Liebe und Anerkennung der Mutter oder des Vaters verlangen, so lange, bis es sie bekommt. Dabei ist es als erwachsener Mensch nicht notwendig, diese Anerkennung ausschließlich real von den Eltern zu erhalten. Sind die Eltern verstorben, ist das gar nicht mehr möglich. Je nachdem, wie schwer die Verletzung durch die Ablehnung der Bindungsperson gewesen ist, reicht es in einigen Fällen aus, sich über die Motive und Absichten des Verhaltens der Eltern klar zu werden. Überhaupt ist der erste Schritt zu erkennen, einen Mangel erlitten zu haben. Denn oft ist die materielle Versorgung gewährleistet gewesen, die Eltern waren nicht gewalttätig, es gab keine sexuellen Übergriffe, keine Vernachlässigung. So fällt es schwer, in den feinen Nuancen der Bindung und Zuwendung einen Mangel zu erkennen. Oftmals haben die Eltern alles dafür getan, dass es einem gut geht, wie sollte man ihnen da einen Vorwurf machen? Man möchte ja nicht ungerecht oder undankbar sein. Genauso oft klagen Männer und Frauen ganz offen darüber, dass sie sich gewünscht hätten oder wünschen, mehr Anerkennung von der Mutter oder dem Vater zu bekommen. Diese fehlende Anerkennung belastet, bewusst oder unbewusst, ein Leben lang.

Kinder vereinen in sich Mutter und Vater

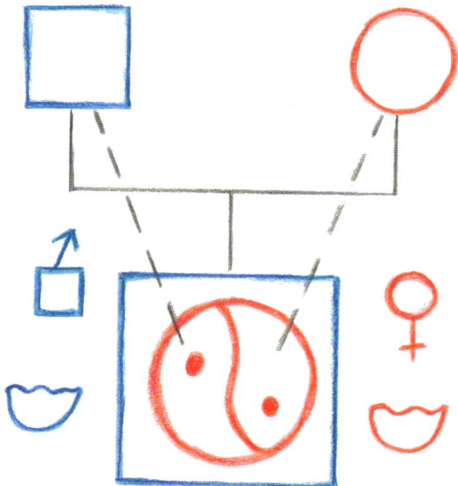

Abb. 3

Kinder sind zur einen Hälfte männlich/Vater und zur anderen Hälfte weiblich/Mutter. Beide Hälften sind jeweils mit Mutter und Vater verbunden. Ausgewogen und im Gleichklang sind sie dann, wenn Mutter und Vater liebevoll, respektvoll, freundlich, höflich, anerkennend, wertschätzend und vertrauensvoll miteinander umgehen. Die Mutter/Weiblichkeit und der Vater/Männlichkeit füllen dann die „Schüsseln" der beiden Seiten des Kindes. Was passiert aber im Kind, wenn die Eltern z. B. miteinander streiten, sich gegenseitig ablehnen oder sich beschimpfen?

Die beiden Hälften im Kind können dann nicht miteinander im Einklang sein. Es kommt Bewegung und Unruhe in das Kind, das dies auch in seinem Verhalten zum Ausdruck bringt. Die Jungs meist in unruhigem, eher aggressivem Verhalten, das nach außen gerichtet ist. In der Pubertät werden sie eher (gewalttätig) kriminell oder zeigen ein Suchtverhalten. Die Mädchen richten in vielen Fällen die Aggression eher nach innen, werden ruhig, in sich gekehrt. Im schlimmsten Fall werden sie als Pubertierende magersüchtig, ritzen sich oder bekommen eine Depression. Dabei spielt es keine Rolle, ob beide Elternteile zusammenleben oder getrennt sind. Allerdings kenne ich wenige Eltern, die es schaffen, nach einer Trennung auf die oben beschriebene Art und Weise miteinander umzugehen. Meist streiten sie sich, über Geld, Besuchsrechte und Wertevorstellungen. Oder es besteht gar kein Kontakt mehr, meist zum Vater. Ebenso gibt es Paare, die zusammenleben und weder liebevoll noch anerkennend miteinander umgehen.

Und so lange die Eltern leben, sind wir immer Kinder der Eltern. Erinnern Sie sich noch daran, wie Sie sich gefühlt haben, wenn die Eltern einmal miteinander gestritten haben? Und hat sich dieses Gefühl geändert, als Sie 20, 30 oder 40 Jahre alt waren? Oder sind Sie schon ganz früh ausgezogen, weil Sie die Streiterei nicht mehr ertragen konnten?

Die beiden Hälften in uns wollen in einem ausgewogenen Gleichklang schwingen – dann geht es uns gut, dann fühlen wir uns lebendig, handlungsfähig und zufrieden. Je mehr die Eltern dazu beitragen, dass diese beiden Hälften angefüllt werden, desto mehr wird sich das Selbstwertgefühl des Kindes erhöhen, je mehr wird das Kind seine Männlichkeit und Weiblichkeit in sich annehmen können. Unterstützen können Sie dies, indem Sie nette Dinge über den Vater oder die Mutter sagen, beispielsweise: „Du hast die gleichen Augen wie dein Vater, das mag ich besonders gerne"; „Du bist genauso hübsch wie deine Mutter".

Wer sagt aber schon solche Dinge, wenn man getrennt lebt? Schließlich gab es für die Trennung gute Gründe, außerdem könnten die Kinder fragen, warum man sich denn getrennt hat, wenn man diese Dinge mochte. Mein Rat dazu ist: Sagen Sie dem Kind, dass es einen Unterschied darin gibt, als Vater und Mutter zu handeln oder als Liebespaar miteinander zu leben. Und als Liebespaar hat das Zusammenleben leider nicht funktioniert. Je mehr Sie den Vater Ihres Kindes akzeptieren können, desto mehr wird die „Vater-Hälfte" des Kindes

Ruhe und Ausgewogenheit finden. Und umgekehrt natürlich genauso. Wagen Sie den Schritt in diese manchmal unglaublich schwere Haltung gegenüber dem getrennt lebenden Elternteil, wenn Sie ein ganz besonders lebhaftes Kind haben. Und wenn Sie zusammenleben, dann stellen Sie sich die Fragen in dem folgenden Abschnitt.

Wie glücklich sind Sie in Ihrer Familie?

Wenn Sie die Beziehungen zu den Menschen, die Ihnen wichtig sind, verstehen oder verändern möchten, ist es notwendig, sich der eigenen Familie bewusst zu werden. Ihr Partner und Sie werden die Beziehungen innerhalb Ihrer Familie unterschiedlich erleben und bewerten. Stellen Sie sich folgende Fragen daher bitte nicht zusammen als Elternpaar, sondern getrennt voneinander und vergleichen Sie anschließend das Ergebnis.

Beantworten Sie die Fragen bitte entweder mit „ja", „nicht immer" oder mit „nein", je nachdem, was zutreffend ist.

❏ Leben Sie gern in Ihrer Familie?
❏ Haben Sie Vertrauen in die guten Beziehungen in der Familie?
❏ Leben Sie gern mit Ihrem Partner/Ihrer Partnerin zusammen?
❏ Ist die Beziehung zu Ihrem Kind/Ihren Kindern liebevoll?
❏ Empfinden Sie das Verhalten Ihres Kindes/Ihrer Kinder als „unauffällig" und „angenehm"?
❏ Können Sie miteinander lachen, haben Sie oft Spaß und Freude aneinander?
❏ Ist die Beziehung zu Ihren Eltern harmonisch?

❏ Ist die Beziehung zu Ihren Geschwistern von einer wertschätzenden Haltung geprägt?

❏ Leben Sie von der Mutter bzw. dem Vater Ihres Kindes/Ihrer Kinder getrennt?

❏ Ist die Beziehung vom getrennt lebenden Elternteil zu dem Kind/den Kindern liebevoll?

❏ Ist die Beziehung von Ihrem Ex-Partner/Ihrer Ex-Partnerin zu Ihnen von gegenseitigem Respekt geprägt?

❏ Haben Sie einen neuen Lebenspartner/eine neue Lebenspartnerin?

❏ Ist die Beziehung zwischen dem neuen Lebenspartner/der neuen Lebenspartnerin und Ihrem Kind oder Ihren Kindern liebevoll anerkennend?

❏ Ist die Beziehung zwischen Ihrem neuen und Ihrem Ex-Partner bzw. Ex-Partnerin von wertschätzendem Respekt geprägt?

Wenn Sie alle Fragen mit Ja beantwortet haben, brauchen Sie dieses Buch nicht, um Ihre Beziehungen innerhalb Ihrer Familie zu verbessern, denn besser geht es nicht. Lesen Sie trotzdem weiter, dann bekommen Sie noch mehr Verständnis für die anderen Familienmitglieder, für Söhne, Partner/Partnerinnen und für die eigenen Eltern. Oder Sie verwenden das Wissen einfach für Situationen, in denen Ihr Rat gefragt ist, bei der besten Freundin, bei der Nachbarin, bei anderen Müttern. Hierbei fällt Ihnen vielleicht auf, dass diese Personen alle weiblich sind. An dieser Stelle ein Rat von mir: Nur einige Männer lesen pädagogische oder psychologische Ratgeber freiwillig und gern. Und sie mögen keine Ratschläge, um die sie nicht gebeten haben. Das hat nichts damit zu tun, dass die Ratschläge von Ihnen nichts taugen oder Sie als Person nicht wertgeschätzt werden. Die Gründe liegen tiefer und ich komme darauf später zurück.

Wenn Sie Fragen mit Nein oder mit „nicht immer" beantwortet haben, schätzen Sie bitte einmal mit Hilfe der folgenden Skala ein, wie Sie Ihr Wohlbefinden empfinden.

Wie wohl fühlen Sie sich in Ihrer Familie?

Schätzen Sie sich bitte auf der Skala

zwischen 1 für „sehr schlecht" und 10 für „sehr gut" ein.

| 0 | 1 | 2 | 3 | 4 | 5 | 6 | 7 | 8 | 9 | 10 |

sehr schlecht   sehr gut

Was würden Sie sich wünschen, um eine Stufe näher
an die 10 zu kommen?

Satir (2009: 22) beschreibt ihre Wunschfamilie so:

„Sofort kann ich die Lebendigkeit, die Ehrlichkeit, die Echtheit und Liebe spüren. Ich erlebe Herz und Seele als genau so voll da, wie den Kopf. Ich fühle, dass ich, wenn ich in einer solchen Familie leben würde, angehört würde und interessiert wäre, anderen zuzuhören. Auf mich würde Rücksicht genommen, deshalb wäre es auch mein Wunsch, auf andere Rücksicht zu nehmen. Ich könnte meine Zuneigung sowie meinen Kummer und meine Missbilligung offen zeigen. Ich hätte keine Angst, etwas zu riskieren, weil jeder in meiner Familie erkennen würde, dass ich Fehler mache – dass meine Fehler aber ein Zeichen dafür sind, dass ich reife. Ich würde mich als unabhängiger Mensch fühlen – beachtet, geschätzt, geliebt und klar dazu aufgefordert, andere zu beachten, zu schätzen und zu lieben."

Haben Sie als Wunsch vielleicht: Wenn Person XY netter, verständnisvoller, einfühlsamer, humorvoller, nicht so anstrengend usw. wäre? Dieser Wunsch wird sich nie erfüllen, wenn der andere sich nicht verändern möchte. Wir haben allerdings nicht die

Macht, andere zu ändern oder zu einem bestimmten Verhalten zu zwingen, nicht einmal unsere Kinder. Und wollen wir wirklich ein Verhalten beim anderen erzwingen? Können wir uns wirklich an diesem Verhalten erfreuen, wenn wir genau wissen, wir haben es nur durch Zwang erreicht? Wahrscheinlich können Sie sich nicht daran erfreuen. Sie wissen, wie ein Kuss schmeckt, wenn wir erst sagen müssen: „Küss' mich doch mal wieder." Im Gegensatz zu dem Kuss, den wir unaufgefordert von einem Menschen bekommen haben, den wir mögen. Wir können kein freiwillig-liebevolles Verhalten erzwingen, wir können nur uns selbst ändern. Und dann eben zuerst küssen.

Bitte fragen Sie sich daher mit Blick auf die Skala auf der vorherigen Seite: Was kann ich dafür tun, dass ich mich auf der Skala einen Schritt nach vorne, auf die 10 zu, bewege?

Eltern legen den Nährboden

Eltern als Beziehungspersonen legen den Nährboden, auf dem die Kinder wachsen können. Wachstum meint nicht nur das biologische Wachstum, die Zunahme von Körpergröße und Gewicht, sondern auch das innere Wachstum: die Herausbildung der inneren Haltung, die Aneignung von Werten und Normen, Bildung, Zufriedenheit, Glück, ein gesundes und ausgeprägtes Selbstwertgefühl. Innerlich gewachsene Menschen sind Menschen, die sich selbst und andere lieben und achten. Die sich ihrer eigenen Gefühle und der von anderen Menschen bewusst sind. Die mit ihren eigenen Kräften und Fähigkeiten und mit denen anderer Menschen positiv umgehen, die sich ihrer Stärken und Talente bewusst sind und dafür von anderen Menschen anerkannt werden und die ebenso die Stärken und Talente anderer Menschen anerkennen.

Was jeder Mensch dafür braucht, sind Beziehungen. Beziehungen legen die Grundlage für das Wachstum und das Lernen der Kinder. Beziehungen ermöglichen Kindern, Fähigkeiten wie soziale Kompetenzen zu entwickeln, sich zu bilden, sich innere Werte und Normen anzueignen, eine innere Haltung zu finden. Selbstwertgefühl zu haben, bedeutet: Ich weiß, was ich wert bin. Ich weiß, welche Gefühle mich innerlich bewegen. Ich kann spüren, wann es mir gut oder schlecht geht. Ich kann spüren, wann ich Hunger habe und wann ich satt bin. Ich kann spüren, wenn ich verletzt bin oder wenn mich etwas erfreut und glücklich macht. Ein gesundes Selbstwertgefühl ist die beste Grundlage für das Leben. Diese Grundlage wird in den ersten Lebensjahren vor allem durch die engste Beziehungsperson gelegt.

Gestörte, belastete und oft abgebrochene Beziehungen dagegen können die gesunde emotionale Entwicklung eines Kindes beeinträchtigen, Unsicherheit und Ängste können entstehen. Der Nährboden der Beziehungspersonen bietet nicht genug Sicherheit, damit das Kind sich selbstbewusst und mutig die Welt erobert. Kinder müssen sich aber wagemutig auf den Weg zu einer eigenständigen Persönlichkeit machen und dabei gleichzeitig als Person und Mitglied des Systems Familie und später der Gesellschaft anerkannt werden. Kinder möchten grundsätzlich erst einmal nicht auffällig sein, kein – in den Augen Erwachsener – störendes Verhalten zeigen (wenigsten bis zum Eintritt der Pubertät). In dieser Phase ist das rebellierende Verhalten ein gesundes Zeichen der Ablösung von der Familie mit dem Ziel, ein eigenes Leben als Erwachsener zu führen, mit einem eigenen Familiensystem.

Der Weg dorthin ist nicht immer leicht, und zwar für alle Beteiligten, Kinder und Eltern. Wenn Sie dieses Buch lesen, weil Sie auch einen Sohn haben, der sich von Zeit zu Zeit auf eine Art und Weise zeigt, die Sie oder andere als „störend" bezeichnen würden, dann fragen Sie sich doch bitte:

- ❑ Wann zeigt das Kind dieses Verhalten?
- ❑ Was sind die Auswirkungen, wenn sich das Kind so verhält?
- ❑ Wie reagiere ich auf dieses Verhalten?
- ❑ Wie reagieren andere auf dieses Verhalten?
- ❑ Reagiere ich anders, wenn andere Personen dabei sind?
- ❑ Was möchte das Kind mit seinem Verhalten erreichen?
- ❑ Wie fühle ich mich, wenn das Kind dieses Verhalten zeigt?
- ❑ Was denken Sie, wie fühlt sich das Kind, wenn es sich so verhält?
- ❑ Welche Befürchtungen haben Sie, wenn sich das Kind so verhält?
- ❑ Was könnte es sein, worauf das Kind aufmerksam machen möchte?
- ❑ Was können die guten Gründe des Kindes sein, sich so und nicht anders zu verhalten?
- ❑ Wann zeigt das Kind dieses Verhalten nicht?
- ❑ Welche Auswirkungen hat es, wenn das Kind das Verhalten nicht zeigt?

Kinder wollen, egal in welchem Alter, keine Außenseiterrolle einnehmen. Sie möchten ein Teil der Gemeinschaft sein, dazugehören. Sie möchten von anderen akzeptiert, anerkannt und gemocht werden. Vor allem in der Pubertät ist das Dazugehören zu einer Gruppe Gleichgesinnter, bei gleichzeitigem Vorhandensein vertrauensvoller Beziehungen zu den Eltern, von ganz besonderer Wichtigkeit. Der Jugendliche gehört einerseits zu seiner Familie, muss sich andererseits aber von ihr lösen und den eigenen Weg finden. Die schützende Hülle der Familie muss verlassen werden, damit der Jugendliche sich weiterentwickeln kann. Eine zu starke Verstrickung und Bindung hemmt das innerliche Wachsen des Jugendlichen.

Das Verlassen der Familie läuft in der Regel nicht ohne Konflikte ab, und die Rebellion des Jugendlichen ist ein wichtiger Schritt auf dem Weg zum Erwachsenwerden und der Ablösung von seiner Ursprungsfamilie. Ablösen kann sich der Jugendliche aber nur, wenn ihn nichts hält. Ablehnung, Beziehungslosigkeit und Ansprüche halten ihn zurück. Erst die Zustimmung zur Familie, Nelles (2009) sagt: „die Liebe", gibt die innere Freiheit, ganz zu gehen. Dabei lösen wir uns nie vollständig von unserer Ursprungsfamilie, sie bleibt bis an unser Lebensende ein Teil unseres Lebens. Entscheidend für ein autonomes und selbstbestimmtes Leben ist dann die Qualität der Beziehungen der Familienmitglieder zueinander.

Kinder brauchen also auf ihrem Weg zu einer glücklichen, erwachsenen Persönlichkeit stabile Beziehungen, was nicht heißt, dass die Beziehung nicht auch einmal problem- und konfliktbeladen sein kann (und muss). Lebenserfahrungen können Kindern nicht durch Worte gelehrt werden, Erfahrungen müssen selbst gemacht werden. Kinder müssen die Möglichkeit haben, auch problematische Erfahrungen machen zu dürfen. Ohne diese Erfahrungen lernen sie nicht, Lösungen für Konflikte zu finden. Für Eltern ist es manchmal schwer auszuhalten, dass ihr Kind negative und schmerzvolle Erfahrungen macht. Und ich wage die Behauptung, dass Mütter es noch schwerer aushalten können als Väter. Mütter möchten ihr Kind vor negativen Erlebnissen, Konflikten und Problemen bewahren und beschützen. Damit nehmen sie dem Kind aber auch die Möglichkeit, die negativen Seiten des Lebens selbst zu erleben und sich auszuprobieren. Kinder lernen dann nicht, auf sich selbst zu vertrauen, um eine eigene Lösung für ein Problem zu finden. Das schützt ein Kind nicht, vielmehr bleiben ihm wichtige Erfahrungen verwehrt. Eltern müssen Kindern die notwendigen Möglichkeiten bieten, möglichst viele unterschiedliche Erfahrungen machen zu dürfen, um eigene Strategien für das Leben entwickeln zu können.

Beziehung und Lernen

Emotionale Beziehungen sind nicht nur lebensnotwendig für die gesunde Entwicklung des Kindes, sondern auch für die Fähigkeit zu lernen. Schon vor der Geburt wird Kindern die Musik Mozarts vorgespielt, um angeblich ihre Intelligenz und eine sanfte Geburt zu fördern. Krippe, Tagesmutter, Kindertagesstätte, Englisch ab drei Monaten, musikalische Früherziehung – alles wird nach pädagogisch besonders wertvollen Aspekten ausgesucht.

Vergessen wird dabei, dass alles Lernen nur dann erfolgreich ist und immer wieder nur dann gern gelernt wird, wenn mit der Lernsituation eine besondere Emotionalität verbunden ist. Und Emotionen werden in Beziehungen hervorgerufen. Was hat mich in dieser Situation ganz besonders berührt, was hat mich zum Lachen gebracht, was zum Weinen? Fast in jedem Fall ist die Ursache großer Emotionen eine Beziehung zu jemandem, zur Mutter, zum Vater, zur Schwester, zum Bruder, zur Freundin, zum Freund, zur Partnerin, zum Partner – die Liste kann beliebig fortgeführt werden. Immer dann, wenn uns jemand ganz besonders berührt hat, negativ wie positiv, bleibt die Situation im Gedächtnis (vgl. Hüther, 2009b). Wie viel wissen Sie noch von der Wahrscheinlichkeitsrechnung aus Ihrem Mathematikunterricht? Und wie viel wissen Sie noch von einem Mathematiklehrer, der Sie immer dann aufgerufen hat, wenn Sie sich nicht gemeldet haben, weil Sie die Antwort nicht wussten? Wissen Sie noch, was Sie gefühlt haben, als die Lehrerin die Einzige war, die an Ihre Fähigkeiten geglaubt hat und Sie in Ihrer Idee unterstützt hat? Und was wissen Sie noch von der Klassenlehrerin, die Deutsch unterrichtet hat und Sie beim Hausaufgabenmachen in der Pause erwischt hat? Und wissen Sie noch, was ein Pronomen ist?

Kinder lernen vom ersten Tag der Geburt an, und schon Erlebnisse im Mutterleib können die Entwicklung eines Kindes beeinflussen. Kinder sind wie ein leeres Blatt, das beschrieben werden muss, meinte

Aristoteles im 4. Jahrhundert vor Christus. Diese Ansicht vertraten Erziehungsratgeber noch zu Beginn des vorigen Jahrhunderts. Hier irrten aber die alten Philosophen, denn ein Kind ist kein leeres Blatt, sondern es bringt schon Persönlichkeitsmerkmale mit in das Leben: allgemeingültige Merkmale, wie sie in der von C. G. Jung entwickelten Theorie vom Archetypus angenommen werden (vgl. Jung, 2009), im kollektiven Unbewussten vorgeburtlich angesiedelte Urbilder eines jeden Menschen sowie individuell gelegte Grundlagen durch die einzigartige Verbindung der mütterlichen und väterlichen Gene. An Entwicklungstabellen kann man erkennen, in welchem Lebensabschnitt ein Kind eine bestimmte Fertigkeit erlernt haben sollte. Die Abschnitte variieren dabei mit einem Unterschied von bis zu einem Jahr. So zeigen einige Kinder die Fähigkeit, 20 Wörter (außer Mama und Papa) zu sagen, bereits mit 17 Monaten und andere erst mit 33 Monaten (vgl. Haug-Schnabel/Bensel, 2005). Zu stark fixierte Entwicklungstabellen erwecken schnell den Eindruck, etwas zu einem bestimmten Zeitpunkt „Verpasstes" nicht mehr aufholen zu können. Es ist aber niemals, in keinem Alter des Kindes zu spät, sich Gedanken zu machen und eine positive Veränderung zu bewirken. Ebenso ist bei der Entwicklung des Kindes zu berücksichtigen, dass jedes Kind sich nach seinen individuellen Fähigkeiten und Möglichkeiten entwickelt. Die Grundlagen, als Erwachsener beziehungsfähig zu sein, werden allerdings in den ersten Lebensjahren gelegt und sind u. a. durch die Beziehungserfahrungen bestimmt, die er als Kind selbst gemacht hat. Gelingt es dem Kind, sich in dieser Zeit tief und fest in guten Beziehungen zu verwurzeln, ist das eine gute Voraussetzung, später selbst erfüllende und erwachsene Beziehungen leben zu können.

Was Affen damit zu tun haben

Harlow hat in seinen Studien bereits in den 1960er-Jahren herausgefunden, dass Kinder für ihre gesunde Entwicklung mehr brauchen als Nahrung und körperliche Pflege. Er bewies in Tierversuchen, dass für die Aufzucht nicht die Nahrung, sondern das Kontaktbedürfnis entscheidend ist. Er baute zwei künstliche (leblose) Rhesusaffenersatzmütter in der Größe des Muttertieres nach. Dazu wurde ein Drahtgestell mit Schaumgummi und einem weichen Frottee-Baumwollstoff überzogen, das auch Milch spenden konnte. Das andere Gestell bestand aus einem Drahtgeflecht, spendete Milch, erlaubte aber keine angenehmen und bequemen Kontaktberührungen. Die neugeborenen Affenbabys näherten sich schnell der weichen Ersatzmutter und bauten lebhafte Gefühlsbeziehungen auf. Anschließend wurde die Milchflasche der flauschigen Ersatzmutter entfernt. Die Rhesusaffen bevorzugten eindeutig die Stoffmutter für den Körperkontakt, gingen nur zum Trinken an das Drahtgestell und kehrten schnell zur Stoffmutter zurück. Dieser Versuch bewies, dass das Kontaktbedürfnis von Neugeborenen von außerordentlicher Bedeutung und das Nahrungsbedürfnis zweitrangig ist. Bei Neugier, Angst und Schrecken wandten sich die Affenbabys ausschließlich der flauschigen Ersatzmutter zu. Sie klammerten sich an die Stoffmutter, die ihnen durch dieses Kontakterlebnis Sicherheit vermittelte. An die Drahtmütter schmiegten sich die Affenbabys auch in Gefahrensituationen nicht an. Harlow zeigte durch seine Experimente, dass bei Primaten ohne körperliche Berührungen nur eine sehr schwache Bindung und Gefühlsentwicklung entsteht (vgl. Harlow, 1961).

Auch Kinder benötigen zum Überleben Nahrung und Pflege. Genauso, wenn nicht noch wichtiger sind Emotionalität, körperliche Zuwendung, eine verlässliche Bindungsperson und eine gute Gefühlsbeziehung zu den Menschen, die sie umgeben. In der

Entwicklungspsychologie herrscht weitgehende Einigkeit darüber, dass mit den ersten menschlichen Beziehungen des Kindes und den damit verbundenen sozialen Interaktionen die Grundlage für seine spätere Persönlichkeitsentwicklung gelegt wird (vgl. Siegler, DeLoache u. Eisenberg, 2008).

Bowlby (1969) ist in seinen Studien noch davon ausgegangen, dass die Bindungsperson auf jeden Fall die leibliche Mutter sein muss. Diese Ansicht wird heute nicht mehr geteilt. Für die gesunde Entwicklung des Kindes ist eine zuverlässige Bindungsperson notwendig – das kann die leibliche Mutter, eine Pflegemutter, der Vater, die Oma oder jede andere Person sein. Wichtig ist, dass es im ersten Lebensjahr sozusagen eine „Top-Bindungsperson" gibt, an die sich das Kind wenden kann, wenn es müde, hungrig oder untröstlich ist, und dass diese Bindung nicht zerstört wird. Da in fast allen Kulturen die erste starke Bezugsperson die Mutter ist, beschränke ich mich im Folgenden der Einfachheit halber auf den Begriff Mutter; alle anderen Bindungspersonen fühlen sich bitte auch angesprochen.

Das starke Band zwischen Mutter und Kind bildet sich in den ersten zwölf Monaten. Bowlby (1969) geht davon aus, dass die intensive Bindung zwischen Mutter und Kind instinktgeleitet ist und dem Überleben dient. Das Bindungsverhalten ist zwischen dem vierten und sechsten Lebensmonat des Kindes besonders ausgeprägt. Nach dem sechsten Lebensmonat kann zwar immer noch eine dauerhafte Bindung eingegangen werden, dies wird aber mit jedem weiteren Monat schwieriger. Eine geglückte Bindung zeigt sich in der sogenannten Fremdelphase. Die Angst vor Unbekanntem drückt aus, dass das Kind sich an Bekanntes gebunden hat. Dann kann es vorkommen, dass das Kind auch zu weinen beginnt, wenn der Vater oder eine andere bekannte Person wie Oma oder Opa sich ihm nähern. Nicht selten führt das in der Familie zu Unsicherheiten im Verhalten und zu Unverständnis. Vater oder Oma können nicht verstehen, warum das Kind, das sie doch sehr lieb haben, sich scheinbar vor ihnen fürchtet. Ich gebe Müttern in diesen Fällen den folgenden Rat: „Freue dich darüber, dass das Kind fremdelt. Das zeigt doch, dass eine gesunde Bindung geglückt ist. Die gute Basis für ein glückliches Leben ist gelegt."

Eine gute Beziehung zur Mutter ist einzigartig, und wie intensiv das Kind seine Bindung und damit sein Fremdelverhalten zeigt, variiert mit der Individualität des Kindes. Die emotionalen Bedürfnisse des Säuglings nach Schutz, emotionaler Sicherheit und Nähe in einer vertrauensvollen Beziehung sind überlebensnotwendig für den Säugling und daher biologisch verankert. In den ersten Lebensmonaten bildet das Kind durch eine starke Bindung das sogenannte Urvertrauen. Es ermöglicht ihm, voller Vertrauen in sich und andere zuversichtlich die Aufgaben seines Lebens zu bewältigen. Die Möglichkeit, dieses Urvertrauen zu verankern, ist nach dem ersten Lebensjahr unwiederbringlich verloren (vgl. Bowlby, 1969).

Nach wie vor ist es eher die Frau, die vorübergehend ihre Berufstätigkeit aufgibt und die Elternzeit in Anspruch nimmt. Aber schon vorher, manchmal während der Schwangerschaft oder sogar noch davor, wird überlegt, wer das Kind betreuen soll, wenn die Mutter wieder ihrer Berufstätigkeit nachgehen möchte. Der Wunsch der Mutter, ihr in Ausbildung oder Studium erworbenes Wissen in einer bezahlten Berufstätigkeit einzubringen, und das Bedürfnis des Kindes nach Körperkontakt und Nähe zur Mutter scheinen schwer miteinander vereinbar zu sein. Dabei sind diese Bedürfnisse für beide Seiten wichtig. Nachfragen nach Krippenplätzen oder Kindertagespflegepersonen für ein Ungeborenes sind keine Seltenheit. Trennung wird gedacht, bevor Bindung entstehen kann (vgl. Haug-Schnalbel/Bensel, 2005).

So lange die Aufgaben der Kinderbetreuung und Kindererziehung gesellschaftlich nicht wertgeschätzt und entsprechend entlohnt werden, wird sich daran nichts ändern. Ich möchte nicht die Frauen „zurück an den Herd bringen", denn immer noch sind es die Frauen, die auf die Beruflichkeit verzichten. Aber ich würde mir wünschen, dass Vater wie Mutter nicht zwischen Beruf und Elternschaft entscheiden müssten, sondern frei wählen könnten – ohne gesellschaftliche Verurteilung und finanzielle Einbußen.

Der Kinderpflegekurs reichte nicht!

Die Geburt meines ersten Sohnes war nicht so unkompliziert, wie es mir meine Oma geschildert hatte. Aber wie alle Mütter wissen, ist der Geburtsschmerz in dem Moment vergessen, wo das Kind auf der Welt ist – anders als bei Zahnschmerzen. Meine Unkenntnis in Sachen Kinderpflege zeigte sich trotz Pflegekurses sofort. Als der Gatte nach sechs Stunden wieder ins Krankenhaus kam, lag das Kind noch genauso an meiner Seite, wie er mich verlassen hatte. Er fragte ungläubig, ob ich denn noch nicht aufgestanden war, um das Kind zu wickeln oder zu füttern. Ich erwiderte, dass ich mich noch nicht getraut hätte, mich zu bewegen, da ich nicht wüsste, was ich tun sollte. Nun machte sich sein unschlagbarer Vorteil, das älteste von vier Geschwistern zu sein, bezahlt. Er schnappte sich seinen Sohn, wickelte ihn und gab ihm eine Flasche. Ich hatte das Gefühl, von nichts eine Ahnung zu haben und stand als Zuschauerin daneben. Leider war der Sohn nicht so pflegeleicht, wie meine Oma mir Kinder beschrieben hatte. Schon in den ersten Wochen zeigte sich, dass unser Sohn am liebsten brüllte, und zwar überwiegend in der Zeit von 17 bis 22 Uhr. Ich habe zwar bemerkt, dass die Brüllarien mit dem Nachhausekommen des Vaters, meines Mannes (der ein wirklich guter Vater ist), zusammenfielen, maß aber dieser Beobachtung zunächst keinerlei tief greifende Bedeutung zu. Ich habe damals für die Schreizeiten absolut keine Erklärung gehabt. Das Kind war satt, trocken, gesund, bekam Liebe und hatte meiner Meinung nach keinen Grund zu brüllen. Das tat es aber trotzdem mit großer Ausdauer. Der Vater bemühte sich redlich um Hilfe und lief mit dem Sohn auf dem Arm stundenlang auf und ab, sodass nach einigen Wochen eine Gehspur auf dem Teppich erkennbar war. Das Brüllen wurde dadurch aber auch nicht gestoppt.

Einmal, als ich mich bitterlich darüber beklagte, wie anstrengend das Leben als Mutter sei, fragte mich eine Bekannte, ob es denn gar keine schönen Zeiten geben würde, und ich antwortete mit einem entschiedenen Nein. Das tut mir im Nachhinein wirklich leid, weil ich das Gefühl habe, eine alles in allem doch schöne Zeit nicht genossen zu haben, es irgendwie verpasst zu haben und daran auch noch selbst schuld zu sein. Nicht, dass ich meinen Sohn nicht innig und aufrichtig geliebt habe (und immer noch lieb habe). Ich war mit Leib und Seele und voller Überzeugung Mutter. Ich war aber mit der Situation, ein „Schreikind" nicht zufriedenstellen zu können, schlichtweg überfordert. Zu unserem Familienglück wurde die Brüllerei mit Beginn des siebten Lebensmonats weniger und hörte mit einem Jahr ganz auf.

Es hätte nicht viel gefehlt, und wir hätten uns in die Gruppe derjenigen eingereiht, die sich im ersten Lebensjahr des Kindes trennen, weil es nicht gelingt, das Zusammenleben von zwei auf drei Personen umzustellen. Der gute Wille rettete unsere Ehe, aber das Nachlassen der Schreiattacken bewirkte nicht, dass der Sohn ruhiger wurde. Er schrie zwar nicht mehr stundenlang am Stück, was blieb, war aber ein ausgesprochener Bewegungsdrang. Wenn er nicht schlief, holte er sich die ganze Zeit vollste Aufmerksamkeit von mir. Ich konnte ihn keine Minute aus den Augen lassen; er fasste alles an, räumte alles aus, machte jede Schublade auf, und alles mit quengelnden Geräuschen begleitend. Wenn er sich weh tat, weinte er *eigentlich nie so richtig. Aber wenn er seinen Willen nicht bekam, konnte er ausgiebig nörgeln, meckern oder brüllen. Da er erst mit ca. zweieinhalb Jahren anfing, richtig zu sprechen, habe ich ihn mehrmals angeschrien: „Hör doch endlich mal auf zu nörgeln und mit deinem ‚äh, äh, äh‘, und sag mir, was du willst!" Dabei konnte er weder sagen noch wirklich wissen, was ihn so unzufrieden machte. Scheinbar war es seine Aufgabe, mich den ganzen Tag zu beschäftigen, damit ich mich nicht mit negativen Gedanken (wie einer ehelichen Trennung) beschäftigen konnte.*

Im Urlaub, während einer Rückenmassage, erzählte mir die Masseurin von ihrem Sohn, der als Kleinkind ständig schrie, und sie sagte: „Er war eigentlich nie so ein Sonnenscheinkind. Wenn er nach dem Schlafen aufwachte, lächelte er mich nie an. Er war auch nie so richtig ausgelassen oder fröhlich wie andere Kinder. Er quengelte einfach ständig herum und war nie zufrieden." Ich widerstand der Versuchung, sie zu fragen, ob mit ihrer Ehe alles in Ordnung sei, ich war ja schließlich gekommen, um zu entspannen, und antwortete stattdessen: „Ja, das kenne ich auch." Ihr Kommentar hat mich dann doch ein bisschen nachdenklich gemacht, sie meinte nämlich: „Ich weiß, dass wir nicht alleine mit diesem Problem sind." Und dann entspannte ich mich endlich.

Beziehungen werden uns ein Leben lang begleiten, denn der Mensch ist nicht fähig, ohne Beziehungen gesund zu leben. Im Zusammensein mit unseren Kindern ist das ausgewogene Zusammenspiel von Bindung und Wachstum der goldene Weg. Eine zu enge Bindung verhindert das Wachstum. Zu wenig Bindung lässt Wachstum in zu großem Maße zu, das Kind findet keinen Halt. Die individuellen Bedürfnisse des Kindes und der Bindungsperson sind hierbei zu berücksichtigen, denn kein Kind gleicht dem anderen, und jedes hat seine ganz persönlichen Bedürfnisse nach der Intensität von Bindung und Wachstum.

Kairos

ΚΑΙΡΟΣ

Abb. 4

Kairos (καιρός) ist der altgriechische Gott des richtigen Augenblicks.
Ein antikes Steinrelief befindet sich in Trogir im Kloster des Hl. Nikolaus.

Eltern haben manchmal nicht die Geduld, die Dinge so zu nehmen, wie sie sind, und auf eine gute Entwicklung ihres Kindes zu vertrauen. Sie lesen Entwicklungstabellen und vergleichen den Entwicklungsstand ihres Kindes mit den normativen Erwartungen. Ein Kind entwickelt sich aber nicht nach dem Terminkalender, sondern, wenn es von seiner Veranlagung her dazu bereit ist. Dafür gibt es ein schönes, passendes Wort: Kairos.

„Kairos", aus dem Altgriechischen, bezeichnet den richtigen Augenblick. Dinge passieren und entwickeln sich zu dem Zeitpunkt, der dafür richtig ist. Wenn die Dinge nicht passieren, ist aus irgendeinem Grund, den wir nicht immer kennen, noch nicht „Kairos". Und dann können wir so intensiv wollen und wünschen – wenn nicht „Kairos" ist, passiert es nicht. Und wenn „Kairos" ist, passiert es, ob wir wollen oder nicht. Eltern haben oft nicht mehr das Vertrauen, auf diesen Zeitpunkt zu warten. Damit setzen sie sich und die Kinder unter starken Druck.

In den ersten Monaten braucht ein Kind eine vertrauensvolle, zuverlässige und möglichst wenig unterbrochene Verbindung zu seiner Beziehungsperson. Je intensiver die Verbindung in dieser Zeit ist, desto schneller kann das Kind anfangen, sich zu lösen. In der Mitte des zweiten Lebensjahres ist diese beginnende Ablösung ein notwendiger Entwicklungsschritt, auch für die Beziehungsperson (in der Regel die Mutter). Sie braucht die Zeit, um sich um ein zweites Kind oder wieder vermehrt um sich selbst zu kümmern.

Diese Trennung ist für das erste Kind schmerzvoll und geht, je nach Temperament des Kindes, nicht ohne Schreien oder Klammern vor sich. Nehmen wir einmal folgende Situation: Sie schicken das Kind weg, um selbst ein bisschen Freiraum zu haben. Das Kind klammert oder weint, Sie haben ein schlechtes Gewissen und fühlen sich vielleicht als schlechte Mutter. Sie wenden sich dem Kind wieder zu, obwohl Sie nicht wirklich Lust dazu haben. Diese Diskrepanz zwischen Fühlen und Handeln spürt das Kind und verunsichert es. Diese Unsicherheit führt dazu, dass das Kind Sicherheit sucht und noch mehr klammert. Sie sind mittlerweile schon sehr genervt und fühlen Aggressionen in sich aufsteigen. Weil Sie Aggressionen spüren, halten Sie sich wiederum für eine schlechte Mutter. Und das, obwohl Sie vielleicht nur wenige Minuten auf dem Sofa ausruhen und ein paar Zeilen in Ihrem Lieblingsbuch lesen wollten.

Dabei sind Sie weit davon entfernt, eine schlechte Mutter zu sein, ganz im Gegenteil. Ihr Kind beginnt ab einem bestimmten Entwicklungsstand ganz von selbst, sich von Ihnen zu lösen und seine Umwelt zu erkunden. Es war bis dahin völlig daran gewöhnt, dass Sie als Beziehungsperson quasi rund um die Uhr zur Verfügung gestanden haben, ein schöner Zustand. (Haben Sie schon einmal einen All-inclusive-Urlaub gemacht? Rund um die Uhr fertig gekochtes Essen, Getränke, so viel man möchte, täglich saubere Zimmer und frische Handtücher – ich hoffe, Ihr Hotel war gut! Aber irgendwann ist der Urlaub beendet, es kommt jemand und will etwas von Ihnen: „Ich habe Hunger, wann gibt es Essen? Wo sind meine Socken? Hast du mein Biobuch gesehen?" Dabei würden Sie sich am liebsten auch immer bedienen lassen.)

Ihrem Kind geht es genauso. Es möchte immer dann, wenn es ihm gefällt, auf die allumfassende Beziehung zur Mutter zurückgreifen, sich den Luxus gönnen. Aber genauso wenig wie das Leben ein All-inclusive-Urlaub ist kann das Kind für immer in dieser engen Beziehung zur Mutter bleiben. Beides ist auf Dauer nicht gesund. Der Unterschied ist nur, dass Sie wissen, dass der Urlaub nach ein paar Tagen zu Ende ist. Ihr Kind weiß nicht, dass diese innige, immer abrufbereite Zuwendung auch einmal nicht verfügbar ist. Und dieser Lernprozess ist schmerzhaft, aber nicht unmöglich, und auch notwendig. Sie haben als Mutter die Verantwortung, Ihrem Kind diese wichtige Erfahrung machen zu lassen. Es wird weinen, schreien, klammern, aber es wird auch lernen, dass die Liebe der Mutter nicht aufhört, wenn diese sich für eine gewisse Zeit um etwas anderes kümmert.

Das Kind lernt, ich werde auch geliebt, wenn ich nicht die uneingeschränkte Aufmerksamkeit bekomme, ich bin liebenswert, auch wenn sich gerade niemand um mich kümmert – eine wichtige Erfahrung für sein Selbstwertgefühl. Enthalten Sie ihm diese Erfahrung nicht vor, indem Sie Ihre eigenen Wünsche zurückstellen, um uneingeschränkt die Bedürfnisse Ihres Kindes zu erfüllen!

Trennung – und dann?

Die meisten Ehen werden während der ersten Lebensjahre des ersten Kindes geschieden. Ehen ohne Kinder sind nicht so häufig von Trennung bedroht wie Ehen mit Kindern. Scheinbar gibt es vor der Geburt des ersten Kindes und nach dem Auszug des letzten Kindes erheblich weniger zum Streiten als in der Zeit dazwischen (vgl. Statistisches Bundesamt 2011). In einer Partnerschaft ohne Kinder können sich die Partner eher nach ihren eigenen Wünschen und Vorstellungen verwirklichen. Sie tragen lediglich die Verantwortung für ihr eigenes Handeln. Das ändert sich schlagartig mit der Geburt des ersten Kindes. Auch wenn man nicht nach traditionellen Rollenmustern lebt, scheint die Verantwortung für das Kind oft automatisch bei der Frau zu liegen. Nach wie vor ist der Partner aufgrund des in der Regel höheren Einkommens für die Versorgung der Familie zuständig.

Die Auseinandersetzung mit der eigenen Kindheit und Familie scheint für Menschen ohne Kinder von zweitrangiger Bedeutung zu sein. Das Leben dreht sich ein bisschen mehr nur um sie selbst. Das ändert sich durch die Geburt des ersten Kindes. Eltern fangen an, sich Gedanken darüber zu machen, wie ihre eigene Kindheit verlaufen ist. Je anstrengender ein Kind für die Eltern ist, desto eher wird versucht, die Gründe (und oft damit verbunden die Schuldfrage) dafür zu erforschen. Die Erfahrungen aus der Kindheit und die Beziehungen in der Familie werden als Begründung und Entschuldigung für das eigene Verhalten verantwortlich gemacht: „Kein Wunder, dass du immer gleich so losschreist, dein Vater ist genauso!"

So lange sich ein Kind wohlwollend und für uns angenehm verhält, kommen die meisten Eltern nicht auf die Idee, nach Gründen dafür zu suchen. Höchstens sagt dann mal die Schwiegermutter: „Ja, ja, der Florian war auch schon so ein liebes Kind." Erst, wenn das Kind ein für uns störendes Verhalten über einen längeren Zeitraum zeigt, fangen wir an, nach den Ursachen zu fragen. Mütter oder Väter suchen die Gründe dann nicht zuerst bei sich selbst. Die Frage der Schuld wäre damit zu schnell und zu eindeutig verteilt worden. Leichter ist es, erst einmal die Gründe und damit die Schuld bei anderen zu suchen, bei dem Kind oder beim (getrennt lebenden) Partner. Trennungen sind dann häufig das Ergebnis von Schuldzuweisungen. Ein sogenanntes schwieriges Kind belastet die Familie und die Paarbeziehung besonders stark, und eine Trennung scheint der einzig mögliche Ausweg zu sein. Dabei hat sich in der Geschichte der Familientherapie seit den 1980er-Jahren vielfältig bestätigt, dass das Verhalten des Kindes meist Ausdruck einer Problematik an anderer Stelle ist, die schon vor dem sogenannten schwierigen Verhalten da war. Das Kind weist, natürlich nicht bewusst, auf ein Ungleichgewicht im Familiensystem hin, auch generationsübergreifend. McGoldrick (2007: 122) schreibt, dass Kopfschmerzen, Angstanfälle, Schulversagen oder Verhaltensprobleme bei Kindern auf eine Familienproblematik hinweisen können, und in vielen Fällen ist es eine belastete Beziehung der Eltern untereinander. Das Kind nimmt sich der Aufgabe an, möglichst auffällig zu sein und viel Aufmerksamkeit auf sich zu ziehen, damit die Eltern sich nicht streiten und womöglich eine Trennung in Betracht ziehen. Ein Kind kann keine zufriedenen und harmonischen Verhaltensweisen zeigen, wenn seine Eltern sich streiten und Disharmonie ausstrahlen. Stattdessen zeigt das Kind auffällige Symptome, sodass auch streitende Eltern sich darin einig sind, ein anstrengendes und schwieriges Kind zu haben, um das man sich intensiv kümmern muss. Ergotherapie, Logopädie, psychologische und psychiatrische Untersuchungen folgen. Die Auseinandersetzung mit der Paarbeziehung und der eigenen Lebensgeschichte wird eher vermieden.

Jungen sind anders – Mädchen auch

Unterscheiden sich Jungen und Mädchen?

Abb. 5

Die politische Korrektheit lässt es im Grunde nicht zu, über eine Unterschiedlichkeit von Mädchen und Jungen zu schreiben, denn nach Artikel 3 des Grundgesetzes der Bundesrepublik Deutschland sind Frauen und Männer vor dem Gesetz gleich: „Niemand darf wegen seines Geschlechtes, seiner Abstammung, seiner Rasse, seiner Sprache, seiner Heimat und Herkunft, seines Glaubens, seiner religiösen oder politischen Anschauungen benachteiligt oder bevorzugt werden. Niemand darf wegen seiner Behinderung benachteiligt werden." Pool (1995: 59) dagegen schreibt: „Es gibt kein Natur- und kein Sozialgesetz, das besagt, dass Männer und Frauen absolut gleich sein müssen oder das Gleiche tun müssen, um gesellschaftlich, wirtschaftlich und politisch gleichgestellt zu sein". Und Hüther (2009: 54) meint sogar, dass wir uns bemühen müssten, Bedingungen zu schaffen, die der Unterschiedlichkeit von Mädchen und Jungen gerecht werden. Bedingungen, die es ihnen erlauben, entsprechend ihrer wesensgemäßen Unterschiedlichkeit heranzuwachsen und sich später als Frauen und Männer in ihrer Unterschiedlichkeit anzuerkennen und zu ergänzen.

Ich möchte Ihnen in diesem Kapitel Besonderheiten aufzeigen, die es Ihnen erleichtern können, Ihren Sohn zu verstehen und in schwierigem Verhalten auch Positives zu erkennen. Mit diesem besseren Verständnis können Sie ihn als Mutter und Vater auf dem Weg zu einem beziehungsfähigen Mann kompetent begleiten. Ich benutze in diesem Buch die Begriffe „die Mädchen/Frauen" und „die Jungen/Männer". Natürlich verallgemeinere ich damit, denn jeder Mensch ist in seiner Individualität einzigartig. Aber es gibt Verhaltensstrukturen, die auf eine größere Anzahl von Jungen und solche, die mehr auf Mädchen zutreffen, bei den einen mehr, bei den anderen weniger, bei manchen gar nicht. Sie werden das Mädchen und den Jungen in den Rollenbeschreibungen daher sicherlich einmal mehr und einmal weniger wiederfinden.

Stellen Sie sich bitte einmal eine Skala von 0 bis 10 vor. Die „0" steht für „überhaupt nicht wie ein Junge" und die „10" für „so richtig wie ein Junge". Was immer Sie für typisch jungenhaft halten, Sie werden Ihren Sohn einmal näher an der Null und einmal dichter an der Zehn finden – je nach Situation oder Kontext, würde die Fachfrau sagen. Es gibt also auch hier wie so oft im Leben keine allein gültige Wahrheit. Auch in diesem Fall hängt es von Ihnen bzw. von Ihrer „Brille" ab, wie Sie Ihren Sohn betrachten.

Die folgenden Ausführungen sollen dazu beitragen, Ihre „Brille", Ihre Sicht zu erweitern. Ich möchte Ihnen das Verhalten von Jungen näherbringen, damit Sie mehr Verständnis für die Individualität Ihres Kindes und damit mehr Gelassenheit im Umgang mit geschlechterspezifischen Verhaltensweisen aufbringen können. Einen Unterschied aufzuzeigen, heißt für mich nicht zwangsläufig, eine Wertung vorzunehmen nach dem Motto „Das ist besser (oder schlechter)". Um komplexe Zusammenhänge deutlich zu machen, greife ich hin und wieder zum Mittel der Vereinfachung. Gerade auf dem Gebiet der menschlichen Beziehungen werde ich mich damit vielleicht an der einen oder anderen Stelle angreifbar machen und dem Vorwurf der Schwarz-Weiß-Malerei aussetzen. Dabei ist mir bewusst, dass sich Menschen nie nur schwarz oder weiß verhalten, sondern bunt. Bitte geben Sie Ihre eigenen Farben dazu, so individuell, wie Ihre Kinder und Sie selbst es sind.

Einmal wurde ich in meinem Seminar „Wie viel Vater braucht der Sohn?" gefragt, warum ich mich als Frau dazu befähigt fühle, etwas zu diesem Thema zu sagen. Wir müssen uns als Frauen ständig mit dem Männlichen auseinandersetzen. Mütter haben Söhne, Schwiegermütter haben Schwiegersöhne, Frauen haben Partner, Brüder, Väter. Die Welt der Frauen ist umgeben von Jungen und Männern. Mit meiner Identität als Frau wird sich mir die Gefühlswelt der Männer nie voll erschließen. Aber durch meine Arbeit habe ich die Erfahrung gemacht, dass es für Frauen ungemein hilfreich ist, etwas über das Anderssein von Jungen und Männern zu wissen. Dieses Wissen verändert den Blick, die Perspektive auf die Welt des Männlichen. Das genügt oft schon, um verständnisvoller und damit auch entspannter zu werden. Als Frau und Mutter ist es im Übrigen auch wichtig zu wissen, welche Rolle der Mann und Vater in der Erziehung seines Sohnes spielt. Damit wird es einfacher, ihren Umgang miteinander zu verstehen und auszuhalten.

Aber genug der Erklärungen, lesen Sie und urteilen Sie einfach selbst.

Typisch Junge, typisch Mädchen?

In meinen Seminaren wurden die folgenden Beschreibungen am häufigsten genannt:

„typisch Junge"	„typisch Mädchen"
• Autos	• Kuscheltiere
• Ballerspiele	• rosa
• laut sein	• tuscheln
• kämpfen	• Perlen auffädeln
• Trecker fahren	• basteln
• toben	• zickig sein
• cool sein	• Gruppen bilden
• rumschreien	• kreischen
• komische Geräusche machen	• Prinzessin
• Pokémonkarten (in Japan entwickelte Spielfiguren mit ganz bestimmten Fähigkeiten, Anm. der Autorin)	• zusammen aufs Klo gehen
	• lästern
	• andere ausgrenzen
	• Wendy lesen (eine Pferdezeitschrift für Kinder, Anm. der Autorin)
• Held sein	• telefonieren
• Fußball spielen	• Fürsorglichkeit
• Bester/Erster sein	• Mitgefühl
• Schimpfwörter benutzen	• mit Puppen spielen
• Werkzeug	
• Wettbewerb	
• Dominanz	
• Aggression	

Die meisten Begriffe umschreiben Verhaltensweisen. Das sogenannte Geschlecht lässt sich aber nicht allein durch Verhaltensweisen bestimmen, sondern ist durch eine Reihe von Merkmalen charakterisiert:

1. Chromosomales Geschlecht
   Vorhandensein eines Y-Chromosoms bei Jungen
2. Gonadales Geschlecht
   Vorhandensein von Eierstöcken oder Hoden und entsprechenden Hormonen
3. Somatisches Geschlecht
   Vorhandsein von weiblichen und männlichen körperlichen Merkmalen
4. Kulturelles Geschlecht
   männliches und weibliches Verhalten

Die Individualität des Menschen wird durch die unterschiedliche Ausprägung der einzelnen Merkmale festgelegt. „Die Frage, wie Veranlagung und Umwelt auf die kindliche Entwicklung einwirken, interessiert nicht nur die Wissenschaftler. Spätestens dann, wenn sich ein Kind nicht mehr so verhält, wie es Eltern von ihm erwarten, fragen sie sich, was an seinem Verhalten vererbt und was von uns als Erzieher bestimmt wird" (Largo, 2008: 53).

Ein Ausflug in die Biologie: Chromosomen und Gene

Treffen eine männliche Samenzelle und eine befruchtungsfähige weibliche Eizelle aufeinander, entwickelt sich unter bestimmten Voraussetzungen innerhalb von 38 Wochen ein Mädchen oder ein Junge, je nachdem, welche Samenzelle die Eizelle befruchtet hat.

Ein Mensch besitzt 23 Chromosomenpaare, also 46 einzelne Chromosomen. Nur ein einziges Paar bestimmt dabei das biologische Geschlecht, mit dem lateinischen Begriff Sexus benannt. Die weibliche Eizelle beinhaltet 23 Chromosomen, davon ein X-Chromosom. Die männliche Samenzelle beinhaltet ebenfalls 23 Chromosomen, und davon ist ein Chromosom entweder ein Y- oder ein X-Chromosom. Je nachdem, welche männliche Samenzelle zuerst die Eizelle der Frau befruchtet hat, entwickelt sich entweder ein Junge oder ein Mädchen.

männliche Samenzelle   weibliche Eizelle

Y-Chromosom

Abb. 6   X-Chromosom   X-Chromosom

In den ersten sieben Wochen der Entwicklung sind Jungen und Mädchen unter dem Mikroskop nicht zu unterscheiden. Sie sind zwar im Besitz des Chromosomenpaares XX oder XY, doch ihre Keimdrüsen sind nicht entwickelt und ihre Unterleiber enthalten nur primitive Kanalsysteme, aus denen sich noch beide Geschlechter formen können. In den Chromosomen befinden sich die Gene, die Erbanlagen, die den Bauplan des Menschen enthalten. Auf dem Y-Chromosom sind etwa 20 Gene identifiziert worden. Die restlichen ca. 30.000 Gene bei Männern und Frauen sind identisch (vgl. Hüther, 2009). Mädchen verfügen über zwei X-Chromosomen, die sich gegenseitig quasi als Sicherungskopien dienen. Jungen haben nur ein X-Chromosom, ist dieses beschädigt, kann die Beschädigung nicht durch das andere X-Chromosom kompensiert werden wie bei den Mädchen. Jungen scheinen daher von der Zeugung an anfälliger zu sein und eine schwächere Konstitution zu haben. Studien zeigen, dass mehr männliche als weibliche Embryos und mehr Jungen als Mädchen nach der Geburt sterben. Am Ende der 7. Schwangerschaftswoche entscheiden die Gene im Zusammenspiel mit den Hormonen darüber, wie sich die Geschlechtsmerkmale weiterentwickeln.

Die entscheidende 7. Woche

Bis zur 7. Schwangerschaftswoche ist das Geschlecht optisch nicht erkennbar. Gene veranlassen dann in der 7. Schwangerschaftswoche die Ausschüttung von Hormonen. Das Gen „SRY", welches nur auf dem Y-Chromosom zu finden ist, produziert Proteine, die u.a. die Bildung der weiblichen Anlagen unterdrücken. Stattdessen formen sich ein Penis und zwei Hoden. Die Hoden beginnen nun Sexualhormone zu produzieren, darunter auch das Hormon Testosteron.
Das Gen „DAX1" sorgt bei Mädchen dafür, dass Uterus und Eileiter wachsen können. In der 12. Woche ist der Entwicklungsprozess abgeschlossen und das biologische Geschlecht festgelegt (vgl. Tariverdian/Buselmaier, 1995). Selten treten Ausnahmen von dieser Entwicklung auf wie:

- sogenannte AGS-Mädchen (Adrenogenitales Syndrom) sind in der normalen Entwicklung im Mutterleib starken Testosteronschüben ausgesetzt und zeigen später stark männliches Verhalten. Zum Teil sind männliche Geschlechtsmerkmale bei der Geburt vorhanden (vgl. Studien von Sheri Beerenbaum in Pool, 1995).
- Maria Patino, 1985 eine erfolgreiche Hürdenläuferin, sieht äußerlich wie eine Frau aus, hat aber keine inneren weiblichen Geschlechtsorgane. Bei einer Dopingkontrolle wurde festgestellt, dass sie das Geschlechtschromosomenpaar XY besaß.
- Frauen mit dem sogenannten Turner-Syndrom haben nur ein X-Chromosom und sehen besonders weiblich aus. Sie besitzen aber keine funktionsfähigen Eierstöcke (Pool, 1995: 106 f.).

Die Kategorien „männlich" und „weiblich" nur anhand der Chromo-somen bestimmen zu wollen, scheint daher nicht auszureichen. Hor-mone spielen dabei, neben anderen Faktoren, ebenfalls eine wichtige Rolle.

Testosteron

Männer und Frauen besitzen in unterschiedlicher Menge das Hormon Testosteron. Der Anteil bei den Mädchen und Frauen ist allerdings in der Regel gering. Das Gleiche gilt bei Jungen und Männern für das Hormon Östrogen, dessen Wirkung vor allem bei Mädchen und Frauen eine Rolle spielt (vgl. Brizendine, 2008: 78 f.). Das Testosteron ist für die Herausbildung aller spezifisch männlichen körperlichen Merkmale verantwortlich. Auch für aggressives und bewegungs-aktives Verhalten scheint das Hormon verantwortlich zu sein. Bereits ab der 7. Schwangerschaftswoche schütten die winzigen Hoden Tes-tosteron aus und steuern u. a. die weitere Geschlechtsentwicklung. Am Ende der 15. Schwangerschaftswoche sind die Hoden voll entwi-ckelt und produzieren zusätzliches Testosteron, männliche Körper-merkmale wie die Gesichtsform werden zunehmend ausgebildet. Nach der Geburt sinkt der Testosteronspiegel um ca. 80 Prozent ab und bleibt bis zum dritten bis vierten Lebensjahr konstant (Biddulph, 1998: 47 f.).

In der wissenschaftlichen Literatur ist man sich uneins, welchen Einfluss Gene oder Hormone auf das Verhalten von Jungen haben. Hüther (2009: 52 f.) führt als Neurobiologe und Hirnforscher das Ver-halten der Jungen auf die Unterschiedlichkeit ihres Gehirns zurück und erklärt damit, warum Jungen und Männer anders fühlen und denken und sich bewegungsintensiver verhalten. Aber auch das Ge-hirn entwickelt sich unter dem Einfluss von Testosteron. Wie sich

Testosteron auf das Verhalten bei vielen Jungen im Alter von drei bis vier Jahren auswirkt, ist teilweise deutlich zu beobachten. Der Testosteronspiegel steigt sprunghaft um 100 Prozent an, der Bewegungsdrang, körperliche Aktivitäten, die Aggressivität im Spielverhalten nehmen zu. Mit ungefähr fünf Jahren sinkt der Testosteronspiegel bei Jungen um 50 Prozent ab, sie werden etwas ruhiger, was bis zum 11. bis 13. Lebensjahr anhält. In der Zeit der (Vor-)Pubertät steigt der Testosteronspiegel dann um 700 Prozent an; die körperlichen Merkmale bilden sich zusehends heraus, die Geschlechtsmerkmale reifen aus, und die Jungen interessieren sich zunehmend für das andere Geschlecht.

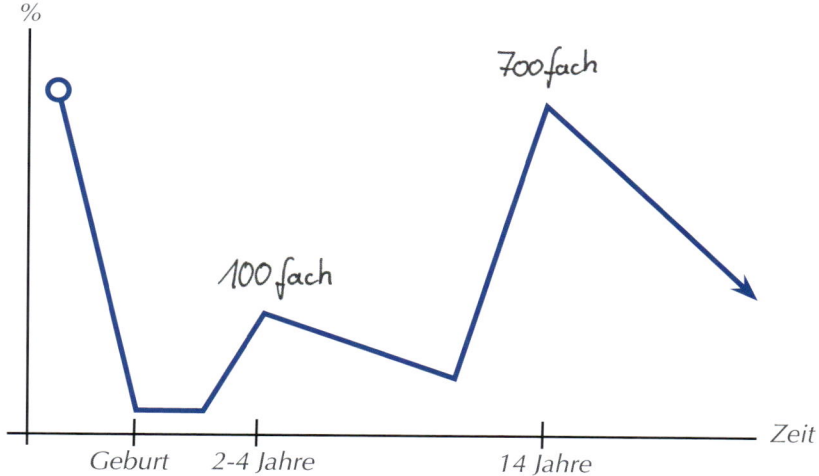

Abb. 7

Der Testosteronspiegel bleibt bei den Jungen, die zu Männern werden, hoch. Sie gewöhnen sich an den neuen Zustand, und ihr Verhalten ist mit Mitte zwanzig weniger bewegungsfreudig und ausgewogener als in den stürmischen Testosteroneinschusszeiten. Der Testosteronspiegel sinkt im Laufe des Lebens kontinuierlich, mit all seinen Konsequenzen wie Haarverlust und Gewichtszunahme. Ich möchte an dieser Stelle noch einmal darauf hinweisen, dass diese Entwicklung nicht für jeden Jungen genau gleich abläuft. Im Übrigen haben nicht nur biologische Grundlagen, sondern auch individuelle Lebenserfahrungen, Umwelt- und Familienbedingungen einen Einfluss auf das Verhalten von Jungen und Mädchen. Biologische Anlagen und Umweltbedingungen beeinflussen sich dabei wechselseitig. Die Metapher von dem Samenkorn macht das sehr anschaulich (s. Abb. 8).

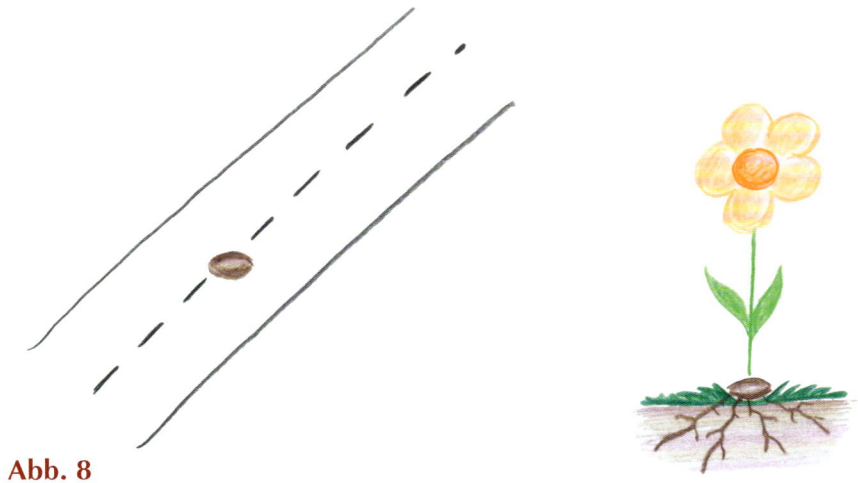

Abb. 8

Ein Samenkorn erfüllt alle biologischen Voraussetzungen, um zu einer Sonnenblume heranzuwachsen. Fällt das Samenkorn auf eine Asphaltstraße, wird es sich nicht entwickeln können. Fällt es dagegen auf fruchtbaren Nährboden, wird es zu einer großen, wunderschönen Sonnenblume heranwachsen können.

Ähnlich verhält es sich mit unseren Kindern. Die besten Anlagen entwickeln sich prima unter optimalen Umweltbedingungen. Unter weniger guten Bedingungen kann man sich nur schwer oder gar nicht entfalten. Aber auch hier gibt es Ausnahmen. Einige Kinder entwickeln sich trotz widriger Umstände zu einer Person mit einem starken Selbstwertgefühl. Dieser spannende Sachverhalt wird unter dem Begriff „Resilienz" aktuell erforscht, da die Wissenschaft und sicherlich auch Praktiker wie Eltern und pädagogisches Personal sehr daran interessiert sind, was die Gründe dafür sind, dass einige Kinder die Fähigkeit entwickeln, schwierige Lebensumstände ohne anhaltende Beeinträchtigung durchzustehen.

Fähigkeiten und Eigenschaften werden nicht durch ein einzelnes Gen vererbt. Es ist immer das Zusammenspiel von verschiedenen Genen, die Körpergröße, motorische Fähigkeiten oder künstlerische Talente bestimmen. Dadurch entsteht ein ganz individueller Junge und ein einzigartiges Mädchen. Den Rest bestimmt die Umwelt.

Aus dem Nähkästchen geplaudert

Niemand ist perfekt

Der eigene Sohn kam mit einem angeborenen Sehfehler zur Welt. Leider wurde das weder bei der ersten noch bei den nachfolgenden Frühuntersuchungen festgestellt. Erst bei der Vorsorgeuntersuchung U4 stellte die Kinderärztin den Sehfehler fest. Der Sohn konnte die Bilder auf der Tafel mit dem linken Auge überhaupt nicht erkennen. Mit dem rechten Auge erkannte er glücklicherweise alles. Sie überwies uns sofort zu einem Augenarzt. Die Untersuchung dort ergab, dass er auf dem rechten Auge eine 100-prozentige Sehkraft hatte. Auf dem linken Auge konnte er nur hell und dunkel unterscheiden, aber keine Bilder erkennen, egal in welcher Größe. Der Augenarzt teilte mir mit, dass wir uns damit abfinden sollten, dass unser Sohn ein sogenannter „Einäugiger" werden würde. Meine blödsinnige Aussage dazu war: „Dann braucht er wenigstens nicht zum Bund." Der Arzt sah mich ziemlich entgeistert an und hatte noch die Idee, ihm eine Brille zu verschreiben und das rechte Brillenglas mit einer undurchsichtigen Folie abzukleben, damit er gezwungen wäre, mit dem linken Auge zu sehen. Nicht sehr motivierend meinte er, dass man vielleicht noch etwas herausholen könne.

Ich besorgte Brille und Folie und war voller Zuversicht. Das Problem war nur, dass mein Sohn ja auf dem linken Auge gar nichts sah, und wenn er die Brille aufhatte, schielte er immer über das abgeklebte Brillenglas hinweg. Eine Zeit lang waren wir damit beschäftigt, darauf zu achten, dass unser Sohn seine Brille nicht absetzte oder nicht über den Rand sah. Dann rief ich völlig entnervt bei dem Augenarzt an und wollte einen Termin, um über eine Alternative zu sprechen. Die Sprechstundenhilfe bot mir einen Termin sechs Wochen später an, da dies ja kein akuter Fall war. Ich versuchte es bei einem anderen Augenarzt und bekam kurzfristig einen Termin. Er hielt nichts von der Brillenvariante und meinte, die einzige Chance sei, das gesunde Auge direkt mit der speziellen Folie abzukleben, damit der Junge gezwungen wäre, mit dem „schlimmen" Auge zu sehen. Er meinte, mit viel Glück schalte das Gehirn die Funktion des Auges wieder an, was bei Kindern bis zum zwölften Lebensjahr möglich wäre. Mit einer Packung hautfarbener Abklebefolien und Rubbelbildern, die man auf die Folien aufbringen konnte, damit sie nicht so fleischfarben aussahen (was für eine hübsche Idee), ging ich, nicht ahnend, was auf mich zukommen würde, wieder nach Hause.

Ich erklärte meinem Sohn, was wir nun machen würden und warum und klebte ihm das gesunde Auge ab. Er sah nichts, nur hell und dunkel. Ich wusste nicht, was ich mit ihm spielen sollte, da er ja nicht erkennen konnte, was für ein Spiel vor ihm lag. Also schaltete ich den Fernseher ein und setzte mich mit ihm davor. Er sagte: „Ich seh' nix", und rückte ganz dicht vor den Fernseher, so zehn Zentimeter, und bewegte den Kopf vor dem Bildschirm hin und her, um herauszufinden, was dort passierte. Es war ein Elend, das mit anzusehen. Ich glaube, ich habe nicht geweint, sondern mir nur Gedanken darüber gemacht, ob die Strahlen, die von dem Fernseher ausgingen, schädlich waren. Das vollzogen wir täglich eine Stunde lang. Nach zwei Wochen sollte ich zur weiteren Untersuchung zu dem Augenarzt kommen. Nichts hatte sich verändert. Ich schilderte dem Arzt, was wir machten, und er meinte nur, dass eine Stunde am Tag nicht ausreichen würde, es müssten mindestens drei Stunden sein, besser noch mehr. Aber ich konnte ja das Kind nicht drei Stunden vor den Fernseher setzen, einmal davon abgesehen, dass ich schon die eine Stunde als zu viel empfand.

Die folgenden vier Wochen waren die Hölle. Unser Sohn hatte einen Nachmittagsplatz im Kindergarten. Das hieß, nach dem Frühstück wurde das Auge abgeklebt, damit er nachmittags pünktlich in die Kita konnte und wir drei Stunden Abklebezeit schafften. Eine Stunde verbrachten wir weiterhin vor dem Fernseher und zwei Stunden beschäftigten wir uns mit Spielzeug jeglicher Art. Ich besorgte extra große Puzzleteile, und er hing mit dem Kopf dicht über dem Fußboden, um etwas zu erkennen. Meist hatte er nach kurzer Zeit (verständlicherweise) keine Lust mehr, nichts zu sehen, und riss sich die Abklebefolie ab. Ich klebte eine neue drauf, die er sich wieder abriss. Ich schnappte ihn, legte ihn auf den Rücken, hielt seine Arme mit meinen Knien fest und klebte ihm wieder eine Folie drauf. Er wehrte sich, weinte und schrie: „Mama, was machst du denn?" Ich weinte auch, war total verzweifelt und fragte mich auch, was ich tat. Es war eine bizarre Situation. Aber nach diesem Erlebnis gab es keine Situation mehr, in der mein Sohn sich die Folie abriss, er hatte aufgegeben. Die einzige Erklärung, die ich ihm für mein Verhalten liefern konnte, war: „Ich möchte, wenn du erwachsen bist und mich dann fragst, warum du auf einem Auge fast blind bist, nicht sagen müssen: ‚Weil du nicht einsichtig warst und ich keine Lust hatte,

mich mit dir auseinanderzusetzen und darum dein Auge nicht abgeklebt habe'."

Und dann geschah das Wunder – ich drücke es mal so aus, weil
es das für mich war. Nach ungefähr sechs Wochen hatte das Gehirn das kranke Auge wieder „angeschaltet", und unser Sohn konnte
nach und nach immer mehr erkennen. Er erlangte im Nahbereich
bis zu einem Meter eine Sehkraft von 100 Prozent zurück, er konnte
wieder sehen. Das Abkleben des Auges musste er bis zu seinem
zwölften Geburtstag durchziehen, und der Augenarzt hätte es gern
noch gesehen, dass er täglich 30 Minuten weiter trainiert hätte. Aber
das war nicht mehr drin. Als mein Sohn hörte, dass er keinen Füh-
rerschein zur Personenbeförderung machen und auch keinen Beruf
wie Krankenwagenfahrer ausüben könne, meinte er nur scherzhaft,
dass er damit seine Idee, Busfahrer zu werden, wohl begraben könne.
Warum erzähle ich Ihnen diese Geschichte? Erziehung ist nicht
leicht. Es ist sogar ziemlich schwer, immer konsequent und standhaft ein verantwortungsbewusstes Vorbild zu sein, immer ruhig
zu bleiben und sich auf seine Kompetenzen zu besinnen. Manchmal kann man schludern, aber in den wirklich wichtigen Dingen
muss man durchhalten und die Zähne zusammenbeißen, egal, wie
sehr das Kind dagegen rebelliert. Als Erwachsener können Sie einfach vorausschauender sein und wissen, welche Konsequenzen es
haben kann, wenn Sie aufgeben. Ich wollte mir in diesem wichtigen
Punkt keine Schwäche vorwerfen lassen, sondern den Nährboden
legen, damit mein Sohn wieder sehen konnte. Auch seine jüngere
Schwester „half" dabei. Sie war so „pflegeleicht", dass ich all meine
Kraft in ihren Bruder investieren konnte – so nett können kleine
Schwestern sein.

Gehirnstruktur

Neurowissenschaftliche Untersuchungen mit der funktionellen Magnetresonanz-Tomografie (fMRT) zeigen, dass die Gehirne von Männern sich im Durchschnitt sowohl in der Struktur als auch von der Funktion her von weiblichen Gehirnen unterscheiden. „Testosteron, Östrogen und andere Geschlechtshormone beeinflussen das Gehirn vor und nach der Geburt und verursachen gewisse Änderungen, steuern es in eine ‚maskuline' oder ‚feminine' Richtung. Für Nager und Primaten ist dies in Experimenten ausdrücklich belegt, doch für Menschen sind die Hinweise ähnlich schlüssig" (Pool, 1995: 168).

Schon während der Schwangerschaft haben also Hormone einen Einfluss auf die Entwicklung des Gehirns. Das SRY-Gen transportiert Informationen in das Gehirn, man hat es im Hypothalamus (dem wichtigsten Steuerorgan des vegetativen Nervensystems) und in Arealen der Großhirnrinde (Motorik, Kreativität) gefunden. Besonders während der Pubertät veranlassen der Hypothalamus und die Hypophyse (eine Hormondrüse) die Ausschüttung von Testosteron und Östrogen. Testosteron lässt u. a. Penis und Hoden größer werden, es sorgt außerdem für eine umfangreichere Behaarung, mehr Muskelmasse und einen größeren Körper bei Jungen. Östrogene lassen bei Mädchen die Brüste wachsen, kontrollieren die Funktion der Eierstöcke und lassen die Menstruation beginnen. Ein ganzes Bündel von Nervenzellen, das beim Mann größer ist, steuert das Sexualleben. Weibliche Gehirne weisen mehr Vernetzungen auf, die Großhirnrinde ist stärker gefurcht, das Sprachzentrum größer. Männliche Gehirne wiegen etwas mehr.

Insgesamt arbeitet daher das Gehirn von Jungen und Männern und das von Mädchen und Frauen unterschiedlich. Es ist gut, diese Fakten zu wissen, sie helfen aber nicht dabei weiter, wenn wir uns als Mutter oder Vater mit den unterschiedlichen und für uns Mütter oft unverständlichen Verhaltensweisen der Jungen auseinandersetzen müssen. Was nützt es uns als Eltern, wenn wir wissen, in welcher Ecke des Gehirns unseres Kindes gerade besonders viel los ist? In für Eltern schwierigen Situationen hilft dieses Wissen nicht weiter.

Das Gehirn von Jungen und Mädchen lernt ständig dazu. Es vernetzt sich, denkt und arbeitet so, wie es gefordert und benutzt wird. Neue Vernetzungen bilden sich am ehesten und besonders intensiv heraus, wenn wir uns mit etwas beschäftigen, das uns emotional berührt, anregt, fesselt. Erlebnisse, welche die emotionalen Zentren in den tiefer gelegenen Bereichen des Gehirns anregen, rufen besonders intensive Aktivitäten des Gehirns hervor. Und da sich Jungen und Mädchen von Geburt an für unterschiedliche Dinge begeistern, bekommen sie auch unterschiedliche Gehirne (vgl. Hüther, 2009: 58 f.). Anders gesagt: Das, was unseren Kindern (und uns auch) am meisten Spaß macht, hinterlässt die meisten Spuren im Gehirn. Was Mutter und Vater an Emotionalität zu bieten haben und wie sie ihre Rolle als Frau und Mann vorleben, hinterlässt Spuren im Leben der Kinder, bei beiden Geschlechtern.

Jungen bekommen mehr Haare und „ticken" anders

Jungen unterscheiden sich von Mädchen auch in anderen körperlichen Merkmalen:

Haarwuchs --------mehr Körperbehaarung
Muskelmasse------mehr Muskelmasse
Fetteinteilung -----geringer
Lungenvolumen --größer
Herzschlag --------schlägt schneller
Blutgefäße ---------mehr rote Blutkörperchen, daher mehr Sauerstoff
                   (vorteilhaft beim Sport)

Jungen ordnen scheinbar gern zu, systematisieren und interessieren sich mehr dafür, wie etwas technisch funktioniert. Als Kind ist ihre Feinmotorik unvollkommen, ihre Grobmotorik dafür umso besser ausgeprägt. Sie haben eine präzisere Hand-Auge-Koordination, was ihnen Vorteile beim Werfen und Schießen auf bewegliche Gegenstände bringt – ein Grund, warum so viele Jungen gern und erfolgreich sogenannte Ego-Shooter- oder „Ballerspiele" und Spring- und Rennspiele (jump and run) am PC spielen. Bei den Mädchen ist das Fingerspitzengefühl schon früh ausgeprägt, daher haben sie meist eine schönere Handschrift und basteln und malen oft lieber als die Jungen. Jungen laufen schneller, werfen weiter und können sich besser räumlich orientieren (jedenfalls männliche Mäuse; vgl. Pool, 1995: 53). Dabei orientieren sie sich an Entfernungen zwischen zwei Punkten und messbaren Zahlen, im Gegensatz zu Mädchen und Frauen, die sich oft an markanten Punkten orientieren. Dabei nimmt jedes Geschlecht für sich in Anspruch, im Besitz der besseren Strategie zu sein.

Bei Erwachsenen zeigt sich dieser Unterschied deutlich, wenn wir als Autofahrerin nach dem Weg fragen. Ich sage bewusst „Autofahrerin", denn Autofahrer fragen so gut wie nie nach dem Weg, höchstens, wenn sie von der Mitfahrerin dazu gedrängt werden. Sie wissen schließlich, wohin sie müssen, und Hilfe bietet höchstens ein Navigationsgerät, klar strukturiert und passgenau. Frauen haben im Allgemeinen nichts dagegen, nach dem Weg zu fragen, und wenn es nötig ist, sogar mehrfach. Achten Sie als Frau doch einmal darauf, wenn Sie einen Mann nach dem Weg fragen. In den meisten Fällen bekommen Sie als Antwort: „Noch zwei Kilometer geradeaus, dann links, so circa 500 Meter weiter, dann rechts und immer geradeaus. Nach circa drei Kilometern biegen Sie links ab und dann sind Sie nach 300 Metern da." Ich weiß nicht, wie es Ihnen geht, aber ich weiß nach zwei Kilometern schon nicht mehr, ob er links oder rechts gesagt hat.

Ganz anders dagegen, wenn Sie eine Frau nach dem Weg fragen. Sie wird wahrscheinlich antworten: „Zwei Kilometer geradeaus, bis zu dem grünen Haus mit den roten Fenstern auf der linken Seite. Da biegen Sie ab. Dann gibt es wenig später auf der rechten Seite ein Schuhgeschäft, da biegen Sie wieder ab. Dann fahren Sie immer geradeaus, bis Sie auf der linken Seite einen großen Supermarkt sehen. Da biegen Sie wieder ab und dann sind Sie schon fast da, das Haus mit dem schönen Vorgarten." Wenn Sie nicht am Schuhgeschäft anhalten, werden Sie pünktlich am Ziel sein.

Im Zusammenhang mit der Auge-Hand-Koordination scheint es auch geschlechtertypische Unterschiede bei der Wahrnehmung von Gegenständen aus dem Umfeld zu geben. Während Jungen und Männer eher weit und zielgerichtet sehen (s. Abb. 9), nehmen Mädchen und Frauen mehr das nähere Umfeld in den ganzen Blick (s. Abb. 10).

Abb. 9

Abb. 10

Da das Beispiel mit der Butter im Kühlschrank, die Jungen und Männer aufgrund ihres Tunnelblicks nicht sehen, weil sie nicht in der Mitte, sondern hinter der Milch im unteren Fach liegt, schon so abgenutzt ist, möchte ich ein anderes geben.

Aus dem Nähkästchen geplaudert

Wo ist mein Biobuch?

Mein Sohn, 15 Jahre alt, kommt und fragt: „Mama, wo ist mein Bio-buch?" Mir drängt sich sofort der Gedanke auf: „Was habe ich mit deinem Biobuch zu tun? Ich bin schon seit fast 30 Jahren aus der Schule und mich interessiert nichts weniger als ein Biobuch." Das sage ich als gute Mutter, die ich ja sein möchte, natürlich nicht laut. Stattdessen frage ich: „Hast du auf deinem Schreibtisch nachgese-hen?" „Ja", kommt prompt die Antwort, „da ist es nicht."

Früher wäre ich durch die Wohnung gelaufen und hätte das Bio-buch meines Sohnes gesucht, während dieser auf seinem Bett ge-legen hätte, einen Comic lesend und darauf wartend, dass ich mit dem Buch erscheine. Genau das mache ich nicht mehr, nachdem mein Mann mich einmal fragte, wo der Straßenatlas geblieben sei und ich ihm sagte, der würde in der Schublade liegen. „Da ist er nicht", war die Antwort. Ich fragte ihn noch einmal eindringlicher, ob er genau nachgesehen hätte, was er bejahte. Ich verbrachte eine Stunde damit, den Straßenatlas zu finden – einmal ganz davon abgesehen, dass ich ihn gar nicht brauchte. Schließlich kam ich auf die Idee, auch in der Schublade nachzusehen. Und was habe ich gefunden? Den Straßenatlas! Sicher, er lag unter ein paar anderen Unterlagen und war nicht auf den ersten Blick zu sehen (geschweige denn griffbereit), aber er lag definitiv in der Schublade. Nachdem ich mich fürchterlich über die vergeudete Zeit aufgeregt habe, sehe ich nun immer zuerst dort nach, wo meine Familie schon ausgiebig gesucht zu haben meint. So auch beim Biobuch meines Sohnes. Ich hob von einem verstaubten Stapel mit vielen, wohl seit Jahren unbenutzten Schulbüchern die oberen Bücher an, und siehe da: Im unteren Teil fand ich das Biobuch.

Pool (1995: 350 f.) begründet die Art des Sehens mit den Vorteilen, die Männer in grauer Vorzeit hatten, als sie noch Jäger waren. Um ein sich bewegendes Ziel sicher und effektiv treffen zu können, war eine ausgeprägte Auge-Hand-Koordination lebensnotwendig. Das Verhalten unserer evolutionären Vorfahren mit dem Verhalten moderner Menschen zu vergleichen, ist wenig wissenschaftlich, da es logischerweise keine empirischen Untersuchungen (z. B. Befragung einer Zielgruppe) dazu geben kann. Es gibt aber auch heute noch Kulturen, die die gleiche Lebensweise haben wie wir vor einigen tausend Jahren; solche Kulturen wurden von Anthropologen und Ethnologen untersucht, die ihre Bräuche und Verhaltensweisen beschrieben haben.

Von Jägern und Sammlerinnen

Die organischen und funktionellen Strukturen schaffen die Grundvoraussetzungen, damit sich Fähigkeiten und Verhaltensweisen ausbilden können. Sie allein bringen aber weder Fähigkeiten noch Verhaltensweisen hervor. Dafür ist die Umwelt nötig. Die Umwelt befriedigt die körperlichen und psychischen Grundbedürfnisse des Kindes und bestimmt die Erfahrungen, die es macht.

- seit 1 Minute gibt es Ackerbau

- seit einem Augenaufschlag erst Schule und Gleichberechtigung

Abb. 11

Wir werden immer noch von den Anlagen gesteuert, die über Millionen von Jahren ihren Daseinssinn hatten. 98 % des menschlichen Genoms teilen wir mit unseren nächsten Verwandten, den Menschenaffen. Die Differenz von 2 % hat sich seit dem Beginn der Entwicklung des Menschen nicht verändert. Eine 100.000 Jahre alte befruchtete Eizelle hätte alle genetischen Voraussetzungen, um einen modernen Jungen oder ein modernes Mädchen zu erzeugen (vgl. Hüther, 2009: 63). Was uns also verändert hat, sind weniger genetische oder hormonelle Veränderungen. Unsere zivilisatorischen Errungenschaften sind das Ergebnis von aktiver Aneignung von Wissen über unsere Umwelt. Jungen und Männer scheinen sich eher Regeln verbunden zu fühlen, Mädchen und Frauen mehr den Menschen und ihren Beziehungen (vgl. Otten, 2000: 160). Vielen Frauen ist es wichtig, sich auszutauschen, über Gefühle zu reden, Beziehungen herzustellen, Nähe zu haben. Diese Bedürfnisse schienen schon zur Zeit der Jäger und Sammlerinnen von Bedeutung gewesen zu sein.

Das Volk der Yanomami lebt im Norden und Nordwesten Brasiliens und blieb bis in die 1970er-Jahre hinein ohne zivilisatorische Einflüsse von außen. Die Yanomami leben matriarchalisch, das heißt, ihre gesellschaftliche Struktur ist um die Frauen herum organisiert und wird von ihnen dominiert. Für sie gilt auch heute noch die klassische

Arbeitsteilung zwischen Mann und Frau. Die Frauen der Yanoma-mi bleiben in der Gruppe zurück, während die Männer auf die Jagd gehen. Sie tauschen sich aus, betreuen und erziehen ihre Kinder gegenseitig, bereiten die Nahrung gemeinsam zu, sorgen für das Feuer und verteidigen sich gemeinsam gegen Feinde. Sie müssen sich und ihre Kinder in Abwesenheit der Männer schützen und ihr Handeln koordinieren. Dafür stellen sie eine andere Art der Gemeinschaft her, die überwiegend auf Kommunikation basiert. Eine gute Kommuni-kation und enge Beziehungen sichern das Überleben jeder Frau und ihrer Kinder in der Gemeinschaft. Die kleinen Mädchen bleiben in der Obhut der Frauen, helfen ihnen und beschäftigen sich mit der Versorgung der Tiere. Dafür waren Verhaltensweisen, die Beziehun-gen stiften, äußerst vorteilhaft. Beziehungen werden durch Reden, Körper- und Blickkontakt und Nähe hergestellt. Das brauchen nicht nur die Kinder, um sich sicher und geborgen fühlen zu können, um Sprache zu entwickeln (Sprache ist kein genetisches Programm) und beziehungsfähig zu werden. Das brauchen auch die Frauen, um in ihrer Gruppe Gemeinschaft herzustellen.

Die Medienindustrie hat diese tief verankerten Verhaltensintentionen aufgegriffen, indem sie „Renn-, Schieß- und Konzentrationsspiele" für Jungen produziert und „Versorgungs- und Kümmerspiele" wie „Meine kleine Tierfarm" für Mädchen. An dieser Stelle möchte ich noch einmal deutlich sagen: Es gibt auch Jungen, die kein Interesse am Rangeln haben und lieber Tiere versorgen, und Mädchen, die nichts lieber tun als zu kämpfen. Und ich plädiere auf keinen Fall dafür, dass Frauen wieder zurück ans „Feuer" sollen. Ich möchte nur versuchen zu erklären, dass wir uns immer noch mit Verhaltenswei-sen und Wissen auseinandersetzen müssen, das Jahrtausende alt ist und scheinbar immer noch wirkt. Dies zu erkennen verhilft uns zu einem besseren Verständnis von Frauen und Männern, ohne dass wir wieder zurück in den Regenwald müssten (vgl. Merkel, 1990).

Die Männer der Yanomami sind fast ausschließlich mit der Jagd beschäftigt. Ein Yanomami verfolgt sofort eine gesichtete Wildspur, auch wenn er aus anderen Gründen in den Wald gegangen ist. Im Alter von etwa drei Jahren werden die Jungen nicht mehr gestillt und in die Obhut der Männer gegeben. Dort lernen sie am Vorbild der Männer, ihre Aufgaben zu übernehmen. Neben der Fähigkeit, gut und weit zu sehen und wenig zu reden, lernen die Jungen, keine Angst zu zeigen. Wenn sie spielerisch miteinander kämpfen, werden sie dazu aufgefordert, keine Angst zu zeigen, sich zu verteidigen und anzugreifen (vgl. Haglund, 1992). Stellen Sie sich einmal vor, wie es wohl ist, als Jäger in einer Gruppe auf die Jagd zu gehen. Welche Fähigkeiten sind dafür besonders nützlich? Sicherlich eine gute Auge-Hand-Koordination für den Umgang mit der Waffe und die Konzentration auf das Wesentliche. Dann gibt es verschiedene Methoden, Tiere zu jagen, z. B. mit einem weiten Speerwurf. Jäger aus dem Volk der San aus der Kalahariwüste im Süden Afrikas folgen dagegen auch heute noch einem Tier so lange im Laufschritt, bis es erschöpft zusammenbricht. Dann erlegen sie es mit einem kurzen, zielgerichteten Speerwurf. Andere vorteilhafte Fähigkeiten sind eine klare Hierarchie und eine gezielte Kommunikation. Männer auf der Jagd reden nicht oder nur wenig; die San beispielsweise verständigen sich lautlos mit Handzeichen (vgl. Paetsch, 2010). Gespräche über die letzte schlaflose Nacht, über Schmerzen in der Brust oder über Ereignisse in der Familie würden sich dagegen wohl weniger günstig auf die Jagd auswirken. Die Gruppe müsste wahrscheinlich sogar hungern, weil das Wild die Jäger schon von weitem hören würde. Sie könnte alternativ Gemüse anbauen, aber wie würde sich wohl unser Gehirn ohne die Aufnahme von Fleisch entwickelt haben? Auch die Hierarchie in der Gruppe und bei der Jagd wird zweckmäßigerweise schon vorher ausgehandelt und festgelegt und nicht während der Jagd ausdiskutiert. Kein Jäger fragt den anderen: „Möchtest du heute zuerst den Speer werfen oder soll ich als Erster werfen?" oder „Fühlst du dich heute in der Lage, das Tier zu erledigen, oder soll ich das übernehmen?" Auch bei einem Kampf verständigen sich die Männer weniger mit Worten, sondern mehr mit Gesten. Regeln und Strukturen, wie gejagt und gekämpft wird, sind klar. Das lernen die Jungen der Yanomami schon ab einem Alter von drei Jahren. Dann werden sie in die Obhut der Männer gegeben und lernen mit Pfeil und Bogen umzugehen (vgl. Merkel, 1990: 145).

Für unseren zivilisierten mitteleuropäischen Lebensraum scheint es gar nicht mehr wichtig zu sein, ob geschlechterspezifische Verhaltensweisen einen evolutionären Ursprung haben oder nicht. Verhaltensweisen wie die Jagd und die Fürsorge für das Feuer haben für das heutige Leben in unserer Kultur scheinbar keine Bedeutung mehr. Die JIM-Studie von 2010 belegt, dass Mädchen/Frauen und Jungen/Männer im Alter von 12 bis 19 Jahren das Handy und den Computer fast gleich intensiv benutzen, erstere allerdings mehr zur Kommunikation, zum Chatten, Reden und Versenden und Empfangen von SMS-Nachrichten. Männliche Heranwachsende benutzen beides mehr zur Recherche von Informationen und für Online-Spiele (vgl. MPFS, 2010). Pool (1995: 358) schreibt:

„Es besteht keine Notwendigkeit mehr dafür, dass Männer einen Bauplan leichter lesen können als Frauen, aber so ist es nun einmal. Es besteht keine Notwendigkeit, dass Frauen sprachgewandter sind und leichter lesen lernen, aber so ist es nun einmal. Es besteht keine Notwendigkeit dafür, dass Männer aggressiver und Frauen fürsorglicher sind, dass Männer stärker hierarchie- und dominanzorientiert sind und Frauen Beziehungen eher als ein Netz von Freundschaften betrachten. Genaugenommen hat es den Anschein, als wären die Dinge sehr viel einfacher, wenn einige dieser Unterschiede nicht vorhanden wären, aber sie existieren nun einmal."

Jungen und Männer in unserer zivilisierten Gesellschaft brauchen nicht mehr auf die Wildjagd zu gehen, höchstens im Supermarkt einzukaufen. Sie brauchen auch ihre Familie nicht mehr mit körperlichem

Einsatz vor Feinden zu schützen, jedenfalls nicht täglich. Jungen dürfen sich (als Folge?) schon als Kinder nicht mehr körperlich messen und rangeln. Gefragt und beliebt sind die Kompetenzen der Mädchen: große Feinmotorik, Zuhören können, die Fähigkeit zur Kooperation und Gruppen zusammenhalten können.

Meine Tochter, die alle diese Fähigkeiten besitzt, wurde in der Grundschule immer neben die lebhaftesten Jungen gesetzt. Ein lebhafter Junge zwischen zwei ruhige Mädchen gesetzt, und schon ist es ruhiger in der Klasse. Meine Tochter hielt das immer für unfair und war ziemlich genervt von ihren Sitznachbarn. Und ich finde, da hat man diesem kleinen Mädchen schon (unbewusst?) eine Aufgabe übertragen, die gar nicht ihre sein sollte. Leider fehlt es auch in den Grundschulen an männlichem Lehrpersonal, die als Vorbild und Orientierung für die Jungen dienen könnten.

Wissenschaftlicher Beweis – ja oder nein. Wenn ich eine Gruppe von Jungen und Mädchen im Alter von sechs Jahren beobachte, dann sehe ich rangelnde Jungen (wenn sie dürfen) und Mädchen, die zusammensitzen und quatschen. Ich sehe aber auch ein Mädchen, das auf einen Baum klettert, und einen Jungen mit einem Buch in der Hand. Für mich ist es wichtig, dass das Verhalten der Jungen und Mädchen nicht in „gut" und „schlecht" eingeteilt wird. Was ist schlecht daran, wenn Mann oder Frau eine Straßenkarte nicht lesen kann? Man findet immer jemanden, der einem weiterhilft. Was ist schlecht daran, wenn Jungen oder Mädchen keine Perlen auffädeln oder keine „schönen" Bilder, mit Haus, Blumen und Sonne, malen mögen? Es muss genügend Möglichkeiten geben, für Mädchen und für Jungen, ihre individuellen Fähigkeiten erkennen und ausleben zu dürfen, völlig unabhängig von ihrem biologischen Geschlecht.

Trotz aller Individualität scheint es Verhaltensweisen zu geben, die vermehrt bei Jungen zu beobachten sind. Für Jungen scheint das Abklären von Hierarchien ein wichtiger Vorgang zu sein, der Halt und Orientierung bietet. Als Eltern von mehreren Jungen erleben Sie das täglich. Jungen und Brüder rivalisieren, sobald sie aufeinandertreffen. Ihr Status in der Beziehung untereinander wird immer wieder geprüft und ausgehandelt. Das ist für Mütter fast nicht auszuhalten, denn die Jungen kommunizieren dabei nicht auf die soziale und Beziehung stiftende Art der Frauen, sondern auf ihre ganz besondere Jungenart, meist laut und stürmisch. Das Verhalten wird als störend erlebt und kann von Jungen immer weniger ausgelebt werden. Das könnte mit ein Grund sein, warum mehr Jungen als Mädchen in die virtuelle Welt des Computers abtauchen, um dort zu kämpfen, zu siegen, Trophäen zu erbeuten und sich zu beweisen.

Auf die unterschiedliche Art der Kommunikation von Männern und Frauen komme ich in Kapitel 5 noch einmal zurück.

Einen Jungen zum Mädchen erziehen?

In den 1960er-Jahren waren die Wissenschaftler noch davon überzeugt, dass Jungen und Mädchen als „leeres Blatt" auf die Welt kommen. Das Geschlecht sei sozial konstruiert, das heißt, allein Erziehung und Umwelt formen das Geschlechterverhalten eines jeden Menschen. Das kleine Menschenkind, weiblich oder männlich behandelt, wird die entsprechende Geschlechtsidentität finden, so glaubte man. Eine erschütternde und traurige Geschichte widerlegte diese Ansicht.

Der Autor John Colapinto beschreibt in seinem Buch „Der Junge, der als Mädchen aufwuchs" eine wahre Geschichte. Auf dem Buchumschlag steht:

„John Colapinto beschreibt in diesem bestens recherchierten Buch einen spektakulären Fall der Sexualmedizin: Ein ehrgeiziger Sexualwissenschaftler meint der Welt beweisen zu können, dass unsere Geschlechtsidentität nicht

angeboren, sondern anerzogen ist. Als nach einer missglückten Beschnei-
dung die verzweifelten Eltern des Zwillingsjungen Bruce überredet werden,
einer Geschlechtsumwandlung zuzustimmen, nimmt eine unvergleichliche
Leidensgeschichte ihren Anfang. Operationen und 12 Jahre Trainingspro-
gramm – hormonelle und psychologische Behandlung – sollen das neue
Geschlecht in der Psyche des Kindes verankern und aus Bruce ein richtiges
Mädchen, Brenda, machen, obwohl sich das Kind von klein auf dagegen
wehrte. Als das ‚Mädchen' Brenda seine wahre Geschichte erfährt, ent-
schließt es sich, wieder zum Mann zu werden."

In seinem Vorwort schreibt Colapinto weiter:
„Am Morgen des 27. Juni 1997 besuchte ich David Reimer zum ersten Mal
in seinem kleinen, unauffälligen Häuschen in einem Arbeiterbezirk in Winnipeg, Manitoba. [...] David Reimer war einunddreißig, sah aber mindestens
zehn Jahre jünger aus. Der Grund dafür war sein spärlicher Bartwuchs mit
den wenigen Flaumhaaren am Kinn, aber auch ein feiner Schwung seiner
markanten Wangenknochen und seines spitz zulaufendes Kinns. [...] Ich
war nach Winnipeg gekommen, um so viel wie möglich über David Reimer
herauszufinden, mein Hauptinteresse jedoch galt seiner Kindheit. Als ich
dieses Thema anschnitt, ging eine abrupte und dramatische Veränderung in
ihm vor. Das Lächeln verschwand aus seinem Gesicht, ebenso der scherz-
hafte Ton seiner Stimme. Die Stirn über seiner kleinen, geraden Nase legte
sich in Falten, seine Augen blinzelten unruhig, und sein Kinn schob sich
trotzig nach vorn, kampfbereit. David sprach jetzt in eindringlichem Ton,
in einem hämmernden Rhythmus, und in seine deutlich wahrnehmbare
Kränkung und Wut mischte sich das Flehentliche eines Menschen, der sich
verzweifelt bemüht, seinem Gesprächspartner Gefühle mitzuteilen, die, wie
er befürchtet, dieser niemals wird verstehen können. [...] ‚Es war wie eine
Gehirnwäsche', sagte er und zündete sich die erste einer endlosen Reihe
von Zigaretten an. ‚Was würde ich dafür geben, wenn ein Hypnotiseur meine ganze Vergangenheit auslöschen könnte. Denn sie ist eine unerträgliche
Qual. Was sie einem körperlich angetan haben, ist mitunter nicht annä-

hernd so schlimm wie das, was man geistig erdulden musste. [...] Es war ein Psychokrieg im eigenen Kopf.' David sprach über die Ereignisse, die an einem Aprilmorgen dreißig Jahre zuvor ihren Anfang genommen hatten, als er im Alter von acht Monaten bei einer missglückten Vorhautbeschneidung seinen Penis verloren hatte. Nach dieser irreparablen Verletzung brachten ihn seine Eltern zu einem hochangesehenen Spezialisten in dem bekannten Johns-Hopkins-Krankenhaus in Baltimore. Dort erklärte man den Eltern, für ihren Sohn sei es das Beste, eine chirurgische Geschlechtsumwandlung vornehmen zu lassen. Dazu sollte das Kleinkind einer Kastration und weiterer operativer Maßnahmen unterzogen werden. In den nächsten zwölf Jahren sollte dann eine soziale, mentale und hormonelle Konditionierung erfolgen, um die Geschlechtsumwandlung in seiner Psyche zu verankern. [...] Der Fall erhielt zum anderen aber auch deshalb eine besondere Bedeutung, weil der Junge als eineiiger Zwilling zur Welt gekommen war. Sein einziger Bruder war in diesem Experiment gleichsam eine eingebaute Kontrollinstanz – ein genetischer Klon, der mit einem intakten Penis und intakten Hoden als Junge aufwuchs. Dass aus den Zwillingen angeblich glückliche und unauffällige Kinder unterschiedlichen Geschlechts wurden, erschien als unanfechtbarer Beweis dafür, dass die Umwelt größeren Einfluss auf die geschlechtliche Differenzierung hat als die Biologie. [...] Doch der junge Mann, der mir an jenem Junimorgen des Jahres 1997 gegenübersaß, war der lebende Beweis dafür, dass das Experiment misslungen war. [...] Was sich für die Medizin als brisanter Skandal entpuppte [...], stellte für David Reimer schlicht eine persönliche Katastrophe dar. [...] ‚Meine Eltern fühlen sich schuldig, als sei das Ganze ihr Fehler gewesen', erklärte mir David bei meinem ersten Besuch in Winnipeg. ‚Aber das stimmt ja nicht. Was sie taten, geschah aus guter Absicht, aus Liebe und Verzweiflung. Und wenn man verzweifelt ist, macht man nicht unbedingt alles richtig'" (Colapinto, 2000: 8 ff.).

Am 4. Mai 2004 nahm sich David Reimer das Leben; er litt unter Depressionen, hatte finanzielle Schwierigkeiten, und seine Ehe scheiterte.

In dem Buch wird deutlich beschrieben, dass David als Brenda Schwierigkeiten hatte, sich einer Gruppe anzuschließen. Brenda benahm sich wie ein Junge und fand keinen Anschluss an die Mädchen. Gleichzeitig trug sie Kleider und wurde von den Jungen ausgegrenzt. Wir in unserer christlich-abendländisch geprägten Gesellschaft haben, wie Menschen in anderen Kulturen auch, bestimmte Vorstellungen davon, wie sich Jungen/Männer und Mädchen/Frauen verhalten sollten (diese Vorstellungen variieren und können zudem von den sozio-ökonomischen Verhältnissen, in denen Jungen und Mädchen heranwachsen, geprägt sein). Zwei Beispiele mögen das illustrieren: Frauen urinieren in der Regel nicht im Stehen und Männer tragen in der Regel keine Kleider. Dabei wäre beides für alle möglich. Die Aneignung des sozialen Geschlechts, der weiblichen oder männlichen Rolle, und die Bestätigung der Geschlechterzugehörigkeit scheint eine Aufgabe der Sozialisation zu sein (vgl. Dräger, 2008: 37). Mädchen und Jungen werden dabei auf bestimmte Normen und Rollen verpflichtet. Die jeweiligen Rollen, an denen sie sich orientieren, werden ihnen durch das Umfeld, Eltern, Freunde, Verwandte usw. vorgelebt. Nicht nur Eltern sind beruhigt, wenn sich ihr Sohn, entsprechend seines biologischen Geschlechts, rollenkonform verhält und biologisches und soziales Geschlecht somit übereinstimmen.

Es gibt also eine gesellschaftlich begründete Vorstellung davon, wie ein Junge sich verhalten sollte. Und Jungen lernen, sich daran zu orientieren. In den ersten Lebensjahren sind die Vorbilder dafür Mutter und Vater. Am Bild der Mutter und des Vaters lernt der Junge, wie sich Frauen und Männer verhalten. Die Mutter kann dem Jungen aber nicht vorleben, was es heißt, ein Junge oder ein Mann zu sein, auch nicht, wenn sie Waschmaschinen und Autos repariert. Dadurch macht der Junge lediglich die – wenn auch sehr wertvolle – Erfahrung, dass Frauen durchaus in der Lage sind, technische Geräte zu reparieren. Er lernt aber nicht, was es heißt, ein Mann zu sein und wie ein Mann zu fühlen, wenn er das Auto repariert oder in der Wohnung staubsaugt. Das kann nur das männliche Vorbild, beispielsweise der Vater. Nur ein Mann kann seinem Sohn vermitteln, wie es sich anfühlt, ein Mann zu sein. Leider haben viele Väter nicht gelernt, ihre Gefühle in Worte zu fassen und sie auszudrücken, manche können sie nicht einmal selbst spüren. So bleibt die Vermittlung der Gefühle oft auf der Strecke, und das Vorleben beschränkt sich darauf zu zeigen, was ein Mann tut und weniger, was er fühlt. Gerade die Vermittlung auf der Gefühlsebene durch den Vater oder Mann ist aber wichtig, um dem Jungen den Zugang zu seinen Gefühlen zu ermöglichen, anstatt sie durch Einstellungen wie „Jungen weinen nicht!" oder „Ein richtiger Junge hat doch keine Angst!" zu verleugnen und zu unterdrücken.

Die Symbiose mit der Mutter

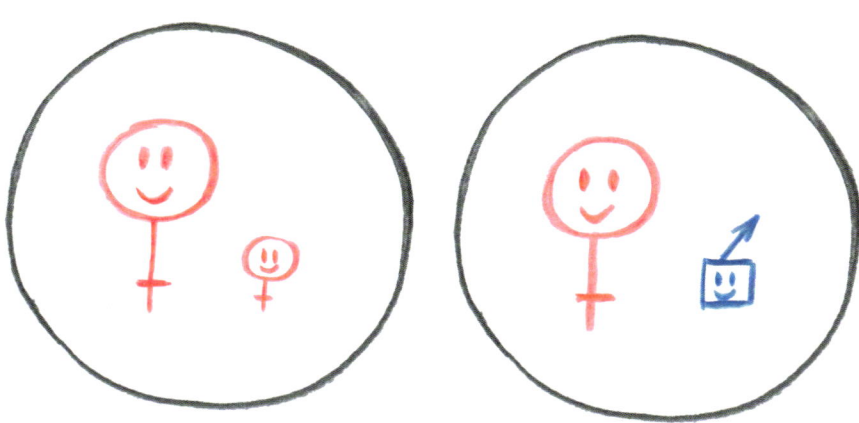

Abb. 12

Von Geburt an ist es die Aufgabe des Säuglings, zu wachsen und sich zu entwickeln. Dafür ist eine enge Bindung zu einer festen Bezugsperson notwendig. Bindung und Beziehung werden u. a. durch Nahrungsaufnahme, Körperkontakt und Zuwendung hergestellt. Das führt beim Säugling zum Sättigungsgefühl, baut das Selbstwertgefühl auf und stiftet Zuversicht. Sind diese Grundbedürfnisse gestillt, entwickelt sich die Lust am Lernen, das (geistige) Wachsen.

Eine zu enge Bindung, die kein Wachstum zulässt, schränkt das Lernen und die Entwicklung ein. Zu viel Wachstum durch fehlende Bindung führt zu Haltlosigkeit, Grenzenlosigkeit und Entwicklungsunfähigkeit. Eine fehlende Bindung und Beziehungslosigkeit in den ersten Lebensmonaten erzeugt ein Gefühl der Vernachlässigung, Ablehnung und Abwertung. Das kann zu Minderwertigkeitsgefühlen und Hoffnungslosigkeit führen. Oft werden diese durch eine Ersatzbefriedigung ausgeglichen, die sich noch im Erwachsenenalter durch Süchte wie Medikamenten-, Alkohol-, Computer- oder Konsumsucht zeigen kann. Je größer die Beziehungslosigkeit, desto größer wird die Gefahr, dass eine Ersatzbefriedigung die Lücke ausfüllen muss (vgl. Bowlby, 1969). Erst die gesunde Mischung aus Bindung und Wachstum legt die Basis für Lernen und Entwicklung. Neugier, Experimentierfreudigkeit und Kreativität können sich frei entfalten. In den meisten Beziehungen ist die Mutter die erste, feste Bezugsperson des Kindes. Die folgenden Ausführungen gelten selbstverständlich auch für Väter, nicht leibliche Mütter und andere enge Beziehungspersonen des Kindes.

In den ersten drei Lebensmonaten werden alle Sinneseindrücke des Säuglings als neu und fremdartig empfunden. Der Säugling unterscheidet nicht zwischen sich und der Mutter, zwischen Ich und Du. Die Mutter wird als Teil des Säuglings empfunden. Durch den Körperkontakt und die Nahrungsaufnahme werden beide, Mutter und Kind, als Einheit empfunden. Vor allem durch den Verlust des Körperkontakts zur Mutter entstehen beim Kind Ängste, die sich im

Schreien äußern. Schreien in dieser Phase hat nicht den Zweck, die Mutter heranzurufen, da das Kind noch kein Ich-Du-Bewusstsein hat, sondern ist Ausdruck seiner Ängste, die durch die Herstellung von Körperkontakt genommen werden. Durch das Geborgenheitsgefühl, intensiv aufgebaut durch den Körperkontakt, werden Verlustängste vermieden und Urvertrauen aufgebaut.

Ab dem vierten Lebensmonat, je nach individueller Veranlagung des Kindes, wendet sich das Kind seiner Umwelt zu, es kann zwischen weiblichen und männlichen Stimmen unterscheiden. Es fängt an, mit seinem Körper, vor allem mit Fingern und Füßen zu spielen. Das Verhalten des Kindes, beispielsweise Lächeln oder erste gelallte Äußerungen, müssen von der Mutter adäquat beantwortet werden. Je adäquater die Mutter reagiert, desto stärker wird die Bindung zwischen Mutter und Kind. Säuglinge imitieren, was ihnen angeboten und vorgelebt wird: das erste Lächeln, einen Gesichtsausdruck, erste Laute. Das Lernen von Sprache ist ohne das Vorbildverhalten einer Bindungsperson nicht möglich, denn Sprache wird durch Imitation gelernt und nicht als genetisches Programm. Ebenso das aufrechte Gehen. Untersuchungen von Kindern, die unter Tieren aufwuchsen, zeigen, dass sie sich auf allen Vieren vorwärtsbewegten und die menschliche Sprache nicht lernten.

Zwischen dem sechsten und neunten Monat richtet das Kind seine ganze Konzentration auf die Mutter (Fremdelphase). Damit das Kind sich geborgen fühlen kann, darf die Mutter den Kontakt zum Kind nicht abbrechen lassen. Das Kind kann dann seinen Wunsch nach vollem Besitz der Mutter lustvoll ausleben, und je intensiver das Kind seinen Besitzanspruch ausleben kann, desto eher und schneller wird es sich später von der Mutter lösen können und selbstständig werden (vgl. Renggli, 1985). Manche Eltern sind verunsichert, wenn das Kind in dieser Phase mit einem Male anfängt zu schreien, wenn der Vater es auf den Arm nehmen will oder die Oma, die bis zu diesem Zeitpunkt eine wichtige Rolle im Leben des Kindes gespielt hat. Ich rate den Eltern, sich in diesem Fall sehr darüber zu freuen, dass das Kind fremdelt, und nicht beunruhigt darüber zu sein. Das Fremdeln ist ein Ausdruck dafür, dass die Bindung zwischen Bezugsperson und Kind geglückt ist. Das ist ein Anlass zum Freuen. Der entsetzten Oma können Sie sagen: „Mama, kein Grund zur Besorgnis. Freu dich darüber, dass dein Enkelkind brüllt. Es zeigt, dass es eine feste Bindung eingegangen ist. Damit ist eine wichtige Grundlage in seinem Leben gelegt worden."

So schnell, wie die Fremdelphase kommt, wird sie auch durchlebt und ist meist nach zwei bis drei Monaten beendet. Am Ende des ersten Lebensjahres können weibliche und männliche Gesichter zugeordnet werden, es beginnt die Ablösung von der Mutter.

Langsame Ablösung

Im zweiten Lebensjahr sind die Kinder durch eine sich steigernde

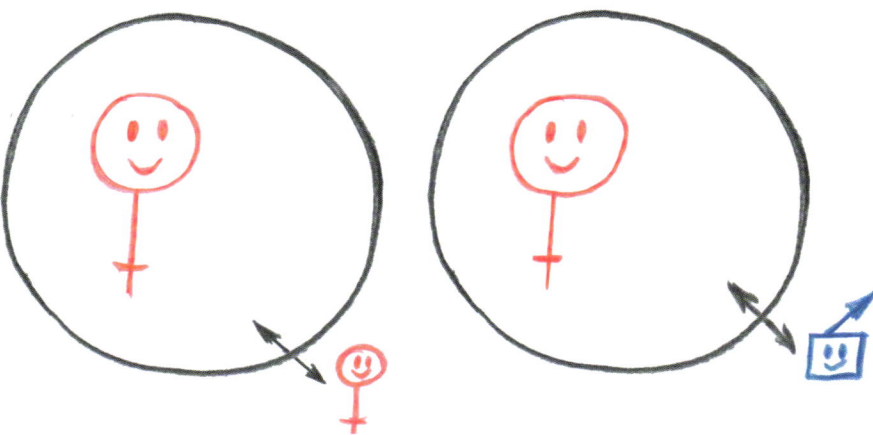

Abb. 13

Mobilität in der Lage, sich mehr und mehr von der Bindungsperson zu lösen. Die Umwelt wird erkundet, erst krabbelnd und später laufend, die Einheit mit der Mutter mehr und mehr gelöst. Das kann umso eher geschehen, je mehr das Kind die Bindung zur Mutter ausleben durfte. Dieser Trennungsprozess ist notwendig, aber auch schmerzhaft und oft mit Schrei- oder Wutausbrüchen verbunden. Ungefähr ab dem zweiten Geburtstag fängt das Kind an, sich von der Mutter zu lösen und die eigene Identität zu entwickeln. Das wird dann deutlich, wenn das Kind seine Sätze mit dem Personalpronomen ICH anfängt. Beispielsweise sagt es nicht mehr: „Daniel Bonbon haben", sondern: „Mama, darf ich einen Bonbon haben?" Dann können Sie sagen: „Nein Daniel, wir essen gleich Abendbrot. Jetzt gibt es keinen Bonbon mehr." In wenigen Fällen wird Daniel sich zufrieden geben, sondern sich stattdessen eher auf die Erde schmeißen und brüllen: „Ich will aber jetzt einen Bonbon!" Diese Phase wird vielfach als Trotzphase bezeichnet (vgl. Siegler, DeLaoche u. Eisenberg, 2008: 603 f.). Das Kind ist aber nicht trotzig, sondern möchte das Leben auf seine eigene Art und Weise gestalten, jedenfalls im Falle der Bonbonzuteilung und auch bei anderen Gelegenheiten, in denen das Kind dann sagt: „Das mach ich selber." Die Vorstellungen des Kindes gehen dabei nicht immer konform mit den Vorstellungen und Regeln der Eltern. Je mehr die Wünsche des Kindes und die Wünsche der Eltern auseinanderklaffen, desto mehr Konflikte wird es geben. Auf keinen Fall möchte Ihr Kind Sie aber bewusst und mit Absicht ärgern oder verletzen. Ihr Kind folgt lediglich seinem Drang nach Wachstum und Autonomie. Gleichzeitig braucht es dafür die bedingungslose Zuwendung und Liebe von Ihnen. Auf dem Weg des Kindes in seine Selbstständigkeit sind Sie als Eltern für die Qualität der Beziehung verantwortlich. Sie als Erwachsene legen die Regeln dafür fest, ob Konflikte eskalieren oder sich konstruktiv lösen lassen. Lassen Sie Ihrem Kind so viel Zeit und Raum wie nötig. Alles, was Ihr Kind selbst ausprobieren und bewältigen darf, trägt dazu bei, seine

Selbstständigkeit zu erhöhen. Die bedingungslose Liebe durch die Eltern, auch bei Fehlversuchen und missglückten Experimenten, ist ein Baustein im Fundament des Selbstwertgefühls.

Ein Junge löst sich anders

Je älter das Kind wird, desto mehr verlässt es also die Symbiose mit der Mutter. Bis dahin zeigen Kinder eher keine geschlechterspezifischen Verhaltensweisen. Beide Geschlechter, Jungen und Mädchen, wenden sich zum Trösten häufiger an die Mutter und zum Spielen häufiger an den Vater (Maccoby, 2000: 28 f.). Im Alter von drei bis vier Jahren beginnen die Kinder sich mit ihrem biologischen Geschlecht intensiver zu befassen. Bildhaft gesprochen kann man sagen: Das Mädchen sieht an sich herunter, sieht seine Mutter an und erkennt: „Wir haben das gleiche Geschlecht". Das wird sich (in der Regel) ihr Leben lang nicht mehr ändern. Auch wenn viele erwachsene Frauen nicht so sein wollen wie ihre Mutter, so bleiben sie doch ihr Leben lang eine Frau. Sie können sich in ihrer Sozialisation und bei der Aneignung ihrer Geschlechterrolle an der Mutter oder einer anderen wichtigen weiblichen Bindungsperson orientieren. Ihre Mutter lebt ihnen die Geschlechterrolle viele Stunden am Tag vor, was die Geschlechteridentitätsbildung der Mädchen erleichtert.

Anders ist es bei dem Jungen. Um bei der bildlichen Vorstellung zu bleiben, er sieht an sich herunter und stellt fest, dass er ein anderes Geschlecht als seine engste Bindungsperson, die Mutter, hat. Dann sieht er sich um und sucht nach Orientierung und findet – wenig. Jungen sind umgeben von Frauen: Mutter, Schwester, Tagesmutter, Erzieherin, Kinderturnanleiterin, Egotherapeutin, Logopädin, Schwimmlehrerin, Grundschullehrerin. Es gibt vielfach keinen großen Bruder, der Vater ist den ganzen Tag an seiner Arbeitsstelle, in der Kita arbeiten meistens nur Erzieherinnen. Glücklich können sich die Jungen schätzen, in deren Kita es einen Praktikanten oder Erzieher gibt. Aber Berufe wie Erzieher oder Grundschullehrer sind nach wie vor keine attraktiven Berufe für Männer, sehr zum Nachteil für die Jungen. Treffen Jungen dann in der weiterführenden Schule auf Männer, haben sie schon eine ganze Menge über Schule und Männer gelernt und nehmen in den wenigsten Fällen den Lehrer als männliches Vorbild an. Glücklich können hier wieder die Jungen sein, die einen Lehrer haben, der nicht Wissensvermittlung, sondern Beziehungspflege als wichtigstes Lernziel ansieht.

Der drei- oder vierjährige Junge ist also den größten Teil des Tages mit Weiblichkeit umgeben. Spielen Kinder in den ersten drei Lebensjahren noch geschlechterneutral miteinander, ändert sich das etwa ab dem vierten Lebensjahr. Hier ist die Präferenz für das eigene Geschlecht deutlich ausgeprägt. Die geschlechterspezifische Präferenz beim Spielen bleibt bis zur Pubertät erhalten. Jungen orientieren sich mangels anderer Vorbilder mehr an Vorbildern im Fernsehen und spielen nun nach, was ihnen vorgespielt wird. Leider zeigt das Fernsehen meist nur, wie ein Mann sich verhält, und das ist keineswegs immer ein sozial erwünschtes Verhalten. Höchst selten erfährt man aus den Medien, wie der Mann sich fühlt. Und wie er dieses Gefühl in Worte fasst.
Ab dem vierten bis sechsten Lebensjahr ist die Bildung der eigenen Geschlechtsidentität eine zentrale Aufgabe in der Entwicklung (vgl. Erikson, 1998). Diese Aufgabe müssen die Jungen (und Mädchen natürlich) in der Interaktion mit anderen Menschen bewältigen. Im häuslichen Umfeld sind sie aber weiterhin von Weiblichkeit umgeben. Für die Herausbildung der Ich-Identität ist das Vorbildverhalten von Mutter und Vater wichtig. Beide vermitteln ihre Werte und Moralvorstellungen und leben dem Jungen (und Mädchen) vor, was es heißt, eine Person mit gutem Selbstwertgefühl zu sein.

Für die Entwicklung der Vorstellung, von männlichem Geschlecht zu sein, ist aber das Vorbildverhalten des Vaters oder einer anderen männlichen Bezugsperson von elementarer Bedeutung. Die Mutter kann dem Jungen nicht vorleben, was es bedeutet und wie es sich anfühlt, ein Mann zu sein. Dieses Wissen lässt sich nicht mit Worten theoretisch vermitteln, beispielsweise, indem die Mutter zu ihrem Sohn sagt: „Ein Mann sollte auch mal den Abwasch machen" oder „Ein Mann darf auch weinen, wenn er sich verletzt". Dadurch lernt der Junge lediglich, was die Frau meint, wie ein Mann sich verhalten könnte oder wie sich ein Mann fühlen könnte (auch wenn dies eine wichtige Lernerfahrung ist). Orientieren kann er sich als Junge aber daran nicht, dafür braucht er das real von einem Mann vorgelebte Vorbild.

Abb. 14

„Räum dein Zimmer auf!"

Was tut also der Junge, der mehr oder weniger Frauen als Vorbild zur Verfügung hat? Er denkt sich (natürlich nicht bewusst): „Wenn meine Mutter sagt: ‚Räum dein Zimmer auf!', dann scheint das weiblich zu sein. Wenn ich es tue, dann verhalte ich mich weiblich. Ich bin aber männlich und möchte mich männlich verhalten. Da ich nicht sehe, wie ich mich männlich verhalten könnte, tue ich besser erst einmal etwas anderes." Da das männliche Vorbildverhalten fehlt, wird der Junge – mangels anderer Möglichkeiten – alles das nicht tun, was ihm weiblich zu sein scheint. Er weiß dann zwar immer noch nicht, ob er sich männlich verhält, aber er verhält sich in seinen Augen schon mal nicht weiblich, und das ist für ihn immerhin etwas auf dem Weg der Geschlechterrollenfindung. Junge und männlich sein bedeutet also anders sein als weiblich und damit anders zu handeln als meine Mutter oder jede andere Frau.

Nun müssen die Jungen sich allerdings in die Regeln der Familie oder Gemeinschaft einfügen, und dazu gehört auch, den Bitten oder Anweisungen weiblicher Erwachsener zu folgen. Sie tun das früher oder später auch. Räumen das Zimmer oder die Bauecke mit auf. Sie tun das aber nicht besonders gern, und es bringt ihnen scheinbar nichts auf ihrem Weg zur Männlichkeit. Viel besser wäre es für den Jungen auf seinem Weg zur Männlichkeit, wenn der Vater oder ein anderer Mann ihm diese Aufgabe übertragen würde. Und noch besser, wenn der Vater oder Mann dem Jungen vorleben würde, wie man als Mann das Zimmer aufräumt. Männer kümmern sich heute in der Regel von Geburt an um ihre Kinder. Sie füttern und wickeln sie und schieben den Kinderwagen. Das Engagement des Mannes in seiner Rolle als Vater und seine Beteiligung am familiären Leben hängt aber unmittelbar mit seinem Beruf und dem Ausmaß der Belastungen durch seine Berufstätigkeit zusammen. Noch immer ist es der Mann, der berufstätig bleibt, und die täglichen Arbeitszeiten bestimmen, wann der

Vater zu Hause und damit für seinen Sohn verfügbar ist. Wöchentliche Arbeitszeiten zwischen vierzig und siebzig Stunden führen dazu, dass der Vater seinen Sohn außerhalb des Wochenendes kaum wach zu Hause sieht (vgl. Rohr/Fthenakis, 2008: 68).

Stellen Sie sich einmal folgende mögliche Szene vor:

Nehmen wir einen Jungen im Alter von vier bis sechs Jahren. Den ganzen Tag ist er umgeben von Weiblichkeit. Er weiß genau, dass um 19 Uhr sein Vater nach Hause kommt. Man kann schon verstehen, dass dieser Junge nicht um 19.30 Uhr ins Bett gehen möchte, nachdem er den ganzen Tag auf seinen Vater gewartet hat. Nun kommt der Vater nach Hause, müde und gestresst von einem anstrengenden Arbeitstag. Er möchte erst einmal 30 Minuten abspannen, sich in Ruhe die Arbeitskleidung ausziehen und sich gedanklich von der Berufstätigkeit lösen. Und trifft auf seinen Sohn, der sich sofort auf ihn stürzt, mit ihm spielen und rangeln will. Dazu eine Ehefrau, die über den anstrengenden Tag mit dem Sohn klagt. Je weniger männliche Orientierungsmöglichkeiten der Junge an dem Tag hatte, desto mehr wird er seinen Vater in Beschlag nehmen. Nun setzen Jungen beim Spielen ihren Körper mehr ein als Mädchen. Sie lassen sich auf wildere Kampfspiele wie Rangeln und Raufen ein und ihr Konkurrenzdenken und Verhalten sind ausgeprägter. Sie messen ihre Kräfte und beweisen ihre Stärke. Dadurch führt ihr Spiel auch häufiger zu Provokationen als das der Mädchen (vgl. Maccoby, 2000: 48 ff.). Kampf und Aggression sind charakteristische Merkmale im Spiel der Jungen, auch mit ihrem Vater. Kaum nach Hause gekommen, will der (fiktive) Junge also seinen Vater zum Spiel bzw. Kampf herausfordern. In meinem Beispiel geht der Vater auf seine genauso männliche Art und Weise darauf ein, indem er seinem Sohn erst einmal die Grenzen aufzeigt und deutlich macht, wer die Nummer eins ist. Das will der Junge natürlich nicht akzeptieren und versucht, den Vater vom Thron zu werfen. Das alles kann laut und scheinbar aggressiv verhandelt werden.

Und wer kann das alles nach einem anstrengenden Tag nicht auch noch aushalten? Die Mutter. In meiner konstruierten Szene kommt sie herbeigeeilt und kritisiert das laute und scheinbar aggressive Verhalten des Vaters und seinen Umgangston. Aufforderungen der Mutter wie „Nun sei doch nicht so brummig, er hat sich den ganzen Tag auf dich gefreut" oder „Nun spielt doch mal was Ruhiges miteinander, so kurz vor dem Schlafengehen" folgen – leider. Mütter neigen mehr als Väter dazu, ihre Anforderungen an das Kind nicht als Befehl zu formulieren, sondern eher als Aufforderung, und meinen, sie hätten diese damit deutlich zum Ausdruck gebracht. Nicht selten werden Aufforderungen als Fragen verkleidet: „Magst du jetzt deinen Schlafanzug anziehen?" Kinder hören exakt die Frage heraus (und ziehen sich dann an oder auch nicht). Männer sind in der Formulierung ihrer Erwartungen meist deutlicher und klarer: „Zieh dich (bitte) an!" Frauen können diesen scheinbar knappen Befehlston oft nicht aushalten und weisen den Mann darauf hin, doch freundlicher mit dem Jungen zu sprechen. Damit stellt die Mutter, nicht absichtlich natürlich, die Kompetenz des Vaters in Frage und kritisiert sein Verhalten. Nicht selten ziehen sich Väter, wenn sie solch eine Erfahrung häufiger erleben, ganz aus der Erziehung des Sohnes zurück. Gut gemeinte Kritik oder Anweisungen an den Vater haben nicht selten geringes väterliches Engagement zur Folge (vgl. Rohr/Fthenakis, 2008: 71).

Je weniger Männervorbilder es für den Jungen in seiner Sozialisation gibt, desto mehr verhält sich der Junge männlich, um sich von der Mutter zu lösen und um sich von der Weiblichkeit abzugrenzen. Mein Rat an dieser Stelle an Sie als Mutter ist, wenn Sie das Gestreite, Imponiergehabe und Dominanzverhalten zwischen Vater und Sohn nicht aushalten können, weil es so völlig Ihrer Art zu kommunizieren widerspricht, gehen Sie aus dem Raum. Rufen Sie Ihre Freundin an oder lenken Sie sich anderweitig ab. Vater und Sohn haben ihre ganz eigene Art zu kommunizieren und miteinander umzugehen, sie unterscheidet sich völlig vom Beziehungs- und Kommunikationsverhalten der Frauen. Mischen Sie sich nicht ein und lassen Sie die beiden das untereinander ausmachen, auch wenn es Ihnen schwerfällt. Damit geben Sie dem Jungen nicht nur die Möglichkeit, sich ganz auf den Vater einzulassen (Zeit, die in vielen Familien ohnehin knapp bemessen ist). Sie signalisieren auch Geschlossenheit als Elternpaar gegenüber Ihrem Sohn.

Eine Reihe von Studien konnte nachweisen, dass die Qualität der Beziehung zwischen Mutter und Vater die Qualität der Beziehung zwischen dem Vater und seinem Sohn beeinflusst. Je besser die Beziehung zwischen den Eltern ist, desto besser ist die Beziehung vom Vater zum Sohn (das gilt auch für die Mädchen). Die Unterstützung des Vaters durch die Mutter, in diesem Fall das Heraushalten aus dem „Spiel der Männer", erwies sich als vorteilhaft für die Erziehungskompetenzen des Vaters und damit für sein Vorbildverhalten als Mann. Das kompetente Verhalten des Vaters vermittelt dem Sohn: „Ich versichere dir, dass du dich auf mich verlassen kannst. Ich bin der Erwachsene, ich bin der Vater und ich bin derjenige, der weiß, was zu tun ist. Du kannst dich an mir orientieren, messen und ‚abarbeiten'. Ich liebe dich als meinen Sohn, und deshalb ermögliche ich dir diese wichtige Erfahrung in deinem Leben und auf dem Weg zum Mann."

Das Dilemma der Jungen

Der Junge muss sich also von der Mutter lösen und gleichzeitig Zugang dazu finden, da er die Nähe und Geborgenheit der Mutter und ihren Körperkontakt braucht. Die Ablösung von der Mutter und der Weiblichkeit ist auch ein Verlust von der Symbiose mit ihr, von absoluter Einheit, Geborgenheit und Sicherheit. Mädchen lösen sich aus dieser Symbiose, aber nicht von der Weiblichkeit. Sie haben das gleiche Geschlecht wie die Mutter, und sich wie sie zu verhalten, bedeutet keine Gefahr für die Entwicklung der Geschlechteridentität. Ganz im Gegenteil, sich wie die Mutter zu verhalten, ist vorteilhaft für die Identitätsbildung des Mädchens.

Jungen dagegen verlieren die Einheit mit der Mutter, und dieser Verlust bleibt ein Leben lang unbewusst vorhanden (vgl. Shapiro, 1992: 52). Das kann ein Grund dafür sein, warum viele erwachsene Männer abwehrend reagieren, wenn die Partnerin sagt: „Du bist genau wie deine Mutter." Damit stellt sie die sexuelle Identität des Mannes in Frage, was dieser als Verletzung empfindet und mit Abwehr reagiert. Denn Männer haben einen schmerzhaften Prozess durchlaufen, um nicht so zu werden wie ihre Mutter, nämlich weiblich. Die Nähe zur Weiblichkeit, die sie brauchen, suchen sie als Erwachsene in der Beziehung zu Frauen. Abhängig davon, wie Sie den Lösungsprozess Ihres Sohnes begleitet haben, wird sich sein Bild von einer Frau bilden. Wenn Sie es Ihrem Sohn erlauben, sich zu lösen, ein Mann zu werden und sich auf eine Art und Weise zu verhalten, die Ihnen zwar als Frau und Mutter vielleicht fremd ist, für die Sie aber trotzdem Verständnis aufbringen, dann kann sich ein positives Bild von Weiblichkeit und Frau in Ihrem Sohn festigen, was einen erheblichen Einfluss auf seine Vorstellung von der Beziehung zu einer zukünftigen Partnerin hat (vgl. Schellenbaum, 1991: 93 ff.).

Geben Sie Ihrem Sohn die Freiheit, sich als Mann zu fühlen und zu entwickeln. Geben Sie Ihrem Sohn diese Freiheit nicht, wird er sich nie vollständig von Ihnen lösen können und diese Erfahrung als Einengung, Umklammerung und Abhängigkeit und ein Gefühl von Ohnmacht und Angst empfinden. Gefühle wie Angst und Ohnmacht werden als bedrohlich empfunden und müssen vom Jungen/Mann abgewehrt werden. Der Junge kann zu dem Schluss kommen, dass Gefühle allgemein als Verunsicherung empfunden werden und daher abgewehrt werden müssen. Das kann ein Grund dafür sein, warum viele Männer nur ungern über Gefühle und Beziehungen sprechen, es ist zu bedrohlich.

„Erinnern wir uns, wie die Kindheit des kleinen Jungen aussieht: Er wird überwiegend von jemandem versorgt, der nicht wie er selbst ist. Als erstes muss er mit dem Verlust des Einsseins mit der Mutter fertig werden. Doch dann erhebt sich ein noch größeres Problem. Der Junge muss lernen, anders als die Mutter zu sein. Aber da es nichts gibt, was man stattdessen sein kann (da der Vater für ihn noch recht undeutlich ist), bleibt seine einzige Möglichkeit, nicht-wie-Mutter zu sein. Er muss versuchen, in jeder nur möglichen Weise anders zu sein als sie" (Shapiro, 1992: 57).

Der Junge macht sich, zunehmend bewusster, deutlich, was es bedeutet, Frau zu sein, und grenzt sich durch ein anderes Verhalten davon ab. Seine Identität entwickelt er in diesem Fall durch das „Anderssein als Mutter/weiblich". Dadurch lernt er aber noch nicht, was es heißt oder wie es sich anfühlt, ein Mann/männlich zu sein. Das erfährt der Junge erst, wenn er ein männliches Vorbild hat, an dem er sich orientieren kann. Das kann der (leibliche) Vater oder ein anderer Mann wie der Opa, Bruder oder Fußballtrainer sein. In einem Seminar fragte mich einmal ein Vater, wie er denn seinem Sohn beibringen solle, wie ein Mann fühlt, wenn er doch selbst gar nicht wisse, wie er sich als Mann fühle. Er fragte: „Wie fühlt denn ein Mann?" Dass dieser Vater nicht allein mit dieser Frage war, zeigte sich dadurch, dass sich ein Schweigen ausbreitete und keiner der anderen Väter diese Frage spontan beantwortete. Ich erwiderte, dass ich das als Frau leider auch nicht wissen und beantworten könne. Das Lernen, wie ein Mann handelt, ersetzt dann das Nachspüren von Gefühlen und bestätigt dem Jungen so seine Männlichkeit. Das leben die meisten Männer ihm vor, das lebt er nach. Eine Folge dieses Handlungsmusters kann sein, dass der Mann in der Beziehung zu einer Frau seine Rolle durch Handeln ausfüllt, wenn die Frau über Gefühle reden möchte. Sie redet über Gefühle, er wartet darauf, was er tun kann. Aktiv sein und dabei gleichzeitig emotional distanziert (vgl. Shapiro, 1992: 63) – für mich ist das die größte Differenz zwischen Frauen und Männern. Die Annäherung von Frau und Mann trotz unauflöslichem Andersseins stellt die größte Herausforderung in einer Partnerschaft dar. Möglichkeiten, wie Konflikte in der Paarbeziehung konstruktiv gelöst werden können, erläutere ich in Kapitel 5 noch ausführlicher.

Sicherheit in seiner Geschlechteridentität bekommt der Junge also über das Anderssein zur Mutter und das Gleichsein mit dem Vater. Der Junge hat ein ständiges Bedürfnis nach Beachtung und Anerkennung durch seinen Vater und durch andere Jungen und Männer. Jungen wollen von den anderen Jungen anerkannt werden und dazugehören. Dafür halten sie sich an die Regeln, die die anderen Jungen und Männer aufgestellt haben. Scheinbar weibliche Verhaltensmuster sind daher zu unterlassen: Weinen, Angst haben, mit Puppen spielen, Haare kämmen, Schminken, die Beine rasieren, mehr als drei Paar Schuhe besitzen. Das jedenfalls ist die Auflistung meines 16-jährigen Sohnes. Männliches Verhalten ist für ihn und seinen Vater: immer selbstsicher auftreten, niemals sagen, dass man etwas nicht weiß, immer gewinnen wollen, keine Schwäche zeigen, einen guten Beruf haben, viel Geld verdienen, Spinnen aus dem Haus entfernen, nachsehen, warum mitten in der Nacht die Schuppentür klappert. Durch solche und andere Regeln und Strukturen, die gesellschaftlich und kulturell festgelegt werden, erhalten die Jungen die Sicherheit einer männlichen Identität, die sie brauchen.

Auch wenn sich das Buch zuerst an Frauen und Mütter wendet, da sie bekanntermaßen Ratgeber lesen und Männer eher nicht, möchte ich an dieser Stelle einmal die Männer und Väter direkt ansprechen: Je sicherer sich ein Junge auf dem Weg zum Mann in seiner Männlichkeit fühlt, desto weniger bedrohlich wird er die Attribute von Weiblichkeit erleben. Er wird seine eigenen weiblichen Anteile souveräner annehmen können und auch das Weibliche in seiner Partnerin (oder in seinem Partner). Als Vater können Sie Ihrem Sohn ein starkes Gefühl von Sicherheit vermitteln. Seien Sie so viel wie möglich ein Vorbild. Verbringen Sie so viel Zeit wie möglich mit Ihrem Sohn. Planen Sie gemeinsame Männertage oder Männerwochenenden. Verreisen Sie ein paar Tage mit Ihrem Sohn allein oder schenken Sie Ihrer Partnerin ein Wellness-Wochenende mit ihrer Freundin. Sprechen Sie mit Ihrem Sohn über Gefühle. Fragen Sie Ihren Sohn so oft wie möglich, wie er sich fühlt, was er empfindet. Sprechen Sie mit Ihrer Partnerin, wenn Sie das Gefühl haben, sie hält Sie nicht für kompetent genug in der Erziehung des Sohnes, statt sich zurückzuziehen. Haben Sie so viel wie möglich Körperkontakt zu Ihrem Sohn. Achten Sie dabei auf die Grenzen Ihres Sohnes; wenn er genug hat, wird er es Ihnen zeigen. Trösten Sie liebevoll und mit Körperkontakt, wenn es etwas zu trösten gibt. Leben Sie Emotionen vor, nicht nur Regeln und Strukturen. Zeigen Sie Ihrem Sohn, wie er die Rolle als Partner in einer zukünftigen Beziehung leben kann. Leben Sie es in der Beziehung zu Ihrer Partnerin vor. Wenn Sie Gefühle zeigen und darüber sprechen, wird Ihr Sohn es nicht als Schwäche auslegen und Ihre väterliche Kraft nicht in Frage stellen. Sehen Sie Ihren Sohn nicht als Konkurrenten an. Ihr Sohn braucht die Anerkennung und Bestätigung von Ihnen als Vater und Mann. Erwachsene Männer bedauern häufig, dass sie diese Anerkennung nicht von ihrem eigenen Vater bekommen haben. Wenn Sie auch zu dieser Gruppe gehören, fragen Sie sich bitte einmal:

- War für Ihre Erziehung eher die Mutter oder der Vater zuständig?
- Wie würden Sie die Beziehung zu Ihrer Mutter beschreiben?
- Was haben Sie von Ihrem Vater bekommen, was Sie in Ihrer Rolle als Mann bestärkt hat?
- Welche männlichen Vorbilder gab es noch?
- Was war das Besondere an diesen Vorbildern?
- Was wünschen Sie sich von Ihrem Vater? Wenn Ihr Vater bereits verstorben ist: Was hätten Sie sich gewünscht?
- Wer ist in Ihrer jetzigen Familie für die Erziehung des Jungen meistens verantwortlich?
- Wie füllen Sie Ihr Vorbildverhalten hinsichtlich der Rolle als Mann aus?
- Bei welchen Gelegenheiten sprechen Sie mit Ihrem Sohn über Gefühle?
- Welche Anerkennung geben Sie Ihrem Sohn?

Ihr Vorbildverhalten als Mann und Vater wird vielleicht noch keine Früchte in der Pubertät hervorbringen, wenn der Sohn sich von seiner Familie ablösen muss und zu allem Lust hat, nur nicht zum Heraustragen des Mülls oder zum Abwaschen. Es wird sich aber zeigen, wenn er selbst als Mann für sich verantwortlich ist und vielleicht in einer Beziehung lebt. Dann wird er sich daran erinnern, was Sie ihm als Mann und Vater vorgelebt haben. Haben Sie Geduld und Vertrauen in Ihre eigene Rolle.

Kinder lernen am Vorbild

Jungen und Mädchen eignen sich vor allem durch Beobachtung und Nachahmung Werte und Haltungen an. Freunde, die Peer-Gruppe, Oma und Opa, Medien wie Bücher, Fernsehen, PC-Spiele, Werbung, die Lebensumstände der Eltern, ökonomische Bedingungen, Wohnverhältnisse, Kita, Schule, das Lernverhalten, Angebote der Eltern wie Spielzeug, Spiele, Bildung, Gene, Geschwister und Geburtenfolge und vieles andere hat einen Einfluss auf die Entwicklung und Identitätsbildung der Kinder. In den ersten Lebensjahren hat das Vorbildverhalten der Eltern den größten Einfluss auf die Entwicklung der Kinder. Ihre Erfahrungen werden später durch die Erfahrungen in der Peer-Gruppe erweitert.

Die Persönlichkeit des Kindes entwickelt sich also nicht nur aufgrund seiner genetischen Veranlagungen, sondern durch das Leben mit einer entsprechenden Umwelt mit ihren ökonomischen und sozialen Bedingungen. Ein Kind eignet sich seine Identität durch Imitation (Nachmachen) und Identifikation (Verinnerlichung) an. Es verinnerlicht die Werte und Normen der Familie und der kulturellen Gesellschaft, in der es aufwächst. Vor allem in den ersten Lebensjahren spielt dabei die Imitation eine besonders große Rolle.

Bei der Vorbildfunktion für Ihr Kind hat Ihr Verhalten einen größeren Einfluss auf das Imitationslernen als Ihre Worte. Je kleiner das Kind, desto mehr wiegt die Tat. Wenn Sie möchten, dass Ihr Kind Bücher liest, dann lesen Sie selbst auch und lesen Sie kleinen Kindern vor. Wenn Sie nicht möchten, dass Ihr Kind den ganzen Tag fernsieht, dann schalten Sie auch für sich den Fernseher nur gezielt bei bestimmten Sendungen ein und danach sofort aus. Wenn Sie möchten, dass Ihr Kind freundlich zu anderen spricht, dann sprechen Sie auch freundlich zu anderen. Das bedeutet nicht, dass Ihr Kind alles das umgehend tun wird. Ein Dreijähriger, der auf einen Stuhl klettern will, wird sich wohl nicht von Ihrem Wunsch, auf dem Boden zu bleiben, beeindrucken lassen. Dafür ist sein Entdeckergeist zu stark. Jugendliche werden ihre Jacken eher weiterhin auf das Bett schmeißen, egal, wie vorbildlich Sie Ihre Jacke an die Garderobe hängen. Aber Ihr Kind wird Sie beobachten und an Ihnen lernen, wie es sich als erwachsener Mensch verhalten sollte, und die Wahrscheinlichkeit, dass es die Dinge tut, die Sie ihm vorgelebt haben, steigt, wenn Ihre Worte und Ihre Taten zusammenpassen.

Unsere Haltung, Werte und Normenvorstellungen speisen sich dabei aus einer Quelle, die uns nur zum Teil bewusst und zugänglich ist. Vieles ist tief verankert in unserer Familiengeschichte, wie der unsichtbare Teil des Eisberges unter dem Wasser.

3 Die Bedeutung der Familiengeschichte

Der unsichtbare Teil des Eisberges – Licht in das Dunkel bringen

Sich über die eigene Biografie Gedanken zu machen und sich darüber zu unterhalten, ist ein wichtiger Schritt auf dem Weg, sich und damit andere besser zu verstehen. Es macht aber einen Unterschied, ob ich über meine Vergangenheit, über meine Kindheit oder meine Erlebnisse „nur" spreche oder ob ich sie auch visuell darstelle. Das Erstellen eines (Familien-)Genogramms macht Zusammenhänge innerhalb einer Familie deutlich. Das farbliche Aufmalen der z. B. belasteten und unbelasteten Beziehungen lässt ein visuelles Bild von den Zusammenhängen entstehen, was durch das bloße Erzählen der Geschichten nicht möglich wäre. Eine Klientin bringt das auf den Punkt: „Ich dachte, ich wüsste schon alles über meine Familie und meine Vergangenheit, aber so habe ich es noch nie gesehen."

Fragen Sie sich gerade, was Ihre Familienbiografie mit der Beziehung zu Ihrem Sohn (oder zu Ihrer Tochter) und zum Partner zu tun hat? Nun, Ihre Werte, Haltungen, Erziehungsstile und die Qualität Ihrer Beziehungen haben sich aus Ihrer Lebensbiografie entwickelt. Ihre Eltern, Großeltern und andere Menschen haben dazu beigetragen, dass sich Ihre Vorstellungen von Werten und Moral entwickeln und damit einen Teil Ihrer Identität geprägt. Ihre Lebensgeschichte hat einen direkten Einfluss auf die Beziehung, die Identitätsbildung und Entwicklung von Einstellungen und Werten Ihres Sohnes oder Ihrer Tochter. Den gleichen Einfluss hat die Lebensbiografie des Vaters Ihres Kindes, unabhängig davon, ob es Ihr ehemaliger oder jetziger Lebenspartner ist.

Werte, Normen und Moralvorstellungen, die uns allen als Kinder vermittelt wurden, sind uns nur zum Teil bewusst. Vieles von dem Erfahrenen und Gelernten geben wir unbewusst an unsere Kinder weiter. Manches davon ist gut, manches ist vielleicht weniger gut. Manchmal wissen wir gar nicht, warum wir auf eine bestimmte Art und Weise handeln und reagieren. Das Bewusstmachen Ihrer Lebensgeschichte und die Ihrer Eltern kann dabei helfen, Zusammenhänge zu erkennen und damit zu verdeutlichen, warum Sie in bestimmten Situationen so reagieren und empfinden, wie Sie es eben tun.

Wenn Sie sich nun Gedanken über Ihre Familienbiografie machen möchten, tun Sie das bitte nicht in der Form, sich zu fragen: „Wer ist schuld daran?" Die Suche nach Schuldigen bündelt unnötige Energie und bietet keine Lösungs- oder Veränderungsmöglichkeiten. Ebenso die Frage nach dem Warum. Die Frage nach dem Warum ist eng verbunden mit der Frage nach der Schuld. Die eigene Erziehung und Biografie zu reflektieren, ist auf das Verstehen ausgerichtet. Machen Sie sich deutlich, wie Sie Ihre eigene Familie und Ihr bisheriges Leben erlebt haben. Auf welche Art und Weise Sie das Erlebte verarbeitet haben oder was noch unbearbeitet in Ihnen schlummert und wirkt. Wenn Sie sehr schmerzhafte oder traumatisierende Erlebnisse hatten, sollten Sie eine fachliche Beratung oder Therapie zur Unterstützung und Bearbeitung Ihrer Erlebnisse in Anspruch nehmen.

Unter einem Genogramm versteht man die Darstellung der Mitglieder einer Familie über mindestens drei Generationen hinweg. In der systemischen Familientherapie ist die Erstellung eines Genogramms eine gute Methode, um sich rasch einen Überblick über komplexe Familienstrukturen zu verschaffen.

Dabei geht es inhaltlich weit über einen Familienstammbaum hinaus. Mit einem Genogramm sollen Verhaltensmuster, beziehungsbestimmende psychologische Faktoren und sich innerhalb einer Familie wiederholende Verhaltensweisen visualisiert und anschließend analysiert werden. Genogramme können auch dabei hilfreich sein, dass die Mitglieder einer Familie sich selbst und die eigene Position in der Familie auf neue Weise wahrnehmen.

Ein Genogramm erweitert einen Familienstammbaum um vielfältige Informationen über die Familienmitglieder und ihre Beziehungen untereinander. Mindestens drei Generationen, besser vier, werden mit Hilfe der Verwendung bestimmter Symbole dargestellt. Eine umfangreiche Darstellung der Symbole und ihrer Bedeutungen würde den Rahmen dieses Buches sprengen. Für Eltern, die über das hier dargestellte Grundlagenwissen hinaus Interesse haben, empfehle ich das Buch „Genogramme in der Familienberatung" von Monica McGoldrick, Randy Gerson und Sueli Petry.

Ich habe bei der Beschreibung auf medizinische und andere Fachausdrücke verzichtet und versucht, Begriffe aus der Alltagssprache zu verwenden. Damit Sie sich ein Bild von Ihrer Familie und die Ihres Partners machen können, nehmen Sie sich mindestens ein bis zwei Stunden Zeit und finden Sie zuerst einmal heraus, wer überhaupt alles zu Ihrer Familie gehört. Stellen Sie Ihre Familie wie in der folgenden Beispielgrafik dar. Es gibt für die Erstellung eines Genogramms keine verbindlichen Normen, bewährt und häufig angewendet werden folgende Symbole:

Symbole

☐ männlich ◯ weiblich

⊠ männlich, gestorben ⊗ weiblich, gestorben

△ Schwangerschaft ⊗ ⊠ Totgeburten

● Fehlgeburt ✕ Abtreibung

Zwillinge, eineiig Zwillinge, zweieiig

Beziehungen

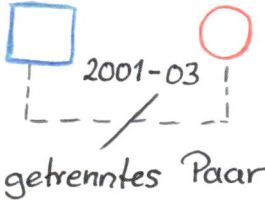

☐ 1997 ◯
verheiratetes Paar

☐ 1997 ◯
unverheiratetes Paar

☐ 1997-99 ◯
geschiedenes Paar

☐ 2001-03 ◯
getrenntes Paar

Abb. 15: Genogrammzeichen (Quelle: Hintermann, 2009: 5)

Eine umfassende Erläuterung der Symbole finden Sie in dem oben genannten Buch von Monica McGoldrick. Verwenden Sie ein sehr großes Blatt Papier, z. B. Flipchart-Papier oder ein großes Stück Packpapier. Die Zeichnung und die dazugehörigen Daten nehmen viel Platz in Anspruch.

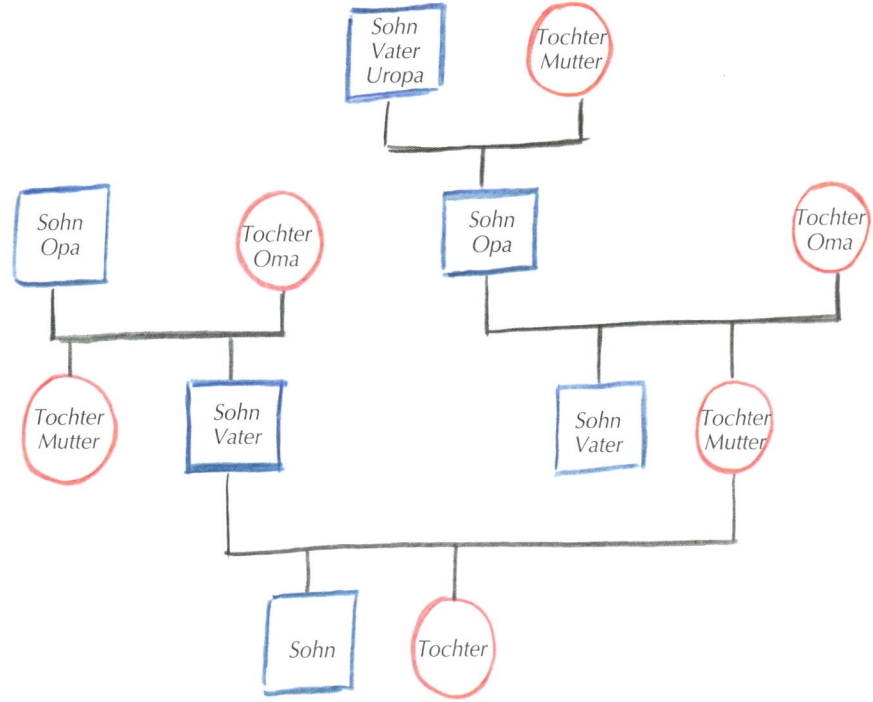

Abb. 16: Beispiel eines einfachen Genogramms, noch ohne Bewertung der Beziehungen untereinander

Schreiben Sie in den Kreis oder das Viereck das aktuelle Alter, daneben oder darunter den Namen und das Geburtsdatum. Bei verstorbenen Personen schreiben Sie in den Kreis oder das Viereck das Alter, in dem die Person verstorben ist, und das Sterbedatum daneben.

Sie werden feststellen, dass Sie von einigen Familienmitgliedern keine Informationen haben, das Alter, Geburtsdatum oder Sterbedatum nicht wissen, manchmal noch nicht einmal den Namen. Je mehr Sie aber über Ihre Familie in Erfahrung bringen können, desto deutlicher können Sie sich ein Bild von Ihrer Familie machen und damit sich wiederholende Beziehungs- oder Verhaltensmuster zum Vorschein bringen. Je mehr Sie also erfahren können, desto besser. Stellen Sie bei jeder sich bietenden Gelegenheit Fragen, nehmen Sie Kontakt zu Familienmitgliedern auf, die Sie lange nicht gesprochen haben. Laden Sie unter dem Motto „Familienstammbaum – wer weiß was?" zu einem Familientreffen ein. Unter dem Begriff Familienstammbaum wird sich Ihre Familie etwas vorstellen können (unter Genogramm eher nicht) und vielleicht schon vor dem Treffen Daten sammeln. Tragen Sie in Ihr Genogramm nach und nach alle Daten ein, die Sie erfragen können, vielleicht auch telefonisch.

Im zweiten Schritt können Sie Ihr Genogramm um die Beziehungen, die die Familienmitglieder untereinander haben, erweitern. Meine Zusammenarbeit mit vielen Familien hat gezeigt, dass erst das Einzeichnen der „guten" wie der konfliktreichen Beziehungen untereinander „Leben" in das Genogramm bringt. Vielen Familien wurde durch das Einzeichnen der Beziehungen untereinander erst deutlich, warum sich Dinge so und nicht anders entwickelt haben. Das Visualisieren über rote („konfliktreiche Beziehungen") und grüne Striche (für „positive, enge Beziehungen") von einer Person zur anderen führt zu weiteren, intensiven Gesprächen miteinander und über diese Personen. Dabei bleibt die Bewertung der Beziehungen eine Momentaufnahme, die lediglich die Einschätzung der Zeichnerin bzw. des Zeichners darstellt. Es gibt zahlreiche Literatur und Vorgaben, wie ein Genogramm professionell erstellt werden kann. Haben Sie Mut, lösen Sie sich von allzu starren Vorgaben und entwickeln Sie Ihre eigene Kreativität.

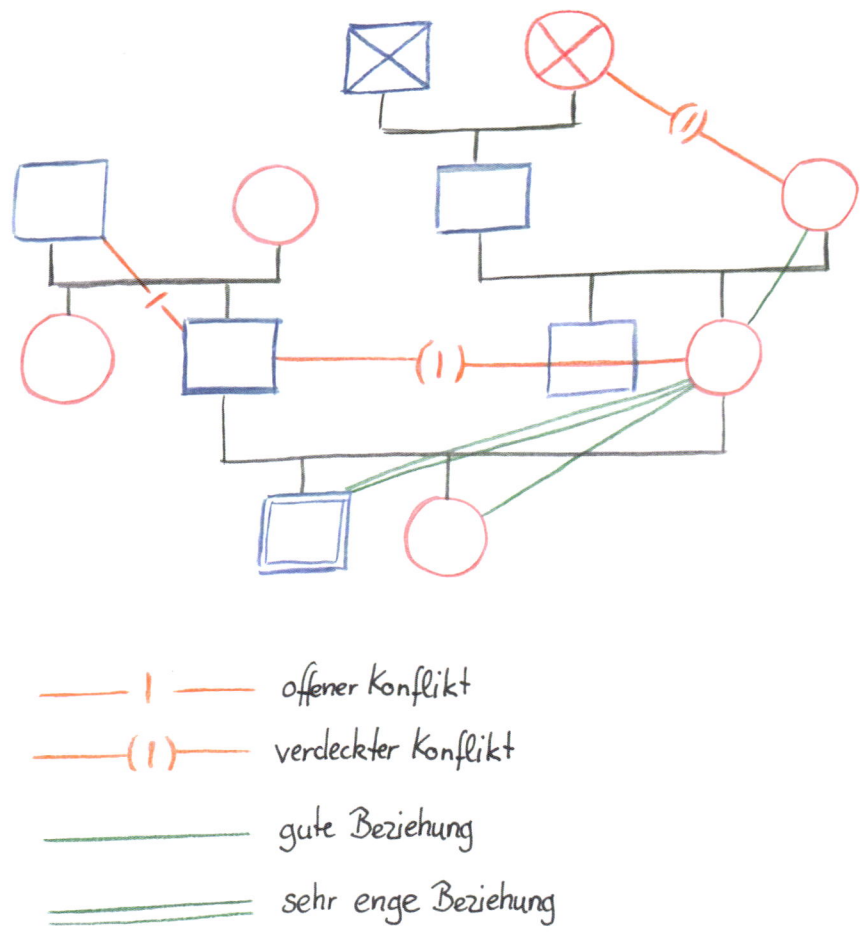

offener Konflikt

verdeckter Konflikt

gute Beziehung

sehr enge Beziehung

Abb. 17: Beispiel eines einfachen Genogramms, mit Darstellung der Beziehungen (Sohn zeigt auffälliges Verhalten)

Stellen Sie sich folgende Fragen zu Ihrem Genogramm und tragen Sie die Daten in die Zeichnung ein:

- Leben Ihre Mutter und Ihr Vater noch?
- Sind Sie ein Einzelkind? Was ist der Grund?
- Haben Sie Geschwister? Wenn ja, wie viele? Sind alle von den gleichen Eltern oder gab es vorherige Beziehungen oder Ehen?
- Wenn Ihre Mutter oder Ihr Vater verstorben sind, in welchem Alter und welche Gründe führten zum Tod?
- Wie alt waren Sie da?
- Wie alt waren Ihre Geschwister?
- Leben Ihre Großeltern noch? Wann sind sie verstorben? Wie alt waren Sie da?
- Wie alt waren Ihre Eltern zu dem Zeitpunkt?
- Gibt es „schwarze Schafe" in der Familie?
- Gab es Abtreibungen, Fehlgeburten oder früh verstorbene Kinder?
- Gab oder gibt es chronische Krankheiten?
- Gab oder gibt es Suchtverhalten?
- Gibt es Suizide?
- Gab oder gibt es Trennungen oder Scheidungen?
- Gibt es Kinder mit anderen Partnern?
- Gibt es Liebesbeziehungen, die nicht erlaubt waren?
- Darf über alles offen gesprochen werden?
- Wie war und ist die finanzielle Situation der Familie?
- Welchen Bildungsstand haben die Familienmitglieder?
- Welche Berufe haben die Familienmitglieder?
- Wer lebt mit wem in einer Hausgemeinschaft?
- Welche schweren Schicksale gibt es in der Familie?
- Gibt/gab es Gewalttätigkeit?

Fragen Sie sich auch, welche Menschen außerhalb Ihrer Familie von besonderer Bedeutung für Sie waren. Gab es eine Nachbarin, eine Tagesmutter, Kinderfrau, die Sie regelmäßig betreut hat? Eine Erzieherin oder einen Erzieher, zu der bzw. dem Sie eine besonders enge Beziehung hatten?

Wenn Sie sich ein Bild von den Familienmitgliedern, vielleicht auch durch eine umfassende Befragung, gemacht haben, versuchen Sie sich dann ein Bild davon zu machen, ob es ein Muster in den Geschehnissen in Ihrer Familie gibt.

- Gibt es Zusammenhänge von Tod und Geburt?
- Gibt es generationsübergreifende Krankheiten?
- Gibt es generationenübergreifend wiederkehrende Trennungen und Scheidungen? Gibt es bestimmte Verhaltensmuster einzelner Familienmitglieder, die immer wiederkehren?
- Wurde in der Familie eher früh oder spät geheiratet?
- Gab es viele oder wenig Kinder?
- Wie werden Hochzeiten, Geburtstage oder andere Familienfeste gefeiert?
- Welche Religion wird mit welcher Intensität gelebt?

Bei der Erstellung des Genogramms werden Sie weitere Fragen finden, die je nach Ihrer Familie bedeutungsvoll für Sie sind. Alle Fragen führen unweigerlich zu Ihren Wurzeln.

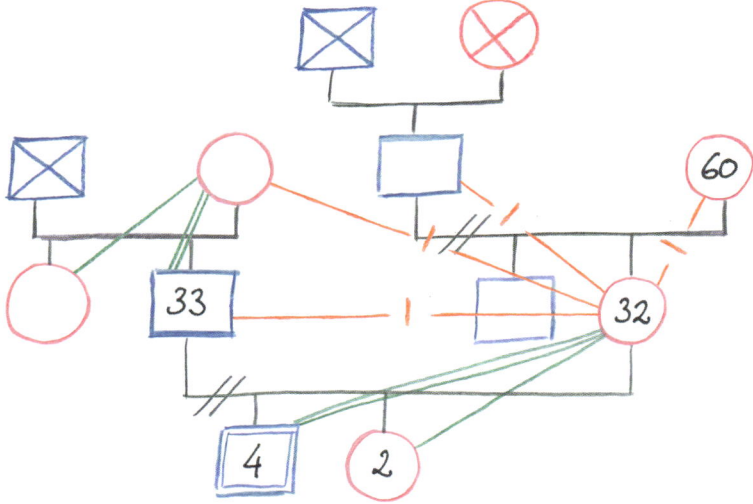

Abb. 18: Beispiel eines Genogramms (unvollständig)

Kommunikation ist die Grundlage für alles menschliche Zusammenleben. Eine respektvolle und wertschätzende Kommunikation kann
Konfliktsituationen entschärfen oder erst gar nicht entstehen lassen.
Eine respektvolle Kommunikation müssen Sie auch als Grundlage bei
der Befragung Ihrer Familienmitglieder walten lassen, denn nicht jeder ist sofort bereit, über sich und sein Leben zu erzählen, vor allem,
wenn es Familiengeheimnisse oder schmerzvolle Erfahrungen gibt.

Familiengeheimnisse

Wenn Sie sich Gedanken über Ihre Lebensgeschichte machen, über
die Werte und Haltungen, mit denen Sie aufgewachsen sind, über
Ihre Eltern als Vorbilder, dann ist es unerlässlich für Sie, sich einmal
zu vergegenwärtigen, unter welchen Bedingungen Ihre eigenen Eltern

groß geworden sind. Wer waren wohl ihre Vorbilder, was waren die Werte und Normen, die ihnen vermittelt wurden? Welche Erziehungsvorstellungen waren zu der Zeit aktuell, in der Ihre Eltern Kinder waren? Welches Ziel hatte die Kindererziehung zu dieser Zeit? Welche gesellschaftlichen Bedingungen herrschten vor? Je nachdem, wie alt Sie sind, ist es von besonderer Bedeutung, ob die Generation Ihrer Eltern oder Großeltern zu der Generation gehörte, deren frühe Kindheit durch Kriegserlebnisse geprägt war, der sogenannten Kriegsgeneration (vgl. Bode, 2010). Die Erfahrungen dieser Generation hat Einfluss auf Ihre eigene Erziehung. Oft ist es so, dass gerade diese Generation wenig über sich und die eigenen Erlebnisse berichtet. Wenn Sie nicht genügend über die Kindheit Ihrer Eltern wissen, weil das vielleicht nie Thema bei Ihnen zu Hause war, kann es sein, dass Sie bei der Befragung der Familienangehörigen nicht immer auf offene Türen und Ohren stoßen werden und nicht jeder bereitwillig Ihre Fragen beantworten möchte.

Die Kunst des behutsamen und wertschätzenden Fragens besteht darin, dass Sie über diese Fragen in ein Gespräch mit Ihrem Gegenüber kommen. Die Fragen sollten nicht in der Form eines Interviews (Wann, wie, wo, warum?) gestellt werden. Die Fragen sollten dazu auffordern, eine Geschichte zu erzählen. Hören Sie der Geschichte aufmerksam zu, stellen Sie Fragen, die animieren, weiterzuerzählen oder bestimmte Bereiche zu vertiefen. Nehmen Sie sich ausgiebig Zeit für das Gespräch. Mit der Aufforderung „Warum hast du nicht …?" werden Sie eine abwehrende Haltung hervorrufen, da sich Gesprächspartner durch solch eine Formulierung eher angegriffen fühlen und sich mit ihrer Antwort verteidigen wollen. Vorwürfe, die auch durch Ihre Körpersprache zum Ausdruck kommen, können dazu führen, dass das Gespräch im Streit oder durch Schweigen endet. Signalisieren Sie daher ein echtes Interesse an den Geschichten, ohne Vorwürfe zu äußern. Je mehr Selbstwertgefühl Sie haben, desto eher werden Sie auch Unangenehmes anhören können, ohne dass Sie sich selbst in Frage stellen. Fragen Sie sich daher, bevor Sie mit den Nachforschungen beginnen, ob Sie mit Antworten, die Sie verletzen könnten, auch umgehen können. Und berücksichtigen Sie auch, dass es Erlebnisse im Leben Ihrer Eltern oder anderer Familienmitglieder geben kann, über die nicht gesprochen wird.

Sprechen Sie mit möglichst vielen Personen aus Ihrer Familie. Die ältere Generation verfügt oft über erstaunliche Detailkenntnisse, und einige werden sich freuen, dass Sie sich dafür interessieren. Im Allgemeinen sind die Frauen der Familie gesprächiger als die Männer und wissen mehr über Familiengeschichten und Familiengeheimnisse. Gehen Sie aber sorgsam mit Mutmaßungen und Gerüchten um, besser ist es, sich an die Fakten zu halten. Fakten und Daten kann Ihnen unter Umständen auch die Einwohnermeldestelle Ihres Wohnortes durch einen Einblick in das Familienregister geben.

In jeder Familie gibt es mehr oder weniger große Geheimnisse. Vielleicht trauen Sie sich nicht, eine Frage zu stellen, weil Sie von klein auf gelernt haben, dass über dieses Thema in Ihrer Familie nicht gesprochen wird. Erhellend könnte es für Sie sein, sich zu fragen, wer in Ihrer Familie bestimmt hat, über welche Themen gesprochen werden darf und über welche nicht. Und welche Bedingungen dazu geführt haben, dass über dieses Thema nicht gesprochen wird.

Zu den Familiengeheimnissen zählen oftmals Fehlgeburten, ein Kindstod, ein Selbstmord, außereheliche Kinder, eine sexuelle Affäre, Alkoholismus oder andere Suchtabhängigkeiten, berufliche Schwierigkeiten, Homosexualität. Was davon ein großes oder kleines Geheimnis ist, entscheidet die Familie. Die Gründe, warum in der Familie über bestimmte Geschehnisse nicht gesprochen wird, reichen von Schuldgefühlen bis hin zum Nicht-verletzen-Wollen des Partners. Um ein Familiengeheimnis umfassend zu verstehen, fragen Sie sich bitte:

Wer hat einen Vorteil bzw. Nachteil davon, dass über dieses Geheimnis nicht gesprochen wird?

Wer soll dadurch verschont, geschützt oder ausgeschlossen werden? Ein besonderes Kennzeichen des Familiengeheimnisses ist ja gerade, dass darüber nicht gesprochen wird. Wie können Sie nun herausfinden, ob es in Ihrer Familie ein Geheimnis gibt? McGoldrick (2007: 87) meint, dass bestimmte Anzeichen auf ein Familiengeheimnis hinweisen können. Dazu gehören:

1. Die Vergangenheit wird vollständig ausgeklammert.
2. Sobald die Rede auf einen bestimmten Verwandten oder einen bestimmten Zeitabschnitt in der Familiengeschichte kommt, wird eine Spannung spürbar.
3. Ein bestimmter Aspekt der Familiengeschichte ruft stärkere Emotionen hervor, als durch die Fakten gerechtfertigt erscheint.

Je größer die Angst ist, dass das Geheimnis aufgedeckt wird, desto stärker werden diese Punkte zum Tragen kommen. Sofern Sie sich mit schmerzhaften und verletzenden Kindheitserfahrungen auseinandersetzen wollen, ist es für Sie wichtig zu wissen, dass es nicht darum geht, das frühere Verhalten erwachsener Menschen zu rechtfertigen. Sexueller Missbrauch, Misshandlungen und andere gewalttätige Handlungen in Ihrer Familie können auf gar keinen Fall gerechtfertigt werden. Das Erhellen der Geschehnisse kann dazu führen, die Ursachen und Motive des Täters aufzudecken, ohne diese zu rechtfertigen. Mit dem Wissen um die Zusammenhänge können Sie sich eine Einsicht in das Vergangene verschaffen, Ihr gegenwärtiges Handeln erkennen und zukünftiges Verhalten beeinflussen. In der Auseinandersetzung mit traumatischen Kindheitserfahrungen nehmen Sie bitte eine therapeutische (systemische) Begleitung in Anspruch.

Kriegskinder – in besonderen Zeiten geboren

Um die besondere Situation der Kinder und Jugendlichen zu verstehen, die im Zweiten Weltkrieg geboren wurden, empfehle ich Ihnen das ausgezeichnete Buch „Die vergessene Generation. Die Kriegskinder brechen ihr Schweigen" von Sabine Bode. In der Einleitung zur 14. Auflage heißt es:

„Was viele bislang nur ahnten, wird nun zunehmend offen ausgesprochen: die Kriegsvergangenheit zeigt auch heute noch in vielen Familien Spuren, bis in die zweite oder dritte Generation hinein. Rastlos haben die Kriegskinder das Wirtschaftswunder erarbeitet – doch ihre eigenen Schicksale, Vertreibung, Schmerz und unverarbeitete Erlebnisse sind eine weitreichend unentdeckte Welt, belegt mit zahllosen Tabus. Sie haben den Bombenkrieg miterlebt oder die Vertreibung, ihre Väter waren im Feld, in Gefangenschaft oder sind gefallen. Erst jetzt beginnen sie zu reden. Ein anrührendes und wichtiges Buch über die Traumata der Kriegskinder. Sabine Bode macht zu Recht deutlich, dass das unverarbeitete Leid der ehemaligen Kriegskinder noch heute eine große gesellschaftliche Aufgabe darstellt."

Die Erlebnisse Ihrer Eltern, die in dieser Zeit geboren wurden, werden Einflüsse auf die Werte und emotionalen Haltungen gehabt haben, die Ihre Kindheit geprägt haben. Bode schildert das Erlebnis von Marianne Kraft:

„Man heult nicht, man schrie nicht. Man war schon tapfer, weil sonst die Panik ausbricht. Wenn eine durchdreht und zu schreien anfängt, das ist unerträglich für die anderen. […] Bei der Geburt schrie man auch nicht. Ich habe später drei Kinder gekriegt, ich hätte nie geschrien dabei" (Bode, 2010: 77).

Bode berichtet auch von Kurt Schelling, der sich Gedanken über die eigene Biografie machte, weil er keine andere Wahl hatte:

„‚Ich fiel förmlich auseinander. Ein Körper hält das irgendwann nicht mehr aus. Die Not in mir, die wollte ausgesprochen werden, ausgeweint, ausgeschrien. Diese ganze Angst, die in mir war, die musste mal raus!' Zu seiner

großen Überraschung kam von seiner Mutter, die stets das Sonnige seines früheren Lebens hochgehalten hatte, nun, da sie eine alte Frau geworden war, unumwunden die Bestätigung. Sie wehrte nicht ab, sie scheute nicht den Schmerz der Erinnerung: ‚Ja, sagte sie, wir sind den ganzen Krieg über in Düsseldorf gewesen. Ja, ich hatte im Keller immer Todesangst. Ja, du hast sämtliche Bombenangriffe miterlebt – und ich habe dich nicht stillen können, wegen der ständigen Angst'" (Bode, 2010: 105).

Die Erziehungshaltung der Nazipädagogik „Ein deutscher Junge weint nicht. Ein deutsches Mädchen auch nicht" verbietet das Erleben und Zeigen von Gefühlen und Bedürfnissen und zerstört damit den emotionalen Zugang zu sich selbst. Damit kann auch der emotionale Zugang, die Bindungsfähigkeit, zum eigenen Kind zerstört werden. Und so werden Frauen erzogen, die Mütter werden, die nicht oder wenig beziehungsfähig sind, die Kinder bekommen, die nicht genügend Bindung bekommen.

Schläge waren ein akzeptiertes Erziehungsmittel, nicht nur in der Familie, und lange Zeit nach Kriegsende noch in der Schule ein gängiges Mittel zur Durchsetzung von Autorität. Auch davon berichtet Bode in ihrem Buch. Sie beschreibt das Heranwachsen einer Frau, deren Vater SA-Mitglied war, krankhaft gewalttätig, was er in seiner Uniform ungestraft, auch an den Kindern, ausleben durfte. Während sich ihre Schwester in eine Alkohol- und Tablettensucht flüchtete, beschloss diese Frau schon mit neun Jahren, sich innerlich von den Eltern komplett abzulösen. Bode schreibt (2010: 180):

„‚Ich habe keine Eltern mehr.' Das rettete sie, führte sie jedoch zwangsläufig in eine große Einsamkeit. Sie besaß keine richtige Familie mehr, aber sie konnte auch keine neuen Bindungen eingehen, weil ihr die Fähigkeit zu vertrauen fehlte. […] Mit zweiundzwanzig Jahren bekam sie ihr erstes Kind. Alles hätte gut werden können. Stattdessen erlebte Elisa ihren ersten Zusammenbruch. Sie konnte das Neugeborene nicht schreien hören. […] ‚Und meine Tochter hat dauernd geschrien! Sie hörte überhaupt nicht mehr auf', sagt sie. ‚Und da hab ich gedacht, hoffentlich wird sie krank und stirbt.'"

Bode beschreibt, dass diese Generation wenig Zugang zu ihren Gefühlen hat und das Erlebte nicht betrauern kann. Trauern ist aber wichtig, das versäumte Leben und die Verluste müssen wahrgenommen werden. Die leidvollen Erfahrungen müssen einen Platz bekommen. „Trauern heißt: mit seinem Schicksal Frieden schließen" (Bode, 2010: 282).

*A*us dem Nähkästchen geplaudert

Ich war beim Lesen des Buches von Sabine Bode sehr bewegt, weil ich meine Mutter und meinen Vater, beide in der Kriegszeit geboren, an vielen Stellen wiedererkannt habe. Mein Vater erlebte Eltern, die über Kriegserlebnisse und den damit verbundenen Gefühle nicht gesprochen haben. Einmal fragte ich meinen Vater, wie sein Vater die Kriegsgefangenschaft in Russland erlebt hätte. Er sagte nur, er wüsste es nicht, er hätte ihn nicht danach gefragt. Und von sich aus hätte der Vater nichts darüber erzählt. Als wir Schüler das Thema des Zweiten Weltkrieges im Geschichtsunterricht behandelten, fragte ich einmal meinen Großvater nach den Erlebnissen der Gefangenschaft in Russland und bekam keine Antwort. Nach dieser eher Abwehr ausdrückenden Haltung habe ich nie wieder danach gefragt. Die Oma mütterlicherseits dagegen erzählte immer wieder die Geschichte ihrer Flucht aus Breslau. Wie sie nachts mit den kleinen Kindern, meiner Mutter und der kleinen Schwester, über die Grenze fliehen musste. Ihr Mann war Pilot und im Krieg gefallen. Als der Krieg dem Ende zuging und „die Russen kamen", musste sie Breslau verlassen und flüchtete zu ihrer Schwester in ein kleines Dorf in der Nähe von Schönebeck. Aber auch dort blieb sie nicht mit ihren kleinen Kindern, als Meldungen durchsickerten, dass „der Russe die Grenzen dicht machte". Sie flüchtete in den Westen. Diese Geschichten habe ich lebhaft in Erinnerung. Mein Cousin und ich saßen in der kleinen Küche meiner Oma, etwa 6 Quadratmeter groß. Wir quetschten uns an den ausziehbaren Tisch und waren glücklich. Wenn Oma putzen, kochen oder waschen wollte, haben wir gesagt: „Oma, erzähl uns mal vom Krieg." Und sie erzählte dann immer so, dass es für uns kribbelig, spannend war. Sie erzählte auch von Toten, Vergewaltigungen durch russische Soldaten an anderen Frauen, Angst und Hunger. Und ich frage mich gerade in diesem Moment, in dem ich das schreibe, warum wir als Kinder nicht entsetzt waren. Warum habe ich das Erzählen dieser Geschichten als etwas Schönes in Erinnerung? Vielleicht, weil sie nie dabei weinte und immer eine positive Lebenseinstellung hatte. Weil sie niemals über ihre schlechten Lebensbedingungen klagte, jedenfalls nicht zu uns Kindern. Weil sie viel lachte. Und weil sie auch von den netten Russen berichtete, die ihr und meiner Mutter etwas zu essen gaben. Meiner Mutter, deren Stresssymptome man deutlich sehen kann, wenn sie Menschen in Uniform begegnet. Meiner Mutter, die ohne Vater aufwuchs, ohne Heimat, ohne Schuhe zur Schule musste, ohne finanzielle Sicherheit. Das hat deutliche Spuren hinterlassen. Geld war immer ein großes Thema. Ist genügend Geld da? Wofür ist kein Geld da? Immer hatte ich das Gefühl, dass wir ziemlich arm waren, und lernte, dass Fleiß und Sparsamkeit ehrenwerte Tugenden sind.

Ebenso war die bedingungslose Liebe zu uns Kindern eine Haltung, die sich tief in mein Herz geprägt hat. In den Augen meiner Oma war ich immer „die Gute", egal, ob und welchen Anteil ich an einem Streit hatte oder ob die Lehrerin oder jemand anderes mich zu Recht kritisierte. Wenn ich mich bei meiner Oma darüber beklagte, wie *schrecklich sich jemand mir gegenüber verhalten hatte, ergriff sie immer Partei für mich. Egal, wie viel ich zu dem Streit beigetragen hatte. Zweifelsohne ist das nicht die beste moralische Erziehungsmethode, aber ich hatte immer das wunderbare Gefühl, bedingungslos geliebt zu werden. Für mein Selbstwertgefühl war es genau die richtige Dosis.*

Opa war in Gefangenschaft

Die Erziehungshaltung und Wertevorstellungen Ihrer Eltern haben sich aus den Werte- und Moralvorstellungen, den gesellschaftlichen Normen und dem Vorbildverhalten deren Eltern, Ihrer Großeltern, entwickelt. Wenn Sie das Verhalten oder die Haltung Ihrer Eltern besser verstehen möchten, stellen Sie sich folgende Fragen:

- Unter welchen Bedingungen sind Ihre eigenen Eltern groß geworden?
- Welche Erziehungsvorstellungen waren zu der Zeit aktuell, in der Ihre Eltern Kinder waren?
- Welches Ziel hatte die Erziehung der Kinder in dieser Zeit?
- Welche gesellschaftlichen und familiären Werte wurden zu der Zeit, als Ihre Eltern selbst Eltern waren, geschätzt?
- Welche Werte waren Ihrer Mutter am wichtigsten?
- Welche Werte waren Ihrem Vater am wichtigsten?
- Von wem hat Ihre Mutter ihre Werte vorgelebt bekommen?
- Von wem hat Ihr Vater seine Werte vermittelt bekommen?
- Welche gesellschaftlichen und familiären Werte wurden zu der Zeit geschätzt, in der Ihre Eltern Kinder waren, und wer hat ihnen diese Werte vermittelt?

All das hatte Auswirkungen darauf, welche Erziehungsvorstellungen und -haltungen Ihre Eltern entwickelt haben. Und das wiederum hatte einen unmittelbaren Einfluss darauf, wie sich Ihre Werte-, Moral- und Erziehungsvorstellungen herausgebildet haben.

Wenn Sie möchten, versetzen Sie sich in Ihre Kindheit zurück und stellen Sie sich bitte folgende Fragen:

- Was hat Sie als Kind besonders glücklich gemacht?
- Haben Sie sich geliebt gefühlt?
- Wurde Zuneigung gezeigt?
- Wie wurde in Ihrer Familie mit Gefühlen umgegangen?
- Gab es außer den Eltern andere wichtige Bezugspersonen? Welche?
- Wurden Ihre Gefühle wahrgenommen und respektiert?
- Standen Ihre Eltern auf Ihrer Seite?
- Wurde Ihre Sicht der Dinge ernst genommen?
- Haben Ihre Eltern Sie unterstützt, auch wenn Ihre Gefühle anders waren als die der Eltern?
- Haben Ihre Eltern Sie getröstet, wenn Sie Schmerzen hatten?
- Hatten Ihre Eltern Vertrauen in Ihre Fähigkeiten?
- Haben Ihre Eltern Sie unterstützt, wenn Sie Fehler gemacht haben?
- Wurden Ihre Leistungen wichtiger genommen als Ihre Person?
- Mussten Sie etwas leisten, um sich akzeptiert zu fühlen?
- Wofür wurde gelobt oder belohnt?
- Wie viel Aufmerksamkeit bekamen Sie und bei welcher Gelegenheit?
- Mussten Sie perfekt sein?
- Was war verboten, was besonders „schlimm"?
- Wofür wurde bestraft?
- Wer strafte und wie? (z. B. mit Liebesentzug, Nicht-Sprechen)

- Durften Sie Anweisungen widersprechen?
- Haben Ihre Eltern Sie angeschrien, gedemütigt oder geschlagen?
- Haben sich Ihre Eltern getrennt?
- Sind Sie bei Ihrem Vater oder bei Ihrer Mutter aufgewachsen?
- Wie war/ist die Beziehung zu Ihrer Stiefmutter/Ihrem Stiefvater?
- War/ist die Beziehung zu Ihrer Mutter oder zu Ihrem Vater inniger?
- War/ist die Beziehung von Ihrer Mutter zu ihrer Mutter oder ihrem Vater inniger?
- War/ist die Beziehung von Ihrem Vater zu seiner Mutter oder seinem Vater inniger?
- Ist ein Elternteil von Ihnen verstorben? In welchem Alter waren Sie?
- Wer war/ist aus Ihrer Familie oder Ihrem näheren Umfeld Vorbild für Sie?
- Was hat diese Person zum Vorbild für Sie gemacht?
- Welcher Person möchten Sie auf gar keinen Fall ähneln?
- Welches Verhalten zeigt diese Person?
- War/ist Ihre Mutter ein Vorbild für Sie?
- War/ist Ihr Vater ein Vorbild für Sie?
- Was schätzen Sie an Ihrer Mutter ganz besonders?
- Was schätzen Sie an Ihrem Vater ganz besonders?
- Wie würden Ihre Eltern diese Fragen wohl beantworten?

Wenn Ihre Eltern noch leben, überlegen Sie einmal, ob Sie Ihnen diese Fragen beantworten können und möchten.

Fragen nach dem Tod

Der Tod eines Familienmitglieds hat ohne Zweifel Auswirkungen auf Geschehnisse in der Familie. Fragen Sie daher bei Ihren Nachforschungen auch nach verstorbenen Personen, früh verstorbenen Kindern, Abtreibungen und Fehlgeburten. Seien Sie dabei äußerst sensibel. Achten Sie aufmerksam auf die Reaktionen und die Körpersprache Ihres Gesprächspartners und nehmen Sie unbedingt eine wertschätzende Haltung ein. Über diese Ereignisse wird nicht gern gesprochen. Abtreibungen werden meist verschwiegen, respektieren Sie den Wunsch und „bohren" Sie nicht nach. Der frühe Tod eines Lebenspartners oder Kindes ruft oftmals bei den nahen Familienangehörigen eine rigide und starre Haltung hervor.

In Familien, die ein Kind verloren haben, bildet sich eine besondere Anhänglichkeit an nachgeborene oder die noch lebenden Kinder heraus. Sie werden emotional zu einem Ersatz für das verstorbene Kind, fühlen sich zeitlebens den Eltern emotional intensiv verbunden und verpflichtet, die Ersatzrolle des verstorbenen Kindes einzunehmen. Den gleichen Namen wie das verstorbene Kind zu erhalten, verstärkt diese schwere Aufgabe noch (vgl. McGoldrick, 2007: 113). Nach dem Verlust eines geliebten Menschen haben die Lebenspartner oft den Wunsch, ihr weiteres Leben vollständig zu kontrollieren. Diese starre Haltung wird manchmal ein Leben lang aufrechterhalten.

Sterben und Trauer sind in der westlichen Industriegesellschaft Tabuthemen (vgl. Ernst et al., 1999: 595 ff.). Die Nichtanerkennung von Schmerz oder Trauer kann eine Auswirkung über mehrere Generationen hinweg haben. Den Toten und jedes Gespräch über ihn zu tabuisieren, verlängert die Trauerzeit. Nicht nur das Totsein, sondern auch das Totschweigen hat Auswirkungen auf spätere Handlungsmöglichkeiten und Erfahrungen. McGoldrick (2007: 142) schreibt: „Nicht der Tod an sich ist problematisch, sondern das, was passiert, wenn

Familien diese Erfahrung zu verdrängen suchen. Familien können selbst äußerst traumatische Verluste verarbeiten. Nur, wenn sie den Verlust nicht akzeptieren und sich nicht neu organisieren können, geraten sie in eine Sackgasse."

Der Verlust der Mutter, des Vaters oder eines anderen engen Familienmitglieds ist für das Kind ein ganz besonders schwieriges Erlebnis, bei dessen Verarbeitung es auf die Hilfe der Erwachsenen angewiesen ist. Je nach Alter und Entwicklung haben Kinder eine andere Vorstellung von dem Begriff Tod. Kinder unter drei Jahren haben noch kein konkretes Todesverständnis. Bis zum Ende des sechsten Lebensjahres verbinden sie den Tod mit Fortgehen, Dunkelheit oder Bösem. Ab dem siebten Lebensjahr beginnen Kinder zu verstehen, dass Verstorbene nicht wieder lebendig werden und der Tod etwas Endgültiges ist. Ab einem Alter von etwa zehn Jahren haben Kinder das gleiche Verständnis vom Tod wie Erwachsene (vgl. Ernst et al., 1999: 595 ff.). Fragen des Kindes nach dem Tod sind daher immer wahrhaftig, aber auch am Entwicklungsstand des Kindes gemessen zu beantworten. Bilderbücher, Erzählungen oder Filme, je nach Alter des Kindes, können das Gespräch darüber erleichtern. Die Beschreibung „Er ist friedlich eingeschlafen" halte ich als Erklärung gegenüber dem Kind für unangemessen. Es könnte eigene Ängste beim Einschlafen entwickeln, die Angst, auch nicht wieder aufzuwachen.

Kinder trauern anders als Erwachsene. Sie zeigen die Trauer nicht spontan, sprechen nicht mehr über den Toten oder trauern, unterschiedlich intensiv, in Etappen. Wenn sie merken, dass ihr Leid die Trauer der Erwachsenen verstärkt, kann es sein, dass sie ihren Schmerz vollkommen verbergen. Kinder spüren die Trauer in ihrer Umwelt und dürfen mit ihren eigenen Gefühlen nicht alleingelassen werden. Sie brauchen Zuwendung und die Möglichkeit, sich mit ihrem Schmerz auseinanderzusetzen. Selbsthilfegruppen oder spezielle Trauerseminare für Kinder können helfen.

Für ein Kind stellt der Tod eines Elternteils eine ganz besondere Krise dar. Einerseits können sie sich für den Tod eines Elternteils verantwortlich fühlen, auch wenn es dafür keinerlei rationale Begründungen gibt. Das Gefühl von Schuld verstärkt sich, wenn das Kind vor dem Tod eine konfliktbelastete Beziehung zur Mutter oder zum Vater hatte. Es kann sich schuldig fühlen, durch sein scheinbar „schlechtes" Verhalten den Tod mit verursacht zu haben. Diese Schuld kann dem Kind mit den Worten „Du bist nicht schuld daran" nicht genommen werden. Ratschläge an das Kind sind nur von begrenztem Nutzen. Das Kind muss in seinen Gefühlen angenommen werden. Es braucht Raum und Zeit und eine Beziehungsperson, um das Erlebte zu verarbeiten. Das setzt voraus, dass die Mutter oder der Vater bereit sind, sich der eigenen Trauer zu stellen und gemeinsam mit dem Kind über den Verlust der geliebten Person zu trauern, in Gesprächen und Geschichten. Bei den Kriegskindern war das häufig nicht der Fall (vgl. Bode, 2010). Kinder, die einen schmerzlichen Verlust durch den Tod einer engen Beziehungsperson (aber auch durch das Verlassenwerden von Mutter oder Vater) erlebt haben, könnten verinnerlichen, dass eine enge Beziehung zu einem geliebten Menschen nicht verlässlich ist und zerstört werden kann. Eine Folge aus dieser Erfahrung kann zu der Haltung führen, es sei sicherer, eine enge Beziehung erst gar nicht einzugehen, um nicht in Gefahr zu geraten, diese wieder zu verlieren. Gefühle offen zu zeigen, körperliche Nähe zuzulassen oder jemanden anzulächeln, könnten zu einer engeren Beziehung führen. Dieses Verhalten wird unter Umständen noch als erwachsener Mensch immer dann vermieden, wenn es gilt, den Schmerz zu vermeiden, den man schon einmal als Kind durch den Verlust des geliebten Menschen empfunden hat.

Eltern, die ein Kind verloren haben, sind nicht selten in ihrem Schmerz und in ihrer Trauer so gefangen, dass sie einem verbliebenen Geschwisterkind nicht die Aufmerksamkeit geben können, die es braucht. Ein Kind, dessen Bruder oder Schwester gestorben ist, kann sich alleingelassen und überflüssig fühlen; es kommt auch vor, dass es nicht mehr weiß, wo sein Platz in der Familie ist. „Aus dieser Hilflosigkeit entwickeln die Kinder oft psychosomatische Krankheiten, um so wenigstens einen Teil der elterlichen Aufmerksamkeit zu bekommen" (Ernst et al., 1999: 600). Erschwert wird das eigene Erleben, wenn das Kind, das sein Geschwister verloren hat, das Gefühl hat, es bei den Eltern ersetzen zu müssen. Die dadurch entstehenden Schuldgefühle und das Gefühl, dem Anspruch der Eltern nicht genügen zu können, kann noch weit bis in das Erwachsenenalter, manchmal ein Leben lang empfunden werden.

Die Auseinandersetzung mit dem Tod eines geliebten Menschen ist eine sehr schmerzvolle Aufgabe. Wenn Sie das Gefühl haben, sich den folgenden Fragen nicht stellen zu können, überspringen Sie diese und nehmen Sie bei Bedarf die Hilfe eines Menschen mit entsprechender Ausbildung in Anspruch.

- Sind in Ihrem Genogramm alle Verstorbenen (Erwachsene wie Kinder), alle Fehl- und Totgeburten, alle Abtreibungen eingezeichnet?
- Ist Ihr Vater oder Ihre Mutter verstorben und wie alt waren Sie, als das passierte?
- Ist Ihre Schwester oder Ihr Bruder verstorben und wie alt waren Sie, als das passierte?
- Was wissen Sie über die Todesumstände?
- Darf/durfte über den Tod gesprochen werden?
- Wie wurde mit der Trauer um den Verlust eines Menschen umgegangen?
- Wenn Sie Vater sind: Ist die Mutter Ihres Kindes verstorben?
- Wenn Sie Mutter sind: Ist der Vater Ihres Kindes verstorben?

Der verstorbene Vater und Mappenführung

Der Vater meines Mannes erkrankte, als mein Mann drei Jahre alt war, und starb, als er sechs war. In den drei Jahren dazwischen wurden noch zwei weitere Söhne geboren. Nach dem Tod seines Vaters war mein Mann vaterlos, ältestes von drei Geschwistern. Die Mutter musste einer Berufstätigkeit nachgehen, um die Familie finanziell zu versorgen. Die Kinder wurden weitgehend von der Oma mütterlicherseits betreut und erzogen. Eine Auseinandersetzung mit Trauer und Schmerz gab es, soweit ich recherchieren und mein Mann sich erinnern konnte, nicht. So gut wie nie wurde über den toten Vater gesprochen und ich wusste, dass er endlich gesehen und seinen Platz in unserer Familie bekommen musste. An einem Wochenende instrumentalisierte ich die Tochter, indem ich sie fragte, ob sie mit mir alte Familienfotos ansehen möchte. Sie wollte. Wir sahen uns natürlich die Fotos ihres Vaters an. Und ganz besonders sahen wir uns die Fotos ihres verstorbenen Opas an. Und unbeschwert, wie sie mit elf Jahren war, fragte sie so wichtige Sachen wie: „Warum wird über den nicht gesprochen? Sieht der aus wie Papa? Woran ist der denn gestorben? Wann ist der gestorben?"

Ihr Vater war mit irgendetwas anderem beschäftigt und beantwortete tatsächlich jede Frage seiner Tochter aus sicherer Entfernung.

Was wir Eltern an diesem Wochenende auch taten, war, endlich ein Gleichgewicht in unsere elterliche Haltung zu bringen. Ganz bewusst zeigten wir Geschlossenheit und Einigkeit zum Thema Hausaufgaben und Mappenführung. Alle Familienmitglieder saßen um den Tisch herum und wir teilten den Kindern mit, dass ihr Vater großen Wert darauf lege, dass Mappen geführt würden. Er hätte das Gefühl, dass es seine Aufgabe als Vater sei, dies zu kontrollieren. Ich dagegen könne und wolle mich aufgrund meiner schlechten

Erfahrung in der eigenen Schulzeit nicht um Mappen und schlechte Zensuren kümmern. Also verkündeten wir den Kindern: „Ich kümmere mich ab sofort nicht mehr um schulische Angelegenheiten und Papa übernimmt die Kontrolle der Mappen." Das Kontrollieren der Mappen schlief schnell wieder ein. Die Zensuren verschlechterten sich nicht, kein Kind musste ein Schuljahr wiederholen. Aber es gab drei Wochen später ein ganz erstaunliches Erlebnis.

Ich musste zum Elternsprechtag. Drei Lehrerinnen von meinem Sohn wollten mich persönlich sprechen. Freiwillig und gern ging ich nicht zu diesen Gesprächen, hatte aber keine Wahl. Also machte ich mich auf den Weg, mit Bauchschmerzen und der Hoffnung, es möge schnell vorbeigehen. Die erste Lehrerin teilte mir mit, dass sie mich eingeladen hatte, um über die sehr schlechten Leistungen meines Sohnes zu sprechen. Doch nun wisse sie gar nicht mehr, was sie mir sagen solle, denn seit drei Wochen würde er im Unterricht nicht mehr stören und sich beteiligen und mache überhaupt einen viel konzentrierteren Eindruck. Ich ging zufrieden zur nächsten Lehrerin. Diese erzählte mir, dass mein Sohn in ihrem Fach im letzten Halbjahr eine Vier minus gehabt habe. Wenn er aber so weitermachen würde wie in den letzten drei Wochen, dann würde er im Mündlichen eine Zwei bekommen, mit der Tendenz nach oben. Es sei ja ganz unglaublich, wie gut seine Beiträge seien, wenn er sich beteilige. Ich ging, schon ziemlich aufgewühlt, zur dritten Lehrerin. Sie sagte nichts von einer Verbesserung in den letzten drei Wochen, teilte mir aber mit, dass sie glaube, mein Sohn würde unter seinen Möglichkeiten mitarbeiten. Er könne viel besser sein, wenn er wolle. Vor allem bei Vorträgen würde er ganz ausgezeichnete Leistungen zeigen. Bedauerlich fand sie, dass sie ein Referat, das er frei vorgetragen hatte, nicht in die Notenbewertung einfließen lassen könne. Sie hätte es mit einer Eins plus bewertet, aber leider war es eine Strafarbeit wegen einer mehrfach angefragten und nicht abgegebenen Mappe.

Ich verließ die Schule und freute mich, dass ich das erste Mal in acht Schuljahren nichts Negatives über meinen Sohn gehört hatte. Gleichzeitig war ich irritiert über das Erlebte. Ich berichtete meinem Sohn sofort von den Gesprächen, und er konnte es genauso wenig glauben, dass er einmal nicht bemängelt wurde. Ich weiß nicht, ob es zwischen der Veränderung der schulischen Leistungen des Sohnes und den beschriebenen Erlebnissen einen Zusammenhang gibt. Beweisen lässt er sich sicherlich nicht, und es kann auch einfach nur ein Zufall sein. Es gab jedenfalls nie mehr Stress in unserer Familie wegen schulischer Leistungen und ich wurde auch nicht mehr zum Elterngespräch gebeten. Nur im Fach Französisch gab es weiterhin Probleme, aber das ist eine andere Geschichte.

Welche Werte sind Ihnen wichtig?

Wenn Sie begonnen haben, sich über Ihre Lebensgeschichte Gedanken zu machen, und darüber nachdenken, was die Gründe dafür sein können, dass Sie heute auf eine bestimmte Art und Weise denken und handeln, dann beschäftigen Sie sich automatisch mit Ihren Werte- und Normenvorstellungen. In diesem Abschnitt möchte ich Sie einladen, bewusst über die Werte nachzudenken, die für Sie in der Erziehung Ihres Kindes/Ihrer Kinder von besonderer Bedeutung sind. Die Ausführungen gelten natürlich für Mädchen wie für Jungen gleichermaßen, die Jungen stehen aber weiterhin im Fokus.
Werte, Haltungen, Erziehungsziele haben für alle Kinder die gleiche Bedeutung, unabhängig vom Geschlecht des Kindes, und sollten für alle Kinder gleichermaßen gültig sein. Unterschiede können nur

durch das Alter des Kindes begründet sein, niemals durch sein Geschlecht. Für ein dreijähriges Kind können nicht die gleichen Regeln gelten wie für einen 17-Jährigen. Auch wenn wir unsere Töchter vielleicht mehr vor Gefahren schützen wollen, beispielsweise, indem wir zu beeinflussen versuchen, wie lange sie abends ausgehen dürfen und mit wem: Welchen wirklich guten und gerechten Grund gibt es, dem Mädchen etwas zu verweigern, was wir dem Jungen erlauben? Dabei ist es nicht in jeder Kultur selbstverständlich, dass Jungen und Mädchen, Männer und Frauen die gleichen Rechte haben und die Freiheit, ein individuelles Leben nach ihren Vorstellungen zu leben. Necla Kelek (2007) schreibt in ihrem preisgekrönten Buch „Die verlorenen Söhne" über das Werte- und Normenverständnis in der Erziehung türkisch-muslimischer Jungen. Das Buch kann sicher nicht auf die Sozialisation aller türkisch-muslimischen Jungen verallgemeinert werden. Das Buch ist aber fesselnd bis zu letzten Seite, wenn Sie ein (berufliches) Interesse an der Leitkultur des traditionellen muslimischen Jungen und Mannes haben.

In den Beziehungen imitieren die Kinder das, was ihnen die verantwortlichen Erziehungspersonen vorleben. In den ersten Lebensjahren sind das vor allem die Eltern. Darüber hinaus tragen Großeltern, Tagesmütter und -väter, Erzieher und Erzieherinnen, Lehrer und Lehrerinnen und alle, die sich auf eine Beziehung zu einem Kind einlassen, die gleiche Verantwortung. Beziehungspersonen bieten auch oder sogar vor allem durch ihr Vorbildverhalten den Nährboden, auf dem ein Kind wachsen kann. Als Erwachsene sind sie für die Qualität dieses Nährbodens verantwortlich. Je mehr sie über sich selbst wissen, desto gehaltvoller wird er sein.
Ich möchte Sie nun einladen, sich Gedanken darüber zu machen, welchen Nährboden Sie als Mutter und Vater legen. Welche Werte und Regeln sind Ihnen selbst wichtig? Wodurch Ihre eigene Haltung geprägt sein kann, wissen Sie bereits. Finden Sie nun heraus, was Ihnen

wirklich wichtig in der Erziehung Ihres Sohnes ist. Wo gehen Sie keine Kompromisse ein und welche Konsequenzen hat die Missachtung Ihrer Werte und Regeln? Bitte machen Sie sich einmal bewusst, welche Regeln und Werte Sie während Ihrer Kindheit verinnerlicht haben und wie diese mit Ihren eigenen Erziehungszielen zusammenpassen.

Dafür stellen Sie sich zunächst bitte Ihren Sohn an seinem 21. Geburtstag vor.

- Wie sieht er aus?
- Was ist er für ein Mensch? (Fröhlich, hilfsbereit, still, humorvoll usw.)
- Welche Schulausbildung hat er abgeschlossen und mit welchem Erfolg?
- Wie sehen seine Zukunftspläne aus? (Ausbildung, Studium, Beruf)
- Was sind seine Hobbys, Lieblingsbeschäftigungen?
- Wofür setzt er sich ein?
- Wie kommt er in seinem Leben zurecht?
- Hat er Freunde? Wird er respektiert?
- Wie ist das Verhältnis zu seiner Familie, also zu Ihnen?

Nun haben Sie eine mehr oder weniger vage Vorstellung davon, was Sie sich für Ihren Sohn auf seinem Lebensweg wünschen und welche Werte dabei für Sie wichtig sind. Denken Sie daran, dass Sie diese Werte nicht oder nur wenig durch gesprochene Worte vermitteln können. Ihr Sohn wird sich an dem Handeln und Verhalten seiner Vorbilder orientieren, und dazu gehören Sie als Eltern.

Die nächsten Fragen, die Partner daher miteinander klären sollten, sind: Was möchte ich gern in der Erziehung meiner Kinder als Grundlage legen, was ist mir wichtig, welche Werte habe und lebe ich? Die folgende Liste sollte jeder Partner für sich bearbeiten; kreuzen Sie bitte an, was Ihnen besonders wichtig ist.

❏ Achtung	❏ Gutes Benehmen	❏ Ruhe
❏ Bescheidenheit	❏ Harmonie	❏ Sauberkeit
❏ Besonnenheit	❏ Heimatliebe	❏ Selbstlosigkeit
❏ Bildung	❏ Herzlichkeit	❏ Selbstständigkeit
❏ Dankbarkeit	❏ Hilfsbereitschaft	❏ Selbstverwirk-
❏ Disziplin	❏ Höflichkeit	lichung
❏ Durchsetzungskraft	❏ Humor	❏ Solidarität
❏ Ehrlichkeit	❏ Individualität	❏ Soziales
❏ Ehrgeiz	❏ Integrität	Verhalten
❏ Eigeninitiative	❏ Konfliktfähigkeit	❏ Sparsamkeit
❏ Eigensinn	❏ Kritikfähigkeit	❏ Stärke
❏ Egoismus	❏ Leistung	❏ Stolz
❏ Erfolg	❏ Liebe	❏ Tierliebe
❏ Familiensinn	❏ Loyalität	❏ Toleranz
❏ Fleiß	❏ Menschlichkeit	❏ Traditionsbe-
❏ Fortschritt	❏ Mitgefühl	wusstsein
❏ Freiheit	❏ Mut	❏ Umweltbe-
❏ Freundschaft	❏ Naturverbundenheit	wusstsein
❏ Friedfertigkeit	❏ Neugier	❏ Unabhängigkeit
❏ Gehorsam	❏ Optimismus	❏ Verantwortungs-
❏ Gelassenheit	❏ Ordnung	bewusstsein
❏ Gradlinigkeit	❏ Pflichtbewusstsein	❏ Vertrauen
❏ Gerechtigkeit	❏ Pünktlichkeit	❏ Würde
❏ Gesundheit	❏ Reife	❏ Zielstrebigkeit
❏ Gleichberechtigung	❏ Religiosität	❏ Zivilcourage
❏ Großzügigkeit	❏ Respekt	❏ Andere Werte:
❏ Güte	❏ Rücksichtnahme	

(angelehnt an Murphy-Witt, 2003: 58 f.)

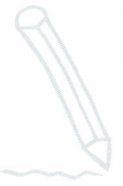

Was sind Ihre drei wichtigsten Werte?

1. _____

2. _____

3. _____

Vergleichen Sie das Ergebnis mit dem Ihres Partners.
Was ist gleich?

_____

_____

Was unterscheidet sich?

_____

_____

Was bedeutet der Unterschied für Sie?

_____

Sind diese Werte für Sie Bestandteil eines hohen Selbstwertgefühls?

_____

Sind es die Werte, die Sie sich für Ihren Sohn auch wünschen?

_____

Eltern gehen meistens davon aus, dass allen Familienmitgliedern bekannt ist, welche Regeln es zu beachten gibt. Zu leicht geht man von der Annahme aus, dass das, was man selbst weiß oder für selbstverständlich hält, genauso auch andere Menschen wissen und ebenso für selbstverständlich halten. Das ist eine falsche Annahme. Jeder Mensch hat seine einzigartige Sicht auf die Dinge und auf Situationen. Jeder Mensch wertet nach seinen eigenen Erfahrungen und seiner eigenen Biografie. Denken Sie an den Blick durch die Brille (vgl. Kap. 1). Daher rate ich Ihnen dringend, sich als Paar darüber zu unterhalten, welche Werte jeder für besonders wichtig hält und welche Regeln damit verbunden sind. Je nach Alter des Kindes können diese in das Gespräch mit einbezogen werden. Kinder brauchen klare Regeln, um sich sicher und geborgen fühlen zu können. Einerseits möchten sie sich an die Familienregeln halten und konform mit ihnen gehen, andererseits müssen sie die Regeln und Grenzen überschreiten, um ihre eigenen Grenzen auszutesten. Sie müssen erleben, was es für sie selbst und andere bedeutet, Grenzen zu überschreiten. In Ihrer Familie sollte allen Kindern ermöglicht werden, ein gutes Selbstwertgefühl zu entwickeln und in einer guten Kommunikation mit den Familienmitgliedern aufzuwachsen. Dann können sie, ab einem bestimmten Lebensalter, mit den Regeln anderer Systeme wertschätzend umgehen und sich diesen so weit wie möglich und nötig anpassen (vgl. Satir, 2009: 12). Kinder müssen sich dabei an den Regeln und Grenzen reiben können, ohne dafür in ihrem Selbstwert als Person bestraft oder erniedrigt zu werden. Als Mutter oder Vater lehnen Sie in den wenigsten Fällen ihr Kind in seiner Person ab, nur das Verhalten erscheint Ihnen nicht angemessen oder widerspricht den Familienregeln. Bringen Sie das Ihrem Kind gegenüber deutlich zum Ausdruck, aber nicht, indem Sie sagen: „Du bist ein böses Kind. Du ärgerst mich. Du machst das ganze Familienleben kaputt." Sagen Sie stattdessen: „Dein Verhalten ärgert mich. Ich möchte gern in Ruhe am Tisch sitzen und bin sauer, dass ich nicht in

Ruhe essen kann." Vielleicht ändert sich dadurch nicht sofort etwas am Verhalten des Kindes. Was Ihr Kind aber hört, vielleicht auch nur unbewusst wahrnimmt, ist: Mein Verhalten ärgert Mama, sie hat mich aber trotzdem lieb. Dadurch wird das Selbstwertgefühl des Kindes nicht beeinträchtigt, und es erhält die Möglichkeit, über das Verhalten zumindest nachzudenken. Nicht das Kind ist ja schlecht, nur sein Verhalten orientiert sich nicht an Ihren Werten und Regeln.

Ein Kind benötigt auf seinem Weg zu einem glücklichen Menschen mit einem starken Selbstwertgefühl bestimmte Grundlagen. Die grundlegenden Bedürfnisse nach Nahrung, Sicherheit, Geborgenheit usw. müssen in der Entwicklung eines Kindes gestillt werden, damit sich das Selbstwertgefühl überhaupt entwickeln kann. Über die Bedeutung einiger in der Grafik genannten Aspekte haben Sie bereits in diesem Buch gelesen.

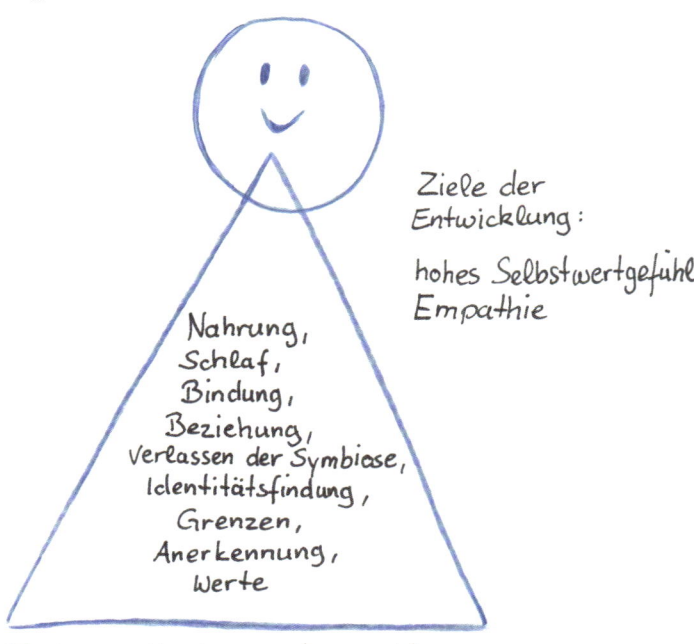

Ziele der Entwicklung:

hohes Selbstwertgefühl
Empathie

Nahrung,
Schlaf,
Bindung,
Beziehung,
Verlassen der Symbiose,
Identitätsfindung,
Grenzen,
Anerkennung,
Werte

Abb. 19 Faktoren, die dazu beitragen können, dass sich ein hohes Selbstwertgefühl entwickeln kann.

Bevor es im nächsten Abschnitt um den Begriff der Grenzen geht – welche Grenzen es in Ihrer Familie geben sollte und warum das Spüren von Grenzen wichtig ist –, sollten Sie sich wieder einige Fragen zu Ihrer eigenen Lebensgeschichte stellen. Lesen Sie noch einmal nach, welche Werte Ihnen Ihre Eltern vermittelt haben.

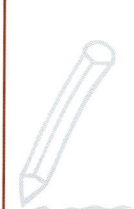

- Was waren die wichtigsten Werte Ihrer Eltern?
- Welche Werte Ihrer Eltern möchten Sie auf gar keinen Fall Ihren Kindern vermitteln?
- Welche Werte Ihrer Eltern möchten Sie heute Ihren Kindern vermitteln?
- Was würden Sie auf gar keinen Fall so machen wie Ihre Eltern?
- Was möchten Sie in Ihrem Zusammenleben mit Ihren Kindern genauso machen wie Ihre Eltern?
- Welche Regeln und Grenzen sind in Ihrer Familie notwendig, damit die Werte, die Ihnen wichtig sind, gelebt werden können?

Meine Grenzen – deine Grenzen

Grenzen haben verschiedene Funktionen:

- Grenzen geben Struktur und klare Rahmenbedingungen und damit Sicherheit und Geborgenheit. Grenzen setzen ist kein autoritäres Verhalten, denn Grenzen schützen vor Gefahren. Ein Fleischermesser gehört nicht in die Hand eines Zweijährigen. Verkehrsregeln schützen vor Unfällen. Ohne Schwimmen zu können, springt man nicht ins tiefe Wasser. Horrorfilme sind schädlich für die Psyche der Kinder, deshalb müssen wir sie davor bewahren.
- Grenzen geben Halt und Orientierung. Im Zusammenleben mit Menschen, in der Gruppe, geben Regeln Sicherheit und Orientierung. Man weiß, welches Verhalten von einem erwartet wird, damit man zu der Gruppe dazugehören kann – ob im Verein, in der Kita, in der Schule oder am Arbeitsplatz.
- Grenzen bewahren Würde. Sie möchten respektvoll behandelt werden und Ihre Kinder ebenso. Niemand möchte angeschrien oder geschlagen werden. Die Grenzen anderer Menschen zu kennen verhindert, einen Menschen zu verletzen. Meine eigenen Grenzen zu kennen hilft, Dinge nicht unbedacht zu tun. Die eigenen Grenzen zu kennen schützt z. B. vor Süchten und Abhängigkeit.
- Grenzen sind Reibungspunkte auf dem Weg ins Erwachsenenleben.

Klassischerweise verstehen wir Grenzen in der Kindererziehung als Begrenzung des Kindes in seinem Tun und verbinden damit eher, gesetzte Regeln einzuhalten. Den Willen nicht immer zu bekommen, auch nicht, wenn man sich im Supermarkt auf den Boden wirft. Unanständige Wörter nicht zu benutzen und Bett- und Fernsehzeiten ohne Diskussionen einzuhalten.

Die eigenen Grenzen zu spüren ist aber mehr als das. Die enge Symbiose mit der Bindungsperson ist eine gefühlte, lebensnotwendige Umgrenzung des Neugeborenen, die die notwendige Sicherheit für eine gesunde Entwicklung bietet. Ein Kind entwickelt in den ersten 20 bis 36 Lebensmonaten eine Ich-Identität und spürt in diesem Prozess zunehmend die Grenze zwischen dem Eigenen und dem Anderen und damit Fremden. Diese erlebte Grenze trennt und verbindet gleichzeitig und schafft einen eigenen Raum, der sich von dem äußeren Raum unterscheiden lässt. Das Überschreiten der Begrenzung ist der erste wichtige Schritt auf dem Weg zu einer eigenständigen Persönlichkeit, zu Individualität und Autonomie. Im besten Fall macht das Kind dann die Erfahrung, dass eine Bindung auch dann bestehen bleibt, wenn es seine Persönlichkeitsanteile so zeigen kann, wie sie sind, unabhängig davon, ob es dem anderen gefällt oder nicht. Es erfährt dadurch, dass es geliebt wird für das, was es ist (vgl. Langlotz, 2010). Grenzen müssen daher einerseits gezeigt und gespürt werden, damit ein Kind Bindung und Autonomie erleben darf, andererseits muss es sich an den Grenzen reiben können. Das Kind kann in Opposition zu den Eltern gehen und sich damit ablösen, was besonders in der Pubertät von Bedeutung ist. Grenzenlos erzogene Kinder suchen ihre Grenzen noch im Erwachsenenalter, beispielsweise als Extremsportler.

Stellen Sie sich das Familiensystem als ein auf dem Kopf hängendes Mobile vor. Alle Beteiligten „hängen" an einer sinnvollen, hierarchisch geordneten Stelle. Um als Kind agieren zu können, braucht ein Kind die Zuverlässigkeit von Eltern, die als Eltern agieren, auch in Bezug auf die Beziehung der Eltern zueinander. Das heißt nicht, dass sich Eltern niemals trennen dürfen. Auch nicht, dass Kinder von getrennt lebenden Eltern automatisch verhaltensauffällig sind. Es heißt aber, dass Eltern, ob zusammen oder getrennt lebend, ihre Rolle als Eltern einnehmen müssen. Je besser die Kommunikation ist und je klarer die Grenzen zwischen Eltern und Kind sind, desto sicherer und entspannter kann sich das Kind auf seine Rolle als Kind einlassen und die wichtigen Dinge des Lebens lernen.

Machen Sie sich noch einmal die Familienstruktur deutlich (vgl. Abb. 20).

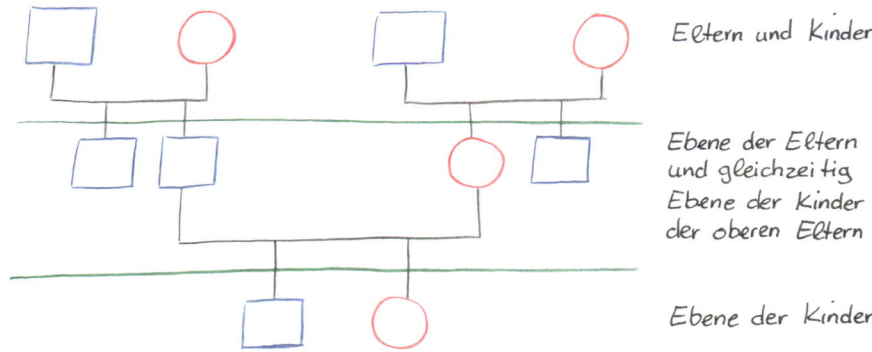

Abb. 20: Einfache Darstellung einer Familie mit zwei Kindern

Ein Kind sollte immer ein Kind sein dürfen, dessen Eltern die Rolle als Eltern souverän ausfüllen. Diese Eltern sind aber gleichzeitig auch Kinder ihrer Eltern. In der Rolle als Kinder ihrer Eltern verhalten sie sich selbstverständlich anders als in der Rolle als Eltern. Und Eltern bleiben so lange auch Kinder, wie ein Elternteil noch lebt. Erst mit dem Tod der Eltern endet die Rolle des Kindes für uns – ein uns oft nicht bewusster Vorgang, der in jeder Lebensphase gleich schmerzhaft ist, nicht nur für junge Kinder. Oft ist es für Kinder schwer auszuhalten, wenn die Eltern alt werden und ihre Rolle als Eltern nicht mehr aktiv einnehmen können, sondern sich selbst eher wie Kinder benehmen. Das irritiert uns vor allem deshalb, weil es unsere Rolle als Kind beeinflusst. Wenn es keine aktiven Eltern mehr gibt, gibt es für mich auch die Rolle als Kind nicht mehr. Und das gilt ebenso für kleinere Kinder. Je eindeutiger die Grenzen sind, je klarer die Rollen in der jeweiligen Generation sind, desto einfacher ist es, sich zurechtzufinden.

Eine Tochter, die auch gleichzeitig die Rolle der Freundin der Mutter einnehmen soll, verlässt ihre Ebene als Kind. Ein Sohn, der auch gleichzeitig die Rolle des Partners der Mutter übernehmen soll, verlässt seine Ebene als Kind. Ebenso verlässt die Mutter/Schwiegermutter ihre Rolle und überschreitet ihre Grenze, wenn sie sich ständig ungefragt und unerwünscht in das Leben ihrer Kinder einmischt. Wenn sie es nicht schafft, ihren Sohn oder ihre Tochter mit dem Abschluss der Pubertät in eine erwachsene Rolle zu entlassen. Wenn sie festhält, um nicht allein zu sein oder sich nicht überflüssig oder unwichtig zu fühlen. Wenn sie keine/n Partner/in oder keine Freunde in ihrer Generation hat und sich an das Leben ihres Kindes klammert. Das heißt nicht, dass eine Mutter sich nicht ein Leben lang gut mit ihren Kindern verstehen kann und soll, dass sie nicht helfen kann, wenn sie gebraucht wird. Gluckman und Hanson (2007: 164) stellen die These auf, dass es evolutionär sogar ein Vorteil war, wenn die Großmutter sich mit an der Aufzucht und Betreuung der Enkelkinder beteiligt und die Mutter unterstützt hat. Je klarer die Rollen dabei ausgefüllt und die Grenzen eingehalten werden, desto angenehmer ist das Zusammenleben im Sozialgefüge. Gibt es neue Partner, Geschwister usw., sind die Möglichkeiten, eine Rolle auszufüllen, und Grenzverletzungen sehr vielseitig.

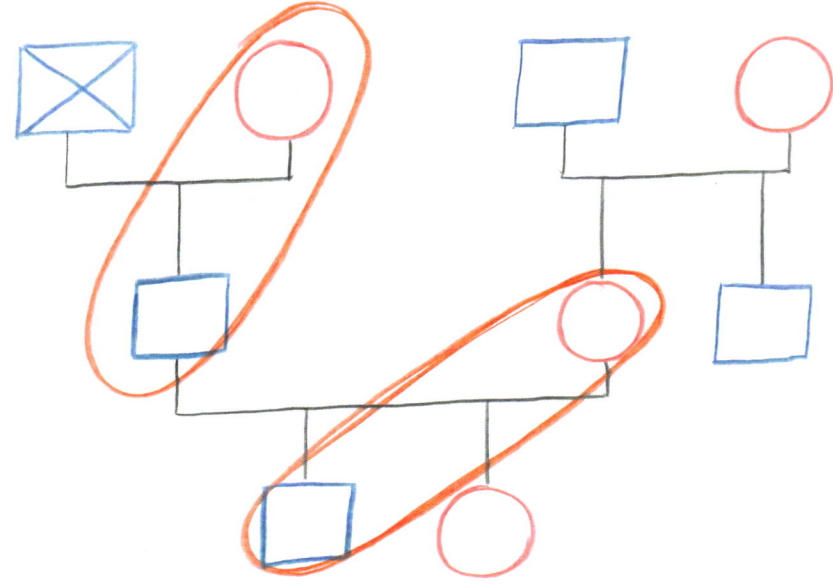

Abb. 21
Zu enge Symbiosen können das Gleichgewicht des Mobiles beeinträchtigen.

Beispiele:

Die Mutter trennt sich vom Vater, der Sohn nimmt die Rolle des Vaters ein, die Mutter lässt ihn gewähren, das Mobile gerät aus dem Gleichgewicht.

Oder die Mutter des Partners sieht die Aufgabe ihres Sohnes darin, sich um sie zu kümmern, obwohl sie weder Witwe noch pflegebedürftig ist. Oder sie sieht ihre Aufgabe darin, sich weiterhin um die Angelegenheiten des Sohnes zu kümmern, obwohl dieser bereits erwachsen ist und eine eigene Familie hat. Das Gleiche gilt auch für eine zu enge Symbiose zwischen einer erwachsenen Tochter und der

Mutter. Auch hier kann das Familiengefüge durcheinandergeraten. In diesen Fällen bildet ein Elternteil mit einem Kind eine zu stark verschmolzene Symbiose, aus der andere Personen ausgeschlossen sind und in der sich zwei unterschiedliche Ebenen verbinden. Die zu große Verschmelzung mit dem Elternteil verhindert beim (auch erwachsenen) Kind das Spüren der eigenen Persönlichkeit und der eigenen Selbstanteile. Es führt zu einer Identifikation mit der Bezugsperson und verhindert auch das Spüren der eigenen Grenze und des eigenen Raumes. Autonomie wird im schlechtesten Fall als Abgrenzung oder Verrat an dem anderen empfunden. Das wiederum verhindert das selbstbestimmte Leben auf der eigenen Ebene als Kind sowie als erwachsener Mensch in der Beziehung mit einer anderen erwachsenen Person. Eltern werden damit für ein Kind zu nicht gleichwertig und nicht ausgewogen handelnden Partnern. Die inneren Hälften von Mutter und Vater im Kind können somit nicht im Gleichklang schwingen.

Das Wort Hierarchie kann dazu verleiten, sich zu fragen, ob Hierarchie mit Autorität eingefordert werden kann und sollte. Das wäre für mich ganz klar ein Schritt in die falsche Richtung. Hierarchie ist nicht mit dem unangenehm besetzten Begriff Autorität zu verwechseln und kann nicht mit autoritärem Verhalten eingefordert werden. Ein autoritäres Verhalten mit Strenge, Disziplin oder Strafen ist für kein Zusammenleben vorteilhaft und schürt lediglich Ängste. Manchmal können die Grenzen auch kurzfristig überschritten werden, wenn z. B. das Kind bei einer Trennung auf die Ebene des Partners aufsteigt oder ein Elternteil aufgrund einer psychischen Krankheit zeitweilig nicht als kompetenter Erwachsener agieren kann. Wichtig ist nur, dass dieser Vorgang bewusst ist. Und dass dieser Zustand nicht von Dauer ist, vor allem bei der Rolle des jungen Kindes.

Grenzen zu überschreiten ist also ein wichtiger und gesunder Entwicklungsschritt des Kindes. Hierbei ist noch einmal die Unterschiedlichkeit von Jungen und Mädchen zu berücksichtigen. Ab einem Alter von drei Jahren verlässt der Junge eben nicht nur die Symbiose (die Umgrenzung) mit der Mutter, zusätzlich macht er sich auch auf den Weg zu einem Mann. Er erkennt die Geschlechterdifferenz zur Mutter, muss sich von ihr lösen und gleichzeitig mit der unbewussten Erkenntnis fertig werden, dass er nie wieder zur Weiblichkeit zurückkann. Dieser Weg wird von den Jungen so individuell gegangen wie sie einzigartig sind. Ihr erhöhter Testosteronspiegel in dieser Zeit hilft ihnen sicherlich dabei, diesen schweren Weg zu gehen.

4 Erziehen ist *nicht* leicht

Verhalten sich Eltern gegenüber Jungen anders?

Keimeleder et al. (2002) zeigen in einer Studie, dass sich Erzieherinnen gegenüber Jungen anders verhalten als gegenüber Mädchen. Jungen erhalten deutlich mehr Aufmerksamkeit und mehr positive Zuwendung. Sie bekommen mehr Unterstützung, unabhängig davon, ob sie darum bitten oder nicht. Jungen wird häufiger Platz eingeräumt, etwas zu sagen. Das könnte ein Grund dafür sein, dass Jungen mehr reden, während Mädchen eher zuhören, jedenfalls bis zur Pubertät. Bei aller Kritik an störenden Verhaltensweisen von Jungen bleiben Erzieherinnen in den Formulierungen eher sachlich. Bei den Jungen wird vermehrt über störendes Verhalten hinweggesehen. Stillschweigend wird dann akzeptiert, dass Jungen Abmachungen und Regeln ignorieren.
Jungen werden für ein Verhalten gelobt, das bei Mädchen als selbstverständlich angesehen wird (aufräumen, helfen, soziales Verhalten).

Mädchen werden zu Verbündeten gemacht: Ihnen werden die Kleinen und Schüchternen anvertraut, und sie werden gebeten zu helfen. Äußerungen von Mädchen werden öfter übersehen. Mädchen geben vor der Gruppe eher kurze Antworten und verhalten sich passiver. Das durchsetzungsfähige Verhalten bei Mädchen wird anders bewertet als bei Jungen, und zwar eindeutig abwertend als zickig, hysterisch, blöde usw. Es wird daher häufiger unterbunden als bei Jungen. Mit Mädchen wird der Blickkontakt länger gehalten als mit Jungen. Der Blick der Jungen wird mehr in den Raum gerichtet, auf Gegenstände hin.

Ich vermute, dass Mütter sich ähnlich gegenüber ihren Jungen oder Mädchen verhalten. Maccoby (1998) konnte nachweisen, dass sich Eltern in bestimmten Situationen durchaus auch geschlechterspezifisch verhalten. In der Intensität der emotionalen Zuneigung oder Hilfsangebote konnte sie allerdings keine geschlechterspezifischen Unterschiede feststellen. Jungen und Mädchen aus einer kulturell entwickelten Industrienation bekommen gleich viel elterliche Zuneigung. Mütter sprechen allerdings mit ihren Töchtern mehr und intensiver als mit ihren Söhnen.

Eindeutige Unterschiede konnte sie im Spielverhalten aufzeigen. Mehr Väter als Mütter spielen körperbetonter und ausgelassener mit Jungen als mit Mädchen. Eltern bieten ihren Kindern vermehrt geschlechterspezifisches Spielzeug an, den Mädchen die Puppen oder Kochutensilien, den Jungen Handwerkszeug und Autos. Das lässt nicht den Schluss zu, dass Jungen und Mädchen automatisch zu diesem Spielzeug greifen. In der Kindertagesstätte spielen sie bis zu einem gewissen Alter mit den Spielsachen, die sie zu Hause nicht haben.

Folgende Spielpräferenzen konnten aufgezeigt werden: Jungen bevorzugen raumgreifende Spiele und beanspruchen viel Platz. Sie stoßen mit ihrer Lautstärke oft an Grenzen und haben einen raueren Spielstil. In ihren Spielen geht es viel um Wettbewerb, um Vorherrschaft.

Sie unterbrechen einander häufiger und benutzen Befehle und Drohungen. Sie prahlen mit scheinbarer Autorität, und das Gespräch dient dazu, das eigene Gebiet zu verteidigen. Sie zeigen weniger soziale Kompetenzen, Mitgefühl und Rücksichtnahme auf Jüngere oder Schwächere. Ab einem Alter zwischen vier und fünf Jahren spielen Jungen bevorzugt körperbetont in Gruppen im Freien. Dabei ist eine verbale und körperliche Aggression häufiger anzutreffen als bei Mädchen. Scheinbar nicht geschlechterkonformes Verhalten der Jungen wird mit bestimmten Ausdrücken belegt, nicht nur bei den Jungen untereinander, sondern teilweise auch durch die Eltern: z. B. Heulsuse, „Bist du ein Mädchen?", Memme, Weichei, Muttersöhnchen; und für Männer: Warmduscher, Schattenparker, Foliengriller oder Gelsattelsitzer.

Mädchen haben eine größere Ausdauer bei Tischspielen, beim Basteln und Puzzeln. Sie spielen leiser und brauchen scheinbar nicht so viel Raum. Sie stören die Gruppenatmosphäre weniger und halten Grenzen eher ein. Sie müssen den Spielort oder -gegenstand häufiger gegen Jungen verteidigen. Ihr Gespräch dient dazu, sich als Gruppe zu finden und zu einigen, daher kommunizieren Mädchen untereinander mehr. Es gibt natürlich auch dominante Mädchen und stille Jungen. Nicht nur die individuellen Veranlagungen von Jungen und Mädchen, sondern auch das kulturelle Umfeld, in dem sie aufwachsen, beeinflusst das Verhalten von Jungen und Mädchen.

In einer Studie, in der zwölf Monate alte Kinder mit ihren Eltern in einem Wartezimmer beobachtet wurden, traten deutliche Unterschiede im Verhalten der Mutter und des Vaters gegenüber Jungen und Mädchen auf. Väter sprachen gegenüber ihren Söhnen mehr Verbote aus als gegenüber Mädchen. Allerdings versuchten die Jungen auch häufiger, „verbotene" Sachen anzufassen, und verhielten sich allgemein weniger gehorsam den Müttern gegenüber. Ungeklärt bleibt die Frage, wer auf wen zuerst reagiert. Fordert ein lebhafter und an der Umwelt sehr interessierter Junge mehr das „strenge" Verhalten der

Eltern heraus? Oder provozieren die engen Grenzen der Eltern zur Grenzverletzung und -überschreitung durch den Jungen?

„Mein Kind ist so" oder „Mein Kind zeigt sich so"?

Ich möchte Ihnen den Unterschied von „ist" und „zeigt sich" an einem Beispiel verdeutlichen. Nehmen wir den fiktiven Jungen Dennis und stellen wir ihn uns als einen sich hyperaktiv und aggressiv zeigenden Jungen vor. Also als einen Dennis, der keine Grenzen akzeptiert. Wie ist dieser Junge dann? Aggressiv, laut, grenzenlos, übergriffig, wütend, stur, unerzogen? Und ist Dennis immer so, in jeder Rolle, in jeder Situation? Oder hat er auch ganz andere Seiten? Kann er auch hilfsbereit, empathisch, anführend, ideenreich und sogar freundlich sein? Nur zeigt er diese Eigenschaften viel zu wenig. Was können wohl die Gründe für sein Verhalten sein? Denken Sie einmal an die Erfahrungen, die Dennis bereits in seinem „Eisberg" verankert haben könnte. Wenn es Ihnen gelingt, ein Sie störendes Verhalten nicht mit einem „ist so" zu beschreiben (denn wenn etwas so ist, dann ist es meistens nicht mehr veränderbar – wie z. B. die Augenfarbe), sondern mit einem „zeigt sich heute besonders...", dann geben Sie Dennis automatisch die Chance, sich auch anders zu zeigen. Sie könnten ihn auch fragen, was seine (guten) Gründe sind, sich heute auf diese besondere Art und Weise zu zeigen, je nach Alter des Kindes. Aber Ihre Feststellung „Du musst einen wirklich guten Grund haben, heute deine freundliche Seite nicht zeigen zu wollen" entlockt dem Jungen vielleicht nur ein „Weiß ich doch nicht, warum!". Aber diese Feststellung, ohne Vorwurf, eröffnet eine größere Möglichkeit, dass er ein wenig nachdenken und vielleicht sein Verhalten doch ändern wird. Probieren Sie es einfach aus.

Das Gleiche gilt auch für erwachsene Menschen, die uns auf eine Art und Weise begegnen, die wir als störend beschreiben würden. Auch eine erwachsene Person kann nicht durch eine absolute Wahrheit beschrieben werden. Beispiel: Sie ist immer so unfreundlich, halsstarrig, abweisend usw. Das würde ja heißen, dass jemand, den wir so beschreiben, überall und zu jeder Zeit sein Leben lang unverändert unfreundlich, halsstarrig usw. sein würde. Eigenschaften und Verhaltensweisen werden aber meistens nur in einer bestimmten Rolle oder Situation gezeigt und keinesfalls immer. So kann ein Mensch in seiner beruflichen Rolle unfreundlich und halsstarrig sein, als Freund oder Freundin aber liebevoll und flexibel. Es wird für ein Verhalten immer einen guten Grund geben, der sich in den Tiefen des unseren Blicken entzogenen Teils des Eisbergs verbirgt.

Das Verhalten in einer Rolle kann, je nachdem, in welcher Lebenssituation Sie sich gerade befinden, ob beruflich oder privat, unterschiedlich sein. Sie sind ja nicht nur in Ihrer Rolle als Vater oder Mutter aktiv, sondern auch in vielen anderen Rollen. Ein weiterer Schritt auf dem Weg, sich selbst besser zu verstehen und damit bewusster im Umgang mit der Familie handeln zu können, ist es, sich der unterschiedlichen Rollen und der Werte in diesen Rollen bewusst zu sein. Machen Sie sich nun einmal bewusst, welche Rollen Sie in Ihrem Leben ausfüllen, wie zufrieden Sie in diesen Rollen sind und welche Werte Sie in diesen Rollen haben.

- ■ Beschreiben Sie zunächst Ihre berufliche Rolle (z. B. Hausfrau/-mann, Elektriker/-in, Manager/-in, Erzieher/-in).
- ■ Wie zufrieden sind Sie in dieser Rolle?
- ■ Welche Werte sind Ihnen in dieser Rolle wichtig? (Fleiß, Ordnungssinn, Pünktlichkeit o.Ä.)

- Welche Rolle oder Rollen füllen Sie in Ihrer Freizeit aus?
  (z. B. Sportler/-in, Ehrenamtliche/-r, Skatspieler/-in,
  Gärtner/-in, Freund/-in)
- Wie zufrieden sind Sie in dieser Rolle/diesen Rollen?
- Welche Werte sind Ihnen in dieser Rolle/diesen Rollen
  wichtig?
- Wie verhalten Sie sich im Beisein von Freunden?
- Welche Rollen füllen Sie in der Familie aus?
  (Mutter, Vater, Bruder, Schwester, Tochter, Sohn,
  Tröster/-in, Taxifahrer/-in, Geldgeber/-in o. a.)
- Wie zufrieden sind Sie in Ihren familiären Rollen?
- Welche Werte sind Ihnen in diesen Rollen wichtig?
- Gibt es darüber hinaus noch andere soziale Rollen, die für
  Sie wichtig sind?
- In welchen Rollen fühlen Sie sich besonders wohl?
- Welche dieser Rollen würden Sie gern besser ausfüllen?
- Welche dieser Rollen möchten Sie nicht mehr ausfüllen?
- Welches sind Ihre zwei wichtigsten Rollen?
- Welche Ziele möchten Sie in diesen Rollen erreichen?

In einer Rolle in einer bestimmten Situation sind die anderen Lebens-
rollen natürlich nicht verschwunden. Sie sind ein Teil Ihrer Persönlichkeit und im Hintergrund, bewusst und unbewusst, wirksam. Eine
Rolle wird auch immer durch die Interaktion, das Zusammenleben
und Kommunizieren mit anderen Menschen, beeinflusst. Im Familienleben sind das vorrangig die Familienmitglieder. Und wie Sie sich
selbst in einer Rolle sehen und zeigen, kann durchaus davon abweichen, wie Sie von anderen in der Rolle gesehen und empfunden
werden. Je zufriedener Sie in Ihren unterschiedlichen Rollen sind,
desto erfüllter werden Sie Ihr Leben führen. Das wiederum macht
Sie zu einer glücklichen und zuverlässigen Beziehungsperson und

zu einem nachahmenswerten Vorbild, auch in Ihrer jeweiligen Geschlechterrolle als Frau oder Mann.

Stellen Sie sich nun ein paar Fragen zu den Rollen in Ihrer Familienbiografie.

- Welche Rolle haben die Männer in der Familie in den verschiedenen Generationen gespielt oder spielen müssen? Waren sie Ernährer, Arbeiter, Alleinversorger?
- Welchen Anteil hatten sie an der Erziehung der Kinder?
- Wie waren die Rollen der Frauen in Ihrer Familie? Waren sie ausschließlich auf die Rolle als Hauswirtschafterin und Erzieherin festgelegt?
- Durften sie selbstständig und selbstbewusst sein, eigenverantwortlich handeln?
- Durften sie Aufgaben außerhalb der Familie haben?
- Welche Bezeichnungen bekamen Jungen/Männer? Waren sie Taugenichtse, Verschwender, Faule, gescheiterte Existenzen, Autoritäten, Besserwisser, Draufgänger, Abenteurer?
- Wie wurden Mädchen/Frauen beschrieben? Waren sie hübsch, mütterlich, uneigennützig, lieb, gefällig, gehorsam?
- Wie war/ist es für Sie, ein Mädchen/eine Frau oder ein Junge/Mann zu sein?
- Waren Sie gern ein Mädchen/ein Junge? Wenn ja, was hat Ihnen daran besonders gefallen?
- Wären Sie lieber ein Mädchen oder ein Junge gewesen?
- Was fänden Sie am interessantesten, wenn Sie ein anderes Geschlecht hätten?
- Wie ergänzen Sie den Satz: Als Mädchen bzw. Junge war ich besonders …?
- Womit haben Sie am liebsten gespielt?
- Gab es geschlechterspezifisches Spielzeug?
- Hätten Sie gern mit anderen Sachen gespielt?

- Was haben Sie sich am allermeisten gewünscht, aber nicht bekommen?
- Aus welchem Grund haben Sie es nicht bekommen?
- Wurden alle Kinder in der Familie gleich behandelt?
- Durften Männer in Ihrer Familie ängstlich oder fürsorglich sein?
- Durften Frauen in Ihrer Familie stark, klug und unabhängig sein?
- Wer hat Ihr Bild von einem „richtigen" Mädchen bzw. „richtigen" Jungen am meisten geprägt?

Spielregeln festlegen

Denken Sie noch einmal über Ihre drei wichtigsten Werte nach. Welche Regeln wären mit diesem Wert verbunden? Ist es Ihnen beispielsweise wichtig, die Würde eines anderen Menschen zu wahren, dann könnte eine Regel lauten: Es wird kein anderes Kind geschlagen. Stellen Sie nur Regeln auf, die für Ihre Familie wichtig und stimmig sind, die Regel der Nachbarin braucht nicht Ihre zu sein. Formulieren Sie die Regeln kurz und knapp, z. B. „Du sollst nicht schlagen". Welche Regel gilt für wen? Passen Sie die Regel dem Alter und Temperament des Kindes an.

- Welche Regeln gibt es in Ihrer Familie?
- Wer stellt die Regeln auf?
- Was sollen die Regeln bewirken?
- Was ist die Konsequenz, wenn sie nicht eingehalten werden?

Halten Sie sich als Eltern auch selbst an die Regeln. Sie leben als Vorbild das vor, was Sie sich wünschen. Wenn Ihre Worte und Taten voneinander abweichen, verunsichern Sie damit Ihr Kind, denn ihm wird nicht eindeutig klar sein, ob es sich an dem Vorgelebten oder an den gesprochenen Worten orientieren soll. Das Vorleben hat fast immer den größten Einfluss auf die Erziehung Ihrer Kinder, mehr als alle gesprochenen Worte. Ein Vortrag über die Schädlichkeit des Rauchens wird bei Ihrem jugendlichen Kind keinerlei Wirkung haben, wenn sie genüsslich dabei eine Zigarette rauchen. Ihre Bitte, den Computer auszuschalten, während Sie gerade dabei sind, etwas am PC zu recherchieren, bleibt ohne Folgen. Hören Sie auf zu rauchen, dann ist die Chance, dass Ihr Kind nicht damit anfängt, zumindest größer. Schalten Sie PC und Fernseher aus, wenn Sie am Familienleben teilnehmen möchten.

Je jünger das Kind ist, desto weniger nützlich sind Worte. Ändern Sie die Regeln nicht ständig und diskutieren Sie nicht über aufgestellte Regeln, es sei denn, das Kind ist ihnen entwachsen. Ein einmal geäußertes Nein muss immer ein Nein bleiben. Überlegen Sie sich daher genau, wie Sie antworten. Antworten Sie nicht spontan auf eine Frage mit Nein, sondern überlegen Sie kurz, ob

- Sie heute strikt bei Ihrem Nein bleiben können,
- das Nein wirklich ein Nein sein muss.

Antworten Sie nicht sofort, sondern bitten Sie sich Bedenkzeit aus. Wenn Sie schon Nein gesagt haben und das ein Fehler war, geben Sie es zu („Ich war wohl etwas vorschnell mit dem Nein"). Das sollte allerdings die absolute Ausnahme sein. Die folgende Zeichnung macht deutlich, was passiert, wenn ein Nein irgendwann doch ein Ja wird.

1. Tag: Darf ich einen Keks?

Nein – Gequengel – Nein – Gequengel – Ok, aber nur einen!

N———————N———————J

2. Tag: Darf ich einen Keks?

Nein – Gequengel – Nein – Gequengel – Nein – Gequengel – Ok, aber nur einen!

N———————N———————N———————J

Ihre ersten Neins werden gar nicht wahrgenommen, weil gestern ein Ja folgte.

3. Tag: Darf ich einen Keks?

Nein – Gequengel – Nein usw.

N———————N———————N———————N———————J

Alle ersten 3 Neins werden nicht wahrgenommen, weil gestern nach dem 4. Nein noch ein Ja folgte.

Ich bin dein Vater, du kannst dich auf mich verlassen

Eltern fühlen sich oft hilflos darin, die aufgestellten Regeln konsequent einzuhalten. Nicht immer sind die logischen Konsequenzen aus einer Regelverletzung sofort sichtbar. Was ist schon die logische Konsequenz, wenn man sein Zimmer nicht aufräumt oder seine Zähne nicht putzt? Sie können nicht darauf warten, bis das Kind merkt, dass die Zähne gammeln. Manchmal muss daher die Einhaltung der aufgestellten Regel, ohne dass das Kind die natürliche Konsequenz erleben darf, gefordert werden. So kann es nötig sein, einfach zu sagen: „Das wird gemacht, weil ich es sage, denn ich bin der (oder die) Erwachsene und daher weiß ich, was zu tun ist." Mütter und Väter haben oft eine ganz unterschiedliche Haltung zu diesem Satz. Vätern scheint es viel leichter zu fallen, die Einhaltung einer Regel auch ohne Erklärungen zu fordern, als Müttern. Frauen können es sehr oft nicht aushalten, wenn Männer so (scheinbar) autoritär mit ihren Kindern umgehen. In der Erziehung von Jungen streiten sich Eltern über die Form, wie Regeln und Grenzen zu setzen und einzuhalten sind, öfter. Das Verhalten des Mannes kommt den Frauen dabei viel zu streng vor. Sie selbst appellieren viel häufiger an die Einsicht des Jungen und an seinen guten Willen. Mütter scheuen sich eher, die Einhaltung aufgestellter Regeln, ohne unterstützende Erklärungen, einzufordern. Sie diskutieren verständnisvoll mit dem sechsjährigen Jungen darüber, ob im Winter eine Mütze aufzusetzen sei oder nicht. Als Ergebnis wünschen sie sich ein einsichtiges Verhalten des Jungen. Gleichzeitig möchten sie ihm damit die vielleicht leidvolle oder sogar schmerzhafte Erfahrung ersparen, kalte Ohren zu bekommen. Väter scheinen weniger Bedenken zu haben, eine Regel ohne lange und Einsicht erzeugende Erklärungen einzufordern. Der Satz: „Du machst das so, weil ich es sage" wird von Vätern öfter und selbstverständlicher gebraucht. Mütter stellen sich dann nicht selten auf die Seite des Sohnes und fordern eine einsichtige Erklärung, auch für sich selbst. Damit bringen sie leider auch das Gleichgewicht (im Mobile) zwischen Mutter und Vater durcheinander, was wiederum zur Folge haben kann, dass die beiden Hälften des Jungen in Bewegung geraten. Statt der Zufriedenheit des Jungen, durch eine einleuchtende Erklärung, hat sie eher Unruhe in das Kind gebracht. Gleichzeitig hat sie verhindert, dass Vater und Sohn ihre Differenzen auf ihre individuelle männliche Art und Weise klären können. Damit verhindert sie, dass der Sohn eine für ihn wichtige Erfahrung im Zusammenleben mit einem Vater und Mann machen kann, für die es sowieso schon wenig Zeit gibt. Dabei scheinen Jungen genau das selbstsichere und konsequente Verhalten des Vaters zu lieben. Sie können sich an ihm messen und versuchen, herauszufinden, wie lange der Vater standhaft sein wird.

Aus dem Nähkästchen geplaudert

Eine Anekdote machte mir das deutlich. Wir saßen am Esstisch zusammen, es gab Rouladen. Mein Sohn fand die Füllung nicht sonderlich lecker und maulte. Der Vater, der die Rouladen zubereitet hatte, maßregelte den Sohn und forderte ihn auf, das zu essen, was da war. Ich mischte mich ein und sagte: „Nun meckere ihn doch nicht so an. Er braucht schließlich nichts zu essen, was er nicht mag. Ich musste als Kind immer alles aufessen, das Ergebnis sieht man heute noch. Das will ich für unseren Sohn nicht. Er soll frei entscheiden können und nicht zum Essen gezwungen werden." Mein Mann, der sicherlich genau die gleiche Meinung vertrat (aber darum ging es in dem Disput ja gar nicht), fühlte sich in dieser Situation von mir gemaßregelt und antwortete lediglich: „Hörst du dir eigentlich auf deinen eigenen Vorträgen zu?"

Eine Regel zu überschreiten, bedeutet für das Kind zu fragen: „Gilt die Regel auch heute? Was passiert, wenn ich die Regel breche? Wirst du, Vater, mir eine verlässliche Orientierung und Grenze bieten? Kann ich mich auch heute auf dich verlassen? Und wer von uns beiden ist heute der Stärkere?" Diese Fragen an den Vater zu stellen, ist für Jungen scheinbar wichtiger als für Mädchen. Die Haltung des Vaters soll dabei keine gewalttätige, autoritäre Haltung sein, sondern eine Haltung, die zum Ausdruck bringt: Ich bin ein Mann und dein Vater. Du kannst dich an mir orientieren. Ich weiß, was richtig und was falsch ist. Ich biete dir die Orientierung auf dem Weg zum erwachsenen Mann. Du kannst dich an mir messen und mich herausfordern. Ich bleibe dein Vater, so lange ich lebe.

Aus diesem Spiel um Macht und um Platz eins in der Hierarchie zwischen Vater und Sohn sollte immer der Vater als Sieger hervorgehen. Der Junge wird sich nicht kampflos der Haltung des Vaters beugen, aber nur so kann der Junge das Gefühl von Sicherheit und Verlässlichkeit bekommen. Im Laufe der Pubertät wird und sollte sich die Beziehung zwischen Vater und Sohn verändern, weg von Sicherheit gebenden Fragen, wer der Stärkere ist, hin zu einem freundschaftlichen Verhältnis ohne Machtfragen.

Ich sage es noch einmal deutlich: Es geht mir nicht um autoritäres Machtgehabe nach dem Motto „Du wirst schon sehen, wer hier das Sagen hat. Und wenn du nicht spurst, gibt es Schläge!" oder so ähnlich. Es geht mir in der Beziehung zwischen Vater und Sohn um eine Haltung vom Vater gegenüber seinem Sohn, die getragen ist von Respekt, Wertschätzung, Verantwortung und Liebe. Die aber auch getragen ist von der Gewissheit, dass der Vater Experte ist, wenn es um die Frage geht, wie ein Junge zum Mann wird. Eltern müssen dabei gar nicht immer einig sein, welches Verhalten das scheinbar richtige ist. Mutter und Vater können durchaus unterschiedlicher Auffassung in einer Erziehungsfrage sein. Das Kind muss auch lernen, dass Menschen unterschiedlicher Meinung sein können, ohne deswegen in unlösbare Konflikte verwickelt zu werden. Sagen Sie zum Partner bei Uneinigkeit: „Ich bin anderer Meinung, aber ich akzeptiere deine Einstellung für diesen Augenblick!" Und diskutieren Sie anschließend, wenn die Kinder nicht dabei sind.

Zeigen Sie Geschlossenheit in Ihren Vorstellungen, in Ihrer Elternschaft und in Ihrer Partnerschaft, auch bei Uneinigkeit. Eine Maßregelung des Partners oder der Partnerin im Beisein der Kinder schwächt Ihre Position als verlässliche Eltern. Denn maßregeln kann man hierarchisch gesehen nur von oben nach unten. Wenn Sie das tun, ist der andere automatisch in der schwächeren Position, und die Gleichwertigkeit als Eltern ist am Schwanken. Und wenn zwei Teile eines Mobiles sich heftig bewegen, bewegen sich alle anderen auch. Das heißt, wenn Sie als Eltern häufig über Erziehungsvorstellungen, Regeln und Grenzen im Beisein der Kinder streiten oder sich gegenseitig maßregeln, wird viel Bewegung in Ihrem System Familie sein. Und sensible Kinder reagieren sofort darauf. Hüther und Bonney (2010: 120) schreiben, dass innerfamiliäre Konflikte und Meinungsverschiedenheiten in den Erziehungsstilen eine beunruhigende Wirkung auf das heranreifende reizoffene Kind haben, das immer auf Beziehungen angewiesen ist, die Sicherheit bieten.

Nicht nur die Grenzen innerhalb des sozialen Umfeldes und die durch äußerliche Strukturen gegebenen Grenzen sollten und müssen von Kindern eingehalten werden. Als Eltern sollten Sie sich auch der eigenen Grenzen bewusst sein: Wo sind meine Grenzen? Was bin ich bereit zu geben? Was sind meine Bedürfnisse? Was brauche ich, um zufrieden zu sein? Möchte ich mein Kind 16 Stunden am Tag bespielen? Möchte ich meinem Kind jeden Wunsch von den Augen ablesen, bevor es sie überhaupt geäußert hat? Möchte ich mein Kind in eine Abhängigkeit von mir bringen, indem ich alles für es erledige? Selbst wenn Eltern eine klare Vorstellung davon haben, was sie wollen, klappt das mit dem Durchsetzen ihrer Bedürfnisse nicht immer. Es gibt einfach Kinder, die der Vorstellung der Eltern nicht entsprechen wollen: „Ich weiß, dass ich jetzt kein Bonbon haben soll, aber ich will trotzdem eins", „Ich weiß, dass du jetzt in Ruhe deine Zeitung lesen willst, aber ich will mit dir spielen". Diese Kinder werden versuchen, ihre Vorstellungen durchzusetzen, um jeden Preis. Dann ist Ihre Konsequenz umso wichtiger. Machen Sie mit Ihrem „Nein" deutlich, dass Ihre Grenze erreicht ist. Sie lehnen dabei nicht das Kind ab, sondern nur den Wunsch, den es gerade hat und der sich nicht mit Ihren Vorstellungen deckt: „Ich weiß, dass du ein Eis haben möchtest, und ich kann deinen Wunsch danach auch sehr gut nachvollziehen und ich kann auch verstehen, dass du jetzt sauer bist, weil ich dir kein Eis kaufe. Aber ich kaufe dir trotzdem kein Eis."

Das Kind wird je nach Persönlichkeit mehr oder weniger lange quengeln und gegen Ihre Haltung protestieren. Es sei denn, es ist einer dieser Jungen, die scheinbar kein einziges Nein akzeptieren. Bei denen es einem nicht gelingt, ruhig und verständnisvoll zu bleiben, sondern stattdessen brüllt und droht. Die sich, wenn sie das Gefühl haben, die Mutter bekommt gleich einen Herzinfarkt, zwar scheinbar den Grenzen beugen, aber nur abwarten, bis sie durch die Hintertür doch wieder versuchen, ihre eigenen Vorstellungen durchzusetzen. Diese Jungen bringen einen an den Rand der Verzweiflung und verschaffen einem graue Haare. Aber ich glaube, und davon bin ich im tiefsten Inneren meines Herzens überzeugt, diese Jungen sind die ganz Besonderen. Sie werden ihren Weg gehen, eigenverantwortlich, rücksichtsvoll und mit einem guten Selbstwertgefühl. Vertrauen Sie in Ihre guten Fähigkeiten und in Ihr Vorbild als Eltern. Und glauben Sie fest daran: Vieles verwächst sich in der Pubertät.

Was ist die natürliche Konsequenz, wenn man sein Zimmer nicht aufräumt? Es ist unaufgeräumt!

Am einfachsten wäre die Erziehung der Kinder, wenn die Kinder immer die natürlichen Konsequenzen, also die Folgen, die auch ohne unser Zutun eintreten würden, spüren würden und anhand dieser

Erlebnisse oder Erfahrungen, die sie selbst gemacht haben, lernen würden. Wer im Winter ohne Mütze hinausgeht, bekommt kalte Ohren. Wer an den heißen Herd fasst, verbrennt sich die Finger. Wer keine Hausaufgaben macht, bekommt schlechte Noten. Doch so einfach geht es natürlich nicht, natürliche Folgen können in unserer zivilisierten Gesellschaft nicht immer ausgelebt werden. Eltern können nicht riskieren, dass ihr Kind sich verletzt, weil es auf die Straße rennt oder sich verbrennt. Eltern können nicht riskieren, dass ihrem Kind die Zähne ausfallen, wenn es sie nicht putzt. Eltern können mit Blick auf die berufliche Zukunft ihres Kindes nicht verantworten, dass es abstumpft, weil es sechs Stunden täglich fernsieht. Hier können Eltern nicht auf die natürlichen Konsequenzen warten, es müssen logische Konsequenzen aufgezeigt werden. Als verantwortungsbewusste Eltern müssen Sie entscheiden, welche Erfahrungen Sie Ihrem Kind zumuten können und wollen. Darf Ihr Kind die Erfahrung machen, dass es schmerzt, wenn man kalte Ohren bekommt? Oder dass man nicht in die nächste Klasse versetzt wird, wenn man seine Hausaufgaben nicht macht und deshalb schlechte Noten bekommt? Und wenn Ihr Junge kalte Ohren bekommen hat, wird er das nächste Mal schon eine Mütze aufsetzen. Dann macht er es, weil er es für sinnvoll hält. Diese Lernerfahrung hält ein Leben lang: Meine Mutter traut mir zu, allein entscheiden zu können, wann mir kalt ist und ich eine Mütze brauche.

Kann das Kind sich durch die Folgen einer Regelverletzung schwer verletzen (bei Rot über die Straße laufen) oder erlebt Erfahrungen, die es sogar traumatisieren, haben Sie als Eltern selbstverständlich die Pflicht, das Kind vor diesen Erfahrungen zu schützen. Die Einhaltung solcher Regeln wird nicht diskutiert. Wenn das Kind im Straßenverkehr rennt, muss es an der Hand bleiben. Wenn das Kind keine Zähne putzt, gibt es bis zum nächsten Zähneputzen keine Süßigkeiten. Wenn es keine natürlichen Konsequenzen gibt oder die logischen Konsequenzen nicht fruchten, müssen Sie zu den Konsequenzen greifen, die so schwer einzuhalten sind, weil sie in keinem Zusammenhang mit der Tat stehen und daher nicht zu einer Einsicht oder Erfahrung führen. Für die „sonstigen" Konsequenzen, man kann es auch Strafe nennen, ist Ihr individueller Erfindungsreichtum gefragt. Gewalttätigkeit oder andere Konsequenzen, die das Kind erniedrigen oder in seinem Selbstwertgefühl beeinträchtigen, sind selbstverständlich keine Mittel der Wahl. Mögliche Konsequenzen wären: Wer sich nicht an Regeln hält, bekommt auch Sonderprivilegien wie Eis essen, Schwimmbadbesuche oder Zeit zum Spielen mit dem Gameboy nicht. Auch eine Auszeit im Zimmer kann hilfreich sein, allerdings nicht für das Kind, dass das zum Anlass nimmt, endlich einmal in Ruhe zu spielen oder zu lesen.

- Geben Sie keine negative Aufmerksamkeit. Kinder unterscheiden oft nicht zwischen positiver und negativer Aufmerksamkeit. Die Schwester, die den Bruder ärgert, freut sich, dass die Mutter angerannt kommt und sie ausschimpft. Hauptsache, sie kommt. Überlegen Sie daher vor allem bei Streitigkeiten zwischen Geschwistern, wann sie eingreifen. Vielleicht lohnt es sich zu warten, bis die Kinder ihren Streit selbst bereinigen.

- Überhören Sie ständiges Quengeln des Kleinkindes, bis es aufhört, und reagieren Sie erst dann. Aber Vorsicht, hier gilt das Gleiche wie beim Neinsagen: Wenn Sie es nicht bis zum Schluss ignorieren können, erreichen Sie genau das Gegenteil, und das Kind wird mehr anstatt weniger quengeln.

- Auch Schreien nützt meist gar nichts; es ist wie Schlagen oft ein Ausdruck der eigenen Verzweiflung. Strafen, wie der Klaps auf den Po, sind die Konsequenz für gar nichts und als Erziehungsmaßnahme abzulehnen. Sie machen vielleicht so Ihrem Unmut Luft, aber damit (einmal davon abgesehen, dass Gewalt in Deutschland gesetzlich verboten ist) erreichen Sie Ihr Ziel nur kurzfristig und zerstören etwas viel Wichtigeres, nämlich die Liebe zu Ihrem Kind, vielleicht unwiederbringlich. Und die Wunden, die einem Kind in den ersten Lebensjahren geistig wie körperlich zugefügt werden, verheilen oft ein Leben lang nicht mehr.

- Sprechen Sie auch keine leeren Drohungen und Konsequenzen aus wie „Ich lasse dich gleich an der Straße stehen, wenn du dich noch einmal abschnallst". Machen Sie auf gar keinen Fall diese Drohung wahr und fahren los, während Ihr Kind draußen steht. Die Ängste, die es dabei empfindet, können Auswirkungen auf sein ganzes weiteres Leben haben. Im Übrigen wird das Kind leere Drohungen schon beim zweiten Mal durchschauen, und Sie werden unglaubwürdig. Das kann zur Folge haben, dass auch die anderen Konsequenzen hinterfragt werden. Wenn du deine Sachen nicht aufräumst, schmeiße ich sie alle weg. Wollen Sie das wirklich?

Die Aneignung von Werten und einer inneren Haltung ist nicht angeboren, sondern wird durch das Zusammenleben mit Vorbildern und mit ihren Werten, Grenzen und Regeln erlernt. Die Grundlage eines guten Lernens legen dabei die Beziehungen innerhalb der Familie und die Begeisterung an der Sache. Wie sehr sich Ihr Kind also an Ihnen orientiert, hängt davon ab, wie intensiv die Beziehung zwischen Ihnen ist. Dabei ist es vielleicht nicht einmal davon abhängig, wie gut oder schlecht die Beziehung ist. Manchmal stellen wir als Erwachsene fest, dass wir manche Dinge genauso machen, wie unsere Mutter oder Vater sie getan haben, auch wenn die Beziehung keine intensiv liebevolle gewesen ist. Das zeigt sich immer wieder an der Erkenntnis: „Ich wollte es nie so machen wie meine Mutter. Und nun stelle ich fest, dass ich genauso reagiere wie sie und manchmal sogar die gleichen Worte benutze."
Leben Sie also so, wie Sie sich wünschen, dass Ihr Kind später auch einmal leben soll.

Die Ausnahme von der Regel?

Meine Erfahrung als Mutter hat gezeigt, dass einige Mütter ihre Kinder bisweilen bei Gesellschaftsspielen gewinnen lassen. Ich habe das sehr oft getan, denn ich habe selten Lust zu irgendeinem Gesellschaftsspiel und bin froh, wenn es schnell zu Ende ist. Darüber hinaus bin ich auch der Meinung, dass es das Selbstwertgefühl des Kindes durchaus stärkt, wenn es als Kleinkind bei einem Spiel gewinnen kann, das es vielleicht kognitiv noch gar nicht erfassen kann. Ich habe auch die Regeln dem Alter des Kindes angepasst. So habe ich mit meinen Kindern „Mensch ärgere Dich nicht" nur mit einer Figur und ohne Rausschmeißen gespielt.

Ich hatte überhaupt kein Problem damit, die Regeln zu ändern und die Kinder auch einmal gewinnen zu lassen. Der Vater (wie wohl viele andere Väter auch) war da so ganz anderer Ansicht. Regeln sind dazu da, dass man sie einhält, wozu gibt es sonst Regeln? Mit meiner Antwort, dass die Regeln nur so eine Art Idee seien, nach der man das Spiel spielen könne, kam ich seinerzeit nicht weit. Und über die Ansicht, dass Kinder lernen müssen, dass man nicht immer gewinnen kann, kann man durchaus diskutieren. Wäre wohl Michael Schumacher mit dieser Einstellung mehrfacher Weltmeister im Autorennsport geworden? Sicherlich muss man mit Niederlagen umgehen können und aus den Fehlern lernen, ohne alles aufzugeben. Aber um der oder die Beste zu sein, muss man erst einmal immer gewinnen wollen. Oder nicht?

Die Änderung einer Spielregel oder das heimliche Gewinnenlassen sind im Grunde genommen keine Ausnahme von der Regel, sondern das Aufstellen einer anderen Regel. Aus meiner Erfahrung heraus bin ich zu der Überzeugung gekommen, dass es von einmal aufgestellten Regeln keine Ausnahmen geben sollte. Und je willensstärker Ihr Kind ist, desto mehr rate ich Ihnen, daran festzuhalten. Sonst diskutieren Sie ständig, ob die Regel wirklich einzuhalten und das Nein heute wirklich ein Nein ist. Und das ist anstrengend. Je willensstärker das Kind ist, desto weniger Regeln sollte es geben. Aber die wenigen Regeln müssen auf jeden Fall eingehalten werden. Das ist anstrengend, aber ich weiß, je standhafter Sie bei kleinen Kindern bleiben, desto leichter wird es später für Sie sein.

Sagen Sie nicht „nicht"

Wir alle wachsen damit auf zu lernen, was richtig ist und was wir besser nicht tun sollen – auch in der Schule. Eine Mutter erzählte mir einmal von einem Diktat ihres Sohnes. 100 Wörter wurden geschrieben, er hatte 10 Wörter falsch geschrieben und bekam die Note Fünf. Sie sagte: „Niemand hat gewürdigt, dass er 90 Wörter richtig geschrieben hat." Ähnlich lernen kleine Kinder Verhaltensregeln. Sie werden bestraft, wenn sie etwas falsch gemacht haben. Gutes bzw. richtiges Verhalten wird seltener belohnt und eher als selbstverständlich angesehen. Dabei ist unser Gehirn gar nicht darauf ausgerichtet, „nicht" zu denken. Da wir in unserer abendländischen Kultur in Gegensätzen denken, vermuten wir in einem nicht … das Gegenteil. Nicht artig = ungezogen, nicht lieb = böse, nicht traurig = fröhlich. Aber das ist mehr eine Vermutung als eine Tatsache. Denn, was wäre denn „nicht blau" für eine Farbe? Unser Gehirn kann das Wort „nicht" nicht denken. Es produziert immer erst das Bild, was es nicht sein soll, und verbindet es dann mit dem Nicht. Dieser Lernprozess dauert lange und je kleiner das Kind, desto weniger kann es das Wort nicht denken. Daher machen die Anweisungen, die wir unseren Kindern oft geben, solche Schwierigkeiten in der Umsetzung. Wir sagen: „Lauf nicht über die Straße!", „Klettere nicht auf den Baum!", „Schmeiß deine Jacke nicht auf den Boden!", „Sei nicht so frech!",

„Brüll nicht so rum!" usw. Je jünger das Kind ist, desto weniger versteht es das Wort „nicht" und weiß nicht, wie es sich verhalten soll. Kinder kombinieren die Wörter mit den ihnen bekannten Inhalten. Je jünger ein Kind ist, desto weniger Erfahrungen hat es gemacht. Beispielsweise rufen Sie einem Zweijährigen beim Spazierengehen hinterher: „Lauf nicht auf die Straße!"

Abb. 22

Das Kind weiß wahrscheinlich, was laufen ist und was eine Straße ist und kombiniert: „laufen und Straße" und läuft weiter.

Oder beim Beispiel „Klettere nicht auf den Baum!" weiß das Kind, was ein Baum ist, und es weiß, was klettern bedeutet. So kombiniert es die beiden bekannten Inhalte zu Baum und klettern und klettert los. Dann haben Sie vielleicht noch hinterhergerufen: „Du fällst sonst runter!" Was verinnerlicht es dann vielleicht? Klettere auf den Baum und falle herunter. Und wenn es dann tatsächlich fällt, kommt die

Mutter und sagt: „Siehst du, habe ich dir ja gleich gesagt." Stimmt, und der Junge oder das Mädchen haben im Prinzip nur das gemacht, was Mutter oder Vater gesagt haben.

Achten Sie darauf, dass Sie Anweisungen geben, die Kinder ohne Umdeutung verstehen können: „Bleib' bitte stehen!", „Bleib' hier unten auf dem Boden!", „Häng' deine Jacke an den Haken!", „Rede freundlich!", „Sprich leiser!" usw. Ich halte es bei Kindern für besonders wichtig, Anforderungen positiv zu formulieren und genau zu sagen, was für ein Verhalten wir uns von ihnen wünschen. Achten Sie dabei auch auf eine authentische Körpersprache und Ihre innere Haltung. Sie müssen überzeugt sein von dem, was Sie wollen und sich wünschen.

Ich weiß nicht, ob es in der Art und Weise, das Wort „nicht" nicht zu hören, geschlechterspezifische oder Unterschiede im Alter gibt. Ich weiß aber aus Erfahrung als Mutter und Ehefrau, dass es immer viel effektiver ist, wenn ich sage, was ich möchte, anstatt zu sagen, was ich nicht möchte. Als ich meinen Mann bat, beim nächsten Einkauf ein bestimmtes Waschmittel mitzubringen, aber kein … (bekannte Marke, die ich hier nicht nenne), was habe ich wohl bekommen? Genau dieses! In der nächsten Woche bat ich ihn, Zahnpasta mitzubringen, aber keine mit Kräutern. Was bekam ich wohl? Kräuterzahnpasta. Seitdem sage ich immer ganz genau, was ich möchte. Das Ganze ging natürlich nicht ohne die Bemerkung meines Mannes ab, ich solle mir doch gefälligst die Sachen selbst kaufen, die ich brauche. Aber das ist ein anderes Thema.

15 Sekunden sind nicht lange

Was können Sie tun, wenn Sie das Gefühl haben, gleich zu explodieren? Verlassen Sie kurzfristig den Raum, um sich zu beruhigen. Lassen Sie das Kind in seinem Zimmer zurück. Bitten Sie Ihren Mann, Ihnen zu helfen. Sprechen Sie keine Drohungen aus, die Sie nicht umsetzen können oder wollen. Halten Sie nicht am Ärger fest. Schmeißen Sie sich auf den Boden oder trampeln Sie mit den Füßen. Das lässt zumindest Ihre Wut verrauchen. Und wenn das alles nichts nützt und Sie in dem Moment so gefangen sind in Ihren eigenen Gefühlen, denken Sie daran, dass es erlaubt ist, Fehler zu machen. Sie sind kein Roboter und keine Maschine. Vor allem Mütter tragen oft einen Schuldstempel. Mütter neigen dazu, sich für alles und jeden verantwortlich zu fühlen und die Schuld in erster Linie bei sich selbst zu suchen. Da das auf Dauer ganz schön anstrengend ist, wird diese Schuld dann manchmal auf den Partner abgewälzt. Das verbessert die Partnerschaft nicht gerade.

Sie sind nicht schuld, aber Sie haben Gefühle, die manchmal genauso herausmüssen wie die der Kinder. Und wenn Sie gemeckert und geschrien haben, entschuldigen Sie sich ruhig bei Ihrem Kind. Das ist auf keinen Fall ein Zeichen von Schwäche, sondern ein großes Zeichen von Stärke. Gerade Jungen müssen lernen, dass man sich entschuldigen kann, ohne sich klein fühlen zu müssen. Sie tun sich damit schwer, wie wir bei vielen erwachsenen Männern noch erleben können. „Tut mir leid, dass ich dich so laut angeschrien habe, aber ich war einfach so empört über dein Verhalten, dass die Gefühle mit mir durchgegangen sind." Ich vermute, dass solch einen Satz Männer eher selten sagen würden.

Eine spannende Methode, sich weniger zu ärgern, habe ich auf einem Vortrag von der inzwischen verstorbenen Vera F. Birkenbihl kennengelernt. Ich habe dieses Vorgehen durch die Idee des Dankens erweitert.

Sie ärgern sich über irgendetwas, z. B. wollen Sie, dass Ihr Sohn sich im Winter morgens auf dem Weg zur Schule die Mütze aufsetzt und die Handschuhe anzieht. Der findet aber Mütze und Handschuhe völlig uncool und verlässt die Wohnung, mit der Tür knallend. Nun können Sie sich hinsetzen und sich bis zum Mittag darüber ärgern und dem Junior nach der Schule eine Standpauke halten. Sie hätten sich womöglich den ganzen Vormittag verdorben, vor allem, weil sie nicht erst seit gestern über Mütze und Handschuhe diskutieren.

Sie können aber auch Folgendes versuchen:

Innerhalb der ersten 15 Sekunden nach dem Vorfall sagen Sie sich laut oder innerlich: „Ich will mich jetzt nicht darüber ärgern. Dazu habe ich keine Lust und keine Zeit." Dann können Sie gewiss sein, dass eine Stimme aus Ihrem Inneren sagt: „Das war aber ein wirklich unfreundliches Verhalten. Darüber musst du dich jetzt aber wirklich ärgern." Danken Sie der inneren Stimme für ihre Aufmerksamkeit, Sie noch einmal daran zu erinnern, dass das wirklich ein sehr unfreundliches Verhalten war, und sagen Sie sich laut oder innerlich: „Darüber will ich mich im Moment aber nicht ärgern. Dazu habe ich jetzt keine Lust und keine Zeit." Machen Sie das so lange, bis die andere innere Stimme aufgibt und verstummt (was meistens nach dem zweiten oder dritten Danken passiert).

Nun ist es bekanntermaßen nicht gesund, negative Gefühle zu unterdrücken, und Ihre innere Stimme kann sehr hartnäckig sein. Sie könnten daher zu sich sagen: „Im Moment habe ich keine Lust, mich zu ärgern, aber ich komme später darauf zurück. Ich werde mich heute Abend darüber ärgern, sagen wir so gegen 20 Uhr, wenn alle Arbeit erledigt ist und ich Zeit habe." Dann haben Sie Ihre andere innere Stimme nicht unterdrückt, sondern sie nur auf später vertröstet. Mit großer Wahrscheinlichkeit werden Sie abends nicht noch einmal über den Ärger nachdenken, Sie haben ihn vergessen und Ihre innere Stimme auch.

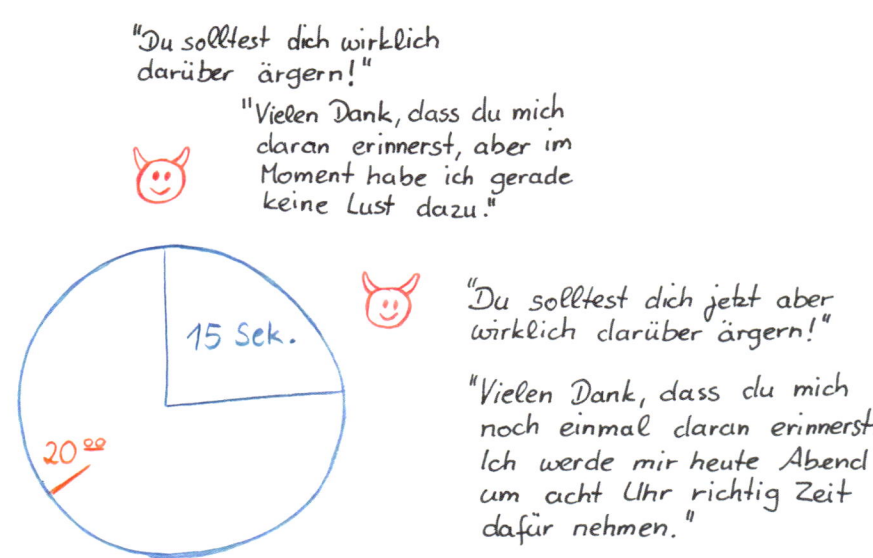

"Du solltest dich wirklich darüber ärgern!"

"Vielen Dank, dass du mich daran erinnerst, aber im Moment habe ich gerade keine Lust dazu."

15 Sek.

20:00

"Du solltest dich jetzt aber wirklich darüber ärgern!"

"Vielen Dank, dass du mich noch einmal daran erinnerst. Ich werde mir heute Abend um acht Uhr richtig Zeit dafür nehmen."

Abb. 23

Das erscheint Ihnen eine ganz eigenartige Methode zu sein? Stimmt, ist sie auch. Sie funktioniert aber ganz ausgezeichnet und führt dazu, dass Sie sich viel weniger ärgern und damit Ihr Leben angenehmer machen. Es sei denn, Sie ärgern sich gern.

Bei schwerwiegendem, schon länger bestehendem Ärger funktioniert die Methode sicherlich nicht so einfach wie beschrieben. Bei Kleinigkeiten im Alltag, z. B. eine unfreundliche Kassiererin, ein abweisender Kollege oder pubertierende Kinder, funktioniert sie aber ganz ausgezeichnet.

Aus dem Nähkästchen geplaudert

Portugal im Herbst

Ich hatte für die Herbstferien einen Urlaub auf Kreta für meine Tochter und mich gebucht, ein Frauenurlaub im sonnigen Griechenland. Eine Woche vor Reiseantritt teilte das Reisebüro mir mit, dass das Hotel schon geschlossen hätte. Die Griechenlandkrise machte sich auf Kreta bemerkbar. Man bot mir eine Alternative an, die mir nicht zusagte. Nun hatte ich eine Woche Zeit, für den gleichen Preis eine Alternative zu finden. Das Ziel war schnell gefunden, ich wollte mir gerne den Süden Portugals ansehen, meiner Tochter versprach ich einen Surfkurs. Nach arbeitsreichen Tagen saß ich bis in die Nacht am PC und suchte nach Hotels und Surfkursen. Ich buchte einen Flug, ein nettes kleines Hotel, einen Surfkurs und einen Mietwagen. Bei letzterem freute ich mich besonders über das scheinbar günstige Angebot. Der Preis der ganzen Reise überschritt nicht den Preis der Kretareise. Ich war zufrieden.

Die Freude und Zufriedenheit verschwand schlagartig, als wir in Faro am Flughafen den gebuchten Mietwagen abholen wollten. Ich hatte das Kleingedruckte nicht gelesen und sollte einen zusätzlichen Betrag für eine Vollkaskoversicherung, eine volle Tankfüllung und die Miete für einen Registrierungsapparat der Mautgebühr bezahlen, fast 100 Euro mehr. Die Mietwagenbuchung war also kein „Schnäppchen" mehr, wie gedacht. Ich zahlte zähneknirschend, weil ich mich auch nicht traute, lediglich mit einer Teilkaskoversicherung in einem fremden Land zu fahren. Meine Tochter bot noch an, die Hälfte des Betrages von ihrem Taschengeld dazuzugeben. Aber der Ärger war erst einmal groß, vor allem über mich selbst.

Also nahm ich meinen ärgerlichen Anteil an. Ich dankte ihm, dass er mich darauf aufmerksam machte, dass es wirklich ärgerlich ist, wenn man das Kleingedruckte nicht liest und zusätzliche Kosten nicht offen erkennbar sind. Ich machte meinen ärgerlichen Anteil darauf aufmerksam, dass ja nun Urlaub sei und wir doch die schönen Tage genießen wollten. Nichts zu machen. Jedes Mal, wenn ich in das Auto stieg, kam der Anteil wieder und machte seinem Ärger Luft. Ich dankte mehrfach, nichts half. Am dritten Tag des Urlaubs hatte ich eine Idee. Ich sagte zu meinem ärgerlichen Anteil: „Vielen Dank, dass du mich daran erinnerst, dass es wirklich ärgerlich ist, dass wir diesen zusätzlichen Betrag bezahlen mussten. Aber es gibt auch einen anderen Anteil in uns. Einen Anteil, der eine Woche Zeit hatte, eine Reise zu buchen und das ganz ausgezeichnet gemacht hat. Nette Surfschule, nettes kleines Hotel, freundliche Menschen und Sonnenschein. Dieser Anteil hat nur einen ganz kleinen Fehler gemacht, „sie" hat das Kleingedruckte nicht gelesen. Es war spät, sie war müde und hatte wenig Zeit. Ein ganz kleiner Fehler. Und wenn du Anteil „Ärger" nun jedes Mal kommst und ihr vorwirfst, dass sie diesen Fehler gemacht hat, was glaubst du, wie sie sich dann fühlt? Es wäre wirklich nett, wenn du ihr die Freude über die Buchung eines sehr schönen Urlaubs gönnen würdest." Von da an war Ruhe in mir, auch der ärgerliche Anteil genoss den Urlaub.

Lob als Motivator

Wie sinnvoll oder unsinnig der Einsatz von Lob ist, wird konträr diskutiert. Die einen sagen, für Selbstverständlichkeiten sollte man kein Kind loben, damit macht man es nur abhängig von Lob. Andere sagen, Lob ist die beste Motivation für ein Kind, Dinge erneut zu tun. Ich bin der Meinung, dass Zähneputzen eine Selbstverständlichkeit ist, damit man sich die Zähne gesund erhält, und trotzdem kann ich mein Kind dafür loben, wie gut und dass es sich schon allein die Zähne putzen kann. Ich finde, den Tisch mit abzuräumen ist eine Selbstverständlichkeit, und trotzdem kann ich mein Kind dafür loben, dass es heute von ganz allein daran gedacht hat, den Teller in den Geschirrspüler zu räumen. Damit nehme ich das Kind in seinem Tun wahr und teile ihm das mit. Das finde ich Beziehung stiftend und damit gerechtfertigt. Ich halte es für selbstverständlich, dass ein Jugendlicher sich jeden Tag wäscht oder duscht, und trotzdem kann ich ihm sagen, dass er frisch geduscht hat und sehr gut riecht. Wobei das Festgestellte durch eine Freundin sicherlich mehr Eindruck macht. Daher duschen die Kinder über kurz oder lang auch freiwillig und jeden Tag. Obwohl es Zeiten gibt, in denen Eltern das gar nicht glauben können. Das Nicht-duschen-Wollen verwächst sich aber.

Der Idee, Sternchen oder Pluspunkte für gutes Verhalten zu vergeben und dann eine Belohnung zu verteilen, stehe ich zweifelnd gegenüber. Das Kind lernt schon früh: Wenn ich mich wohlverhalte, bekomme ich eine Belohnung – ich mache es daher nur, weil für mich etwas dabei herausspringt. Diese Methode halte ich für fragwürdig, wenn die Belohnung in Form eines Konsumartikels gegeben wird und die Belohnung in keinem Zusammenhang mit dem gezeigten Tun oder Verhalten steht. Sie erziehen damit das Kind zum angepassten Konsumenten. Und bei einigen Kindern funktioniert die Methode auch gar nicht. Wenn mein Sohn etwas nicht wollte, konnte ich ihm versprechen, was ich wollte: ohne Erfolg. Ebenso bei der Tochter.

Unterschiedliche Erziehungsstile und Werte sind ein großes Streitthema in der elterlichen Beziehung. Mutter wie Vater haben ihren eigenen Blick auf die Dinge, und der ist geprägt durch den verborgenen Teil ihrer Eisberge. Machen Sie sich Ihre eigenen Wertevorstellungen und Ihre Grenzen bewusst und leben Sie danach. Wenn Sie sich immer konsequent verhalten und sich für streng halten, dann halten Sie die Reaktion des Kindes aus. Halten Sie das Gezicke, Gemecker, Geweine und die Wutanfälle aus. Sagen Sie sich innerlich oder auch laut: „Ich weiß, dass du jetzt richtig sauer bist und das alles auch gar nicht einsiehst. Aber ich weiß, dass mein Verhalten richtig ist. Und ich halte deine Reaktion aus. Und lieb habe ich dich auch." Wenn Sie zu Inkonsequenz neigen, machen Sie sich einen Beobachtungszettel und notieren Sie, ob und wie konsequent Sie sich verhalten haben. Geben Sie sich für jedes Standhaftbleiben ein Sternchen, und bei zehn Sternchen gönnen Sie sich etwas Schönes.

Bildung, ein wichtiger Wert?

Zu Beginn des Lebens stehen im menschlichen Gehirn viele Nervenzellen zur Verfügung, die sich schnell vernetzen. Erfahrungen werden gemacht, verinnerlicht und verankert. Die Kontaktstellen im Gehirn sind bereits vorhanden, sie müssen aber verbunden werden. Je mehr Vernetzungen es gibt, desto effektiver wird das Gehirn benutzt. Das Gefühl, das ein Kind beim Lernen hat, führt dazu, dass es das nächste Mal wieder lernt oder nicht, je nachdem, mit welchem Gefühl das Lernen verbunden war. Die Gefühle, die beim Erfahrungen Machen entstehen, verankern sich tief im Inneren Ihres Kindes (vgl. Spitzer, 2006).

Eltern werden in ihrer Rolle positiv bestärkt, wenn ihr Kind sich zu einer erfolgreichen Persönlichkeit entwickelt. Was Eltern unter „erfolgreich" verstehen, hängt von ihrer individuellen Lebenssituation und ihren Wertevorstellungen ab. Eine gute Bildung, leider gemessen am Erfolg in der Schule mit guten Noten, steht hier oft an erster Stelle. Pädagogen wie Comenius, Rousseau und Pestalozzi haben vor ein paar Jahrhunderten dafür gekämpft, dass Kindheit als eine eigenständige Zeit der Entwicklung erkannt und anerkannt wird. Sie gehörten zu den Ersten, die sich Gedanken darüber gemacht haben, wozu der Mensch gebildet werden soll. Sie haben darunter die Bildung des Menschen zu einer eigenverantwortlichen, selbstständigen und glücklichen Persönlichkeit verstanden.

Heute wird unter Bildung fast ausschließlich schulisches Wissen verstanden, Faktenwissen. Das Konkurrenzdenken der Eltern verstärkt den hohen Stellenwert von schulischer Bildung. Wer geht zuerst zum Frühenglisch oder zur musikalischen Früherziehung (usw.)? Eltern haben nicht selten das Gefühl, ihr Kind verpasst etwas, wenn es nicht schon mit vier Jahren Flöte spielen lernt oder mit zwei Jahren Englischunterricht bekommt. Kinder brauchen Zeit und Gelassenheit, um Talente und Fähigkeiten zu entwickeln, Zeit zum Ausprobieren und Spielen. Leider haben schon Vorschulkinder einen straff organisierten Terminkalender.

Unter Bildung verstehe ich, wie die alten Pädagogen, die Herausbildung einer erfolgreichen und glücklichen Persönlichkeit, einer Persönlichkeit, die sich ihrer Talente und Stärken bewusst ist und die ein hohes Selbstwertgefühl hat, eines Menschen also, der diese Stärken lebt und mit sich und der Welt im Einklang steht und zufrieden mit dem Erreichten ist. Das mag in unserer heutigen Gesellschaft mit ihrer Konzentration auf den ökonomischen Erfolg träumerisch und unrealistisch klingen, aber wünschenswert ist es dennoch!

Lernen Jungen anders?

Positive Gefühle beim Lernen entwickelt ein Kind vor allem durch das Gefühl von guter emotionaler Verbundenheit mit den Menschen, mit denen es in dieser Situation zu tun hat. Eine enge Verbundenheit zwischen Ihnen und Ihrem Kind wird als positive Erfahrung verinnerlicht und damit bereits eine positive Grundhaltung zum Lernen an sich gelegt. Aus diesem Zugehörigkeitsgefühl heraus werden Erfahrungen gemacht, und diese wiederum entwickeln sich später zu einer inneren Haltung (vgl. Hüther, 2009). Das gilt gleichermaßen für Jungen wie für Mädchen.

Dennoch gibt es einen Unterschied im Lernverhalten von Jungen und Mädchen. Viele Jungen entwickeln ihre Feinmotorik später als die Mädchen. Deshalb haben sie oft keine Lust zum Malen und Perlen auffädeln und oft eine schlechtere Handschrift, was ihnen schlechtere Noten in der Schule einbringt. Sie sind auch anders organisiert als die Mädchen. Ihre Mappen führen sie nur widerwillig und ohne Sorgfalt. Datum draufschreiben, Seitenzahl einfügen, Bilder dazu malen? In den Augen vieler Jungen verschwendete Zeit. Sie finden ihre Aufzeichnungen auch so im großen Zettelhaufen wieder. Sehr zum Ärger der meist weiblichen Lehrerinnen, die sich an einen Lehrplan halten müssen und die Jungen an der Sorgfalt und dem Bilder-Malen der Mädchen messen.

Birkenbihl (2004) berichtet von der Studie „Kids tell stories", in der 500 Geschichten und Aufsätze von Kindern untersucht wurden. Dreijährigen Kindern wurde eine Geschichte erzählt, in der ein Räuber eine Frau übers Ohr gehauen hat. Die Jungen haben sich eher gefragt, ob der Räuber clever genug war, sein Ziel zu erreichen. Die Mädchen fragten sich mehr, wie sich die Frau dabei gefühlt hat. In der gleichen Untersuchung sollten zehnjährige Kinder eine Geschichte zum Thema „Meine Mutter und ich" erzählen. Jungen haben eher eine Aufzählung daraus gemacht: Meine Mutter ist groß, schlank, 35 Jahre alt, hat blonde Haare, ist Bankangestellte usw. Mädchen beschrieben dagegen eher die Eigenschaften der Mutter: Meine Mutter kann gut Geschichten erzählen, sie kocht immer leckere Sachen für uns, sie ist lieb, geduldig usw. Das heißt, dass die Mädchen mehr die Beziehung zwischen sich und der Mutter beschrieben haben. Die Zehnjährigen sollten auch eine Geschichte nach freier Themenwahl schreiben. Jungen wählten eher Themen mit Aktion und Power, Mädchen eher Themen, bei denen es um Menschen und ihre Beziehungen ging.

In dem BBC-Film „Kinder unserer Zeit" (Deutsche Erstausstrahlung: 09.08.2003, VOX) werden Jungen und Mädchen im Grundschulalter in ihrem Kommunikationsverhalten untereinander gezeigt. Die Mädchen führen „richtige" Gespräche. Sie gehen auf ihre Gesprächspartnerinnen ein, trösten und helfen, wenn es nötig ist. Die Jungen wechseln dagegen eher spärlich Worte. Meist sitzen sie nebeneinander und wissen nichts mit sich anzufangen. Wenn sie miteinander sprechen, unterhalten sie sich eher darüber, was man unternehmen kann. Oder sie bieten Lösungsvorschläge für geäußerte Probleme an. Je länger Jungen in der Schule sind, desto leichter wird es für sie. In der Pubertät verändert sich oft ihr Lernverhalten, sie werden ehrgeiziger und zielorientierter. Die oft ungeliebten Fächer wie Kunst, Musik und Französisch können abgewählt, Informatik, Betriebswirtschaft oder Politik, je nach Schulform, hinzugewählt werden. Wenn die Jungen es geschafft haben, halbwegs erfolgreich durch die Schule zu kommen, haben sie im Berufsleben meist keine Probleme mehr, zurechtzukommen. 40 % der Studienabgänger sind zwar Mädchen. In den gut bezahlten erfolgreichen Positionen finden sich dann aber mehr Männer als Frauen. Kinder zu bekommen, ist nach wie vor das Ende einer beruflichen Karriere für Frauen (vgl. Allmendinger/Leuze/Blanck, 2008: 25).

(Schulische) Bestleistungen zu erbringen, um Anerkennung und Liebe zu bekommen, heißt, nicht als Person geliebt zu werden, sondern nur als jemand, der Leistungen erbringt. Über die möglichen Auswirkungen erfahren wir nicht selten aus den Medien: Depressionen bei Spitzen-sportlern oder der Suizid von Robert Enke.

Regeln, Grenzen, Hausaufgaben

Als ich einmal meinen Sohn zur Strafe in sein Zimmer schickte, sagte er zu mir: „Dann komme ich endlich einmal dazu, meine Comic-sammlung zu sortieren." Er hat es einem wirklich nicht leicht ge-macht. Wenn er etwas nicht wollte, dann hat er so lange dagegen ge-wettert und gemeckert, bis ich entnervt aufgegeben habe. Wenn ich mal einen guten Tag hatte und als Siegerin aus dem Wettkampf um die Einhaltung der Regeln hervorging, konnte ich sicher sein, dass der Sieg nur ein vorläufiger war. Wenn er etwas wollte oder nicht wollte, ging er schon als Sechsjähriger seinen Weg bis zum Schluss, manchmal mit Umwegen. Dieser Ehrgeiz war früher anstrengend, beschert ihm aber heute Anerkennung und einen ganz ausgezeich-neten Notendurchschnitt.

Wie bereits mehrfach erwähnt, wollte ich eine gute Mutter sein und dachte, das Kümmern um die Schulnoten gehört dazu. Ich habe meinen Druck für die Schule bis zur achten Klasse aufrechterhal-ten können. Das hat uns so manchen Streit eingebracht, und das Mutter-Sohn-Verhältnis hat darunter gelitten. Ich habe mich von der gängigen Meinung beeinflussen lassen, dass Eltern für die Noten in der Schule und die Hausaufgaben ihrer Kinder verantwortlich sind. Und ich war beeinflusst durch meine eigenen Lernerfahrungen in der Schule.

Ich selbst war in der Grundschule eine mäßige Schülerin und habe lieber aus dem Fenster gesehen, als am Unterricht teilzunehmen. Ich fühlte mich dick und dumm und bin nicht gern in die Schule gegangen.

Darüber hatte ich sehr lange Zeit nicht nachgedacht, bis mein Sohn der Einschulung zustrebte. Das nette Erlebnis der Einschulung war dann auch noch auszuhalten. Aber als ich das erste Mal zum Gespräch mit der Klassenlehrerin musste (wegen Verstößen gegen Regeln und Überschreitens von Grenzen durch meinen Sprössling), kamen alle negativen Erinnerungen schlagartig zum Vorschein. Auf dem Weg durch den Schulflur habe ich fast keine Luft mehr bekommen, und in dem Gespräch mit der Lehrerin fühlte ich mich keineswegs wie eine gestandene Mutter und Erziehungswissenschaftlerin. Ich fühlte mich wie ein kleines Mädchen, das etwas falsch gemacht hatte und sich nun seine Standpauke abholen musste.

Seit diesem Erlebnis ging mein Mann zu allen Gesprächen und Veranstaltungen in der Schule. Anschließend bat ich ihn, mir nur Nettes zu berichten und das andere zu verschweigen. Es verging nicht ein Schuljahr, ohne dass wir zum Elterngespräch gebeten wurden. Wir beschlossen, dass mein Mann zu den Gesprächen ging, da er mit der Kritik der Lehrerin an unserem Sohn besser umgehen konnte. Er nahm das Ganze nicht so persönlich wie ich und sah darin nicht das eigene Versagen oder die Schuld. Das hat gut funktioniert, nur in wenigen, beruflich bedingten Ausnahmen musste ich diese Aufgabe übernehmen. Ab der 11. Klasse gab es dann keine Elterngespräche mehr. Schade, bei den guten Noten wäre ich gern hingegangen und hätte mir ein Lob über „meinen" Sohn abgeholt. Aber so ist das wohl, wir werden nur bei schlechten Nachrichten zum Gespräch gebeten, nicht nur in der Schule. Selten werden wir zu einem Gespräch gebeten, weil uns jemand den Tag verschönern möchte.

Lachen ist gesund

Abb. 24

Haben Sie z. B. gelernt, dass das Leben kein Ponyhof ist, sondern eine ernste Angelegenheit? Und wenn etwas ernst ist, lacht man nicht! Arbeit ist auch eine ernste Angelegenheit. Wie kann man arbeiten und dabei lachen? Dann scheint man ja nicht viel Arbeit zu haben, oder? Weit verbreitet ist die Ansicht, dass Arbeit etwas Belastendes ist, und dabei hat man schließlich keine gute Laune zu haben. Die gleiche Haltung könnte der Grund sein, dass eine Mutter es suspekt findet, wenn sie aus dem Zimmer des Kindes Lachen und Fröhlichkeit hört, obwohl sie es gerade dorthinein geschickt hat, damit es seine Hausaufgaben macht. Hausaufgaben machen und gute Laune haben passen scheinbar nicht zusammen. Das haben die meisten von uns schon ganz früh gelernt. Hausaufgaben sind eine lästige Pflicht, die gemacht werden muss, um gute Noten zu bekommen, die einen aber vom Spielen oder anderen Tätigkeiten abhält. Das weiß die Mutter ganz genau und stürmt daher ins fröhliche Kinderzimmer und sagt: „Nun mach endlich deine Hausaufgaben." Mit ein bisschen Glück hört sie: „Mach ich doch, mit Sandra zusammen, auf Facebook." Na ja, das gab es eben damals noch nicht. Wir saßen überwiegend allein vor den lästigen Aufgaben, mussten sie hinterher zeigen und begutachten lassen. Und im Zweifelsfall noch mal machen, wenn sie nicht gut genug waren. Da hatten wir wirklich nichts zu lachen.

Lachen zeugt von einer positiven Lebenseinstellung und Menschen mit einer positiven Lebenseinstellung sind häufiger gesünder und leben länger. Lachen setzt im Gehirn Endorphine frei und reduziert Stress. Lachen schafft Vertrauen und hat einen positiven Einfluss auf das soziale Verhalten. Kleinkinder lachen circa 400 Mal am Tag, Erwachsene nur noch 15 Mal (vgl. Schröder et al., 2009). Lachen Sie daher viel und oft, auch mit Ihren Kindern. Haben Sie keine Angst davor, dass Ihre Kinder Sie weniger respektieren, wenn Sie auch in einer Situation, in der Sie eigentlich schimpfen sollten, einfach lachen. Übrigens, das Gehirn unterscheidet nicht zwischen echtem oder künstlichem Grinsen. Wenn Sie bewusst grinsen, ohne einen Grund zu haben, reagiert Ihr Gehirn auf die nach oben gezogenen Mundwinkel auf die gleiche Weise wie beim Grinsen mit Grund. Das hilft manchmal in Situationen, in denen Sie nichts zu grinsen haben und sich dennoch besser fühlen möchten.

Fehler sind Lösungen, die gerade nur nicht passen

Haben Sie auch als Kind gelernt, dass wir keine Fehler machen dürfen, dass Fehler etwas Schlechtes oder Schlimmes sind? Haben Sie Angst davor, Fehler zu machen?

Ohne den ständigen Versuch und den Irrtum gäbe es keine technische Entwicklung. Fehler machen ist daher legitim. Leider haben wir in Deutschland keine Kultur des Fehlermachens. Fehler machen ist schlecht, das lernen schon die ganz Kleinen.

Wie wurde in Ihrer Kindheit mit Fehlern umgegangen?

Die Angst vor Fehlern wird meistens erlernt. Ein Kind, das mit dem Laufen beginnt, fällt ständig hin und versucht es erneut, Hunderte Male, bis es sicher auf zwei Beinen laufen kann. Hätte es ständig Angst davor, beim Laufen einen Fehler zu machen, der in der Konsequenz zur Folge hätte, dass das Kind umfallen würde, wäre die Menschheit wohl nie in den aufrechten Gang gekommen. Aus Angst davor, Fehler zu machen, wären wir lieber auf vier Gliedmaßen geblieben.

Ein dreijähriges Kind hat noch keine Angst davor, etwas verkehrt zu machen. Es legt den kleinsten Bauklotz nach unten und versucht, die größeren darauf zu stapeln. Der Turm fällt um, der Versuch beginnt von Neuem, und zwar so lange, bis es gelernt hat, dass es sinnvoller ist, den größeren Bauklotz nach unten zu legen. Es wurde für seine falschen Versuche (hoffentlich) nicht bestraft und hat daher nicht gelernt, dass ein Fehler bestraft wird. Es versucht es wieder und wieder, bis der Turm sicher steht, und bekommt dann (hoffentlich) ein großes Lob für seine Ausdauer und Geduld. Das Kind kommt daher gar nicht auf die Idee, die missglückten Versuche vor den Eltern zu verheimlichen, aus Angst vor einer Strafe, für die Fehler, die es gemacht hat. Ganz anders ein zehnjähriger Junge, der in der Französischarbeit eine Fünf geschrieben hat. Er weiß genau, dass er schon vorher einen Fehler gemacht hat. Nicht gelernt? Lieber zum Fußballspielen gegangen?

Lieber ferngesehen? Im Unterricht nicht aufgepasst? Er wird genau wissen, warum die Note so schlecht ist. Denn auch, wenn man kein Talent für Sprachen hat, mit einem Minimum an Einsatz schafft man immer noch eine Vier Minus. Vielleicht weiß er aber auch schon, dass die Vier Minus den Eltern auch nicht ausreicht und sie mindestens eine Drei erwarten? Je weniger Selbstwertgefühl der Junge hat (was natürlich auch für Mädchen gilt), desto mehr wird er versuchen, die Fünf zu vertuschen. Nun müssen die schlechten Noten von den Eltern unterschrieben werden, ein Vertuschen ist nicht so einfach. Unterschrift fälschen? Oma unterschreiben lassen? Auf jeden Fall wird es ihm schlecht dabei gehen, er hat gelernt, dass Fehler machen etwas Schlechtes ist, das man besser verheimlicht. Er hat gelernt, dass Fehler machen Konsequenzen haben wird, Fernsehverbot, Nachhilfe statt Fußball spielen.

Eine Methode für die Schule

In manchen Schulen wird versucht, mit der Methode von positiven und negativen Smileys die Motivation der Schüler und Schülerinnen zu erhöhen. Ich empfehle Rat suchenden Eltern, die Lehrerin oder den Lehrer davon zu überzeugen, keine negativen Smileys mehr für Fehlverhalten zu vergeben. Stattdessen sollten nur noch positive Smileys oder Sternchen für „gutes" und erwünschtes Verhalten verwendet werden. Diese können in einem Buch eingetragen werden. Als Eltern können Sie dann Ihren Sohn oder Ihre Tochter dafür belohnen. Für wenige Smileys gibt es eine kleine, für viele eine größere Belohnung. Vielleicht einen Ausflug ganz allein mit dem Papa. Dieser kann für Söhne oder Kinder mit mehreren Geschwistern etwas ganz Besonderes sein.

Ihr Kind wird durch diese Methode auch nicht ständig mit dem unerwünschten Verhalten konfrontiert, sondern erhält Motivation dafür, mehr Dinge von dem zu tun, was anerkannt wird.

Das willst du gar nicht wissen

Wie Sie sich mittlerweile denken können, spreche ich aus Erfahrung. Und selbstverständlich war es „unser" Sohn, der eine Fünf in Französisch hatte. Warum? Weil er nicht einsah, dass man Vokabeln lernen muss, um eine Sprache zu erlernen, auch wenn man keine Lust dazu hat. Weil er nicht einsah, dass es manchmal ganz nützlich sein kann, sich am Unterricht zu beteiligen und auch einmal den Finger zu heben. Weil er lieber mit seinem Kumpel spielte als Hausaufgaben zu machen. Trotzdem war und ist er dabei eine ganz fröhliche Person mit gutem Selbstwertgefühl. Und zum Glück hat sich das alles verwachsen, wie vermutet. Nun ist er ein ausgezeichneter Schüler, mit viel Herzblut und Ehrgeiz für sein Ziel.

Als er mir die ersten schlechten Noten im Fach Französisch, mit einem Grinsen im Gesicht, präsentierte, habe ich regelmäßig einen Meckeranfall bekommen und ihm meine Enttäuschung mehr oder weniger lautstark an den Kopf geknallt. Angereichert mit einer Moralpredigt, dass so ja nichts aus ihm werden könne, dass ich für seine Faulheit auf gar keinen Fall Nachhilfeunterricht bezahle, dass ich seinen Computer im Zimmer abbaue, dass er gar nichts mehr von mir erwarten könne, wenn die Noten nicht besser werden würden, und was man sonst noch so alles aus Verzweiflung sagt. Seine Antwort war: „Dann sag ich dir eben gar nichts mehr, wenn du sowieso nur rummeckerst." Das wollte ich nun aber auf gar keinen

Fall, einen Sohn, der sich nicht traut, die Wahrheit zu sagen und lieber lügt oder Dinge verschweigt. Das habe ich ihm dann auch so erklärt. Und darüber hinaus, dass er es doch verstehen müsse, dass ich mir Sorgen mache und diese Sorge sich in meinem Gemecker zeige. Dafür hatte er allerdings wenig Verständnis und meinte, mein Gemecker sei aber wirklich nicht auszuhalten. Dann haben wir eine prima Lösung gefunden. Ich sagte ihm, er solle mir doch einfach nicht mehr erzählen, wenn er in irgendeinem Fach eine Fünf geschrieben habe, und die Arbeit seinem Vater zum Unterschreiben geben. Dann wäre ich aus dem Schneider und bräuchte mich nicht mehr aufzuregen. Mein Gatte fand auch, dass das eine ganz prima Idee sei, dass er nun die Pappnase haben würde. Ich fühlte mich jedenfalls sehr befreit.

Irgendwann später fragte ich meinen Sohn einmal, was er denn eigentlich in der letzten Französischarbeit geschrieben habe. Seine Antwort: „Mama, das willst du gar nicht wissen."

Die „Krönung" kam dann aber am Ende des achten Schuljahres. Mein Sohn wurde nicht versetzt, weil er in den Fächern Französisch und Religion eine Fünf hatte und beide Noten nicht ausgleichen konnte. Er hatte allerdings die Möglichkeit, nach den Sommerferien eine Nachprüfung in Französisch zu machen. Mit einer Drei würde er doch noch versetzt werden. Mein erster Impuls war, ich mache gar nichts dafür, wenn er versetzt werden will, dann soll er selbst dafür lernen. Ich bin 13 Jahre zur Schule gegangen und durch mit dem Thema. Das hat mir allerdings den Unmut aller Familienmitglieder und engster Freunde und den Ruf einer verantwortungslosen Mutter eingebracht. Opa erkundigte sich derweil schon nach einer Nachhilfemöglichkeit in den Ferien. Ein Freund erzählte mir, dass er viel besser in der Schule hätte sein können, wenn ihn seine Eltern mehr getriezt hätten. Mein Mann erklärte mir, er würde ja gern helfen, hatte aber in Französisch auch immer eine Fünf – und es sei meine Aufgabe als gute Mutter, den Jungen in die nächste Klasse zu helfen. Gesagt, getan! „Lieber Sohn, wir werden in den Sommerferien Französisch üben." „Warum? Das schaffe ich auch so", war die Antwort. Das glaubte ich nun gar nicht und sagte: „Man hat mir glaubhaft versichert, dass du es mir als Erwachsener danken wirst, wenn ich dich in diesen Sommerferien quäle und mit dir Französisch übe." Schließlich wurden französische Übungshefte bestellt und in den Wohnwagen gepackt, der abfahrbereit für den Urlaub in Kroatien im Hof stand.

Nun ging die Französischlernerei nicht ohne Stress ab. Der Junge hatte ja zu allem Lust, nur nicht zum Üben. Jede Übungsstunde begann mit Gemecker meinerseits, warum ich diesen schönen Sommer mit französischer Grammatik und Vokabeln verbringen müsse, ich bräuchte schließlich keine französische Sprache mehr. Und zusätzlich zur unerträglichen Hitze das Genörgel des Sohnes, der alle fünf Minuten deutlich machte, dass das doch alles völlig unnütz sei. So viel Gemecker kann man natürlich seinen Campingnachbarn, die ja bekanntermaßen alles hören, nicht zumuten. Also saßen wir lernend im Wohnwagen, bei geschlossenen Fernstern und 35 Grad im Schatten. Wenigstens hatten wir einen Ventilator. Und lernten und lernten und lernten, jeden Tag eine Lektion. Die aufmunternden Worte der Campingnachbarn, die natürlich wissen wollten, warum wir bei brütender Hitze im Wohnwagen saßen, waren eine Wohltat. Eine Frau sagte: „Ihr Sohn kann ja wirklich stolz darauf sein, so eine intelligente und gute Mutter zu haben." Na, wenigstens habe ich etwas richtig gemacht, dachte ich. Ich glaube, wir haben alle Nachbarn um uns herum unterhalten, bestimmt nicht immer gut.

Wichtiger Bestandteil der Nachprüfung war das Schreiben einer Geschichte anhand von Bildern. An einem Morgen haben wir dies geübt. In sechs Bildern sah man zwei Mädchen, die befreundet waren, die sich wegen etwas stritten. Dann sah man das eine Mädchen in ihrem Zimmer telefonieren. Die Freundin stand unten vor dem Haus und traute sich nicht zu klingeln und verließ das Grundstück mit gesenktem Kopf. Für manches Mädchen wäre es ein Leichtes, eine Geschichte dazu zu schreiben. Sie würde beschreiben, was der Grund des Streites der beiden Mädchen gewesen ist. Bestimmt ging es um einen Jungen, den beide gut fanden, aber die eine etwas mehr als die andere. Der Junge mochte aber die, die ihn viel lieber mochte, nicht so gerne, sondern mehr die andere. Klassischer Streit, oder? Dazu wird den Mädchen in jedem Nachmittagsprogramm bekannter TV-Sender genügend Inhaltsstoff geliefert. Sie hätten sich vorstellen können, warum das Mädchen sich nicht getraut hat zu klingeln und lieber gegangen ist. Können Sie sich auch vorstellen, oder? Nicht so der Sohn. Er beschrieb die Bilder in sage und schreibe sechs Sätzen. Er schrieb auf, was er sah, fertig. Meinen Einwand, dass das bestimmt so nicht für eine Drei reichen würde, konnte er auch nicht einsehen. Ich fragte ihn, was er denn meinte, was das Mädchen so fühlen würde, wenn sie da so vor dem Haus steht und sich nicht traut zu klingeln. Hier die Antwort: „Is' mir doch egal, was die Weiber da für Sorgen haben. Geht sie halt wieder nach Hause, na und?" Ich ersparte mir die Erklärung, dass man Frauen nicht Weiber nennt. Jungen wollen keine Bildergeschichten mit Gefühl schreiben, und sie wollen auch keine Mappen führen, in denen sie Überschriften unterstreichen müssen und Bilder einkleben sollen. Wozu? Sie werden ja doch am Halbjahresende nie wieder gebraucht. Wie das Ganze ausgegangen ist? Er ging in die Nachprüfung, schaffte eine Drei und wurde versetzt. In Französisch ist er nie über eine Vier Minus hinausgekommen. Ich sagte ihm und allen anderen Beteiligten aber auch, dass das der erste und der letzte Urlaub gewesen sei, den ich lernend für die Schule verbracht habe, und dass der Sohn das nächste Mal getrost sitzen bleiben könne. In der elften Klasse präsentierte er mir sein Zeugnis mit einer Eins in Religion!

Der gute Grund

Fehler zu machen, ist also erst einmal nichts Negatives, sondern der Motor, der uns antreibt, es noch einmal zu versuchen. Keine Weiterentwicklung ohne Fehler, so lange, bis es klappt. Vorausgesetzt, man lernt aus den Fehlern und man hat gelernt, Fehler als eine Herausforderung, als etwas, das einen weiterbringt, anzusehen statt als etwas, das man verbergen muss. Auch beim Arbeiten macht man Fehler. Manche Menschen haben aber eine so große Angst davor, dass jemand ihnen ihre Fehler vorhalten könnte, dass sie lieber ein bisschen weniger oder gar nicht arbeiten, als Fehler zu machen. Sagen Sie öfter einmal: „Das weiß ich nicht", ohne ein schlechtes Gefühl dabei zu haben. Berichten sie sich gegenseitig in der Familie ihre Fehler, die sie heute gemacht haben, und vergeben sie einen Preis für den „Fehler des Tages".

Suchen Sie bei einem Fehler oder einem Missgeschick auch erst einmal nach einem Schuldigen? „Wer hat das Glas umgeworfen?" „Wer hat das Spielzeug kaputt gemacht?" Kinder lernen schon ganz früh, dass bei einem scheinbaren Fehlverhalten zuerst nach einem Schuldigen gefragt wird. Das hat zur Folge, dass sie auch schon früh lernen – noch bevor die Mutter oder der Vater überhaupt gefragt haben, wer schuld ist – zu sagen: „Ich war das nicht, das hat … gemacht." Die Angewohnheit, zuerst bei anderen Menschen nach Fehlern zu suchen und die Schuldfrage zu stellen, ist daher auch von vielen Erwachsenen, ob bewusst oder unbewusst, verinnerlicht. „Ich habe das Dokument nicht abgelegt, das hatte zuletzt Frau …" Nicht zuständig, nicht verantwortlich oder nicht schuld daran zu sein, ist eine Haltung, die Kinder früh verinnerlichen. Je mehr und je früher sie lernen, dass Schuld haben bestimmte Konsequenzen nach sich zieht, desto intensiver werden sie die Haltung „Ich war das nicht!" annehmen, denn wer übernimmt schon gern freiwillig negative Konsequenzen, wenn sie vermeidbar sind.

Fragen Sie daher bei einem scheinbaren Fehlverhalten nicht nach der Schuld, denn zu wissen, wer Schuld hat, führt nicht unweigerlich dazu, dass das Fehlverhalten abgestellt wird. Der für schuldig Befundene wird ausgiebig damit beschäftigt sein, seine Schuld zu tragen und mit ihr fertig zu werden. Dieses belastende Gefühl bleibt im Gedächtnis, und der Schuldige wird sich schon beim nächsten Mal überlegen, ob er noch einmal diese Schuld tragen will oder ob er sie nicht besser auf jemand anderen abwälzt. Und das alles vielleicht nur wegen eines defekten Spielzeuges oder eines verschütteten Glases mit Limonade, selbst, wenn der Teppich klebrig wird.

Wenn klar ist, wer der Schuldige ist, fragen Sie nicht: „Warum hast du das getan?" Meistens weiß ein Kind gar nicht, warum das Missgeschick passiert ist. Und was soll es auch zu dem Fehlverhalten sagen? „Ich habe das gemacht, weil ich motorisch noch nicht so in der Lage bin, mit dem großen Glas umzugehen", „Ich habe noch nicht verstanden, dass nicht so viel Wasser in das Glas hineingeht, wie ich dachte", „Ich hätte nicht gedacht, dass der Hammer so viel Wucht hat und das Plastikteil in tausend Einzelteile zerlegt"? Kinder, Erwachsene oft genug auch, wissen nicht, warum sie bestimmte Dinge tun oder getan haben. Die Gründe liegen für den Verursacher teilweise genauso im Verborgenen wie für den Fragenden, und an dem Missgeschick ändert ihre Kenntnis sowieso nichts, die Folgen werden dadurch auch nicht ungeschehen gemacht. Zu wissen, was der Grund für ein unerwünschtes Verhalten ist, würde den Umgang mit dem scheinbaren Fehler erleichtern. Eine Erklärung wie „Mama, ich bin noch zu klein, um selbst Wasser in das Glas zu schütten, aber ich wollte es doch so gerne ausprobieren" ist natürlich fiktiv, würde aber wahrscheinlich sofort jeglichen Groll in uns verschwinden lassen und eher eine wohlwollende Haltung erzeugen. Diese Haltung können und müssen Sie im Zusammenleben mit Ihrem Kind selbst erzeugen. Diese Aufgabe kann Ihr Kind nicht für Sie übernehmen. Fragen Sie sich daher bei einem scheinbaren Fehlverhalten oder Missgeschick

Ihres Kindes: „Was sind die Gründe, die zu diesem Verhalten geführt haben?" Sie verändern damit Ihre Perspektive und versuchen mit der „Brille des Kindes" auf die Situation zu blicken. Damit versuchen Sie Ihr Kind zu verstehen, sich in es hineinzuversetzen, und können damit Ihre eigenen wütenden, enttäuschten, ängstlichen Gefühle erkennen und reflektieren. Fragen Sie sich einmal in einer angespannten Situation: „Was sind meine Gründe, die dazu geführt haben, dass ich auf diese Art und Weise reagiere?"

Fragen Sie Ihr Kind anschließend danach, wie es zu dem Missgeschick gekommen ist. „Was ist genau passiert, dass es dazu gekommen ist?" Dann hören Sie sich vielleicht die Geschichte an, was genau die Gründe dafür waren, dem Spielkameraden die Schaufel wegzunehmen. Und für das Kind werden die Gründe immer gute Gründe sein. „Ich brauchte die für meine Burg", „Er hatte sie schon so lange", „Er brauchte die eigentlich gar nicht mehr", „Das ist sowieso meine", „Er hat sie mir ja nicht freiwillig gegeben, da musste ich ihn hauen".

Anschließend können Sie gemeinsam überlegen, welche Möglichkeiten es gegeben hätte, gewaltfrei in den Besitz der Schaufel zu kommen. Und Sie können ab einem bestimmten Alter und Entwicklungsstand des Kindes versuchen, Empathie für den Spielkameraden herzustellen, der nun keine Schaufel mehr hat.

Hört sich alles anstrengend und mühsam an? Ist es auch. Ihrem Kind die Schaufel abzunehmen und sie dem Spielkameraden wiederzugeben, ist sicherlich einfacher, der Lerneffekt aber umso geringer. Ihr Kind lernt: „Es ist egal, welche Gründe ich für mein Verhalten habe. Es fragt keiner danach." Und als erwachsener Mensch wird es vielleicht auch nicht nach Gründen fragen. Die Frau wird sich vielleicht lieber vom Partner trennen, als danach zu fragen, was die Gründe sein können, dass der Mann sich so ablehnend ihr gegenüber verhält (sie könnte ihn dadurch besser verstehen und der Partnerschaft doch noch eine Chance geben). Oft genug haben Männer es auch gar nicht gelernt, dass sie nach Gründen für ihr Verhalten gefragt werden und dass sie diese dann benennen können. Sie antworten eher: „Keine Ahnung, weiß ich doch nicht."

Sie können Ihrem Sohn also schon früh beibringen, dass über Gefühle zu sprechen, sie überhaupt benennen zu können, und sich der Gründe für ein Verhalten bewusst zu sein, etwas Bereicherndes ist. Nichts, wovor man Angst haben muss. Tun Sie dies als Vater, wird die Vorbildfunktion für Ihren Sohn groß sein.

Eine Frau erzählte mir folgende Geschichte: Ihr Sohn, fünf Jahre alt, besorgte sich aus dem Schuppen eine Säge und sägte den im Vorjahr gepflanzten Mandelbaum, den die Frau sehr liebte, ab. Sie bekam einen Wutanfall, beschimpfte den Sohn fürchterlich und bestrafte ihn mit Zimmerarrest. Als sie sich beruhigt hatte, fiel ihr ein, dass sie nach den guten Gründen ihres Sohnes fragen könnte, obwohl sie wirklich keine erkennen konnte. Sie sagte: „Du musst einen wirklich guten Grund gehabt haben, dass du das Mandelbäumchen abgesägt hast, obwohl du genau weißt, dass ich sehr daran hänge." Der Junge antwortete: „Ich wollte ein Boot bauen, und Boote sind doch aus Holz. Und aus Bäumen bekommt man Holz!" So gut können gute Gründe sein.

Das Medienverhalten der Jungen

In diesem Buch kann ich Ihnen keine umfangreiche Aufklärung über die Vor- und Nachteile der Mediennutzung und ihre Folgen aufzeigen. Dafür steht eine Reihe von, auch widersprüchlichen, Büchern und Untersuchungen zur Verfügung. Einen guten Überblick bietet das Buch „Machen Computer Kinder dumm?" von Dittler und Hoyer (2006).

Eine nicht mehr zu leugnende Tatsache ist, dass der Umgang mit Medien zu einer sozialen Grundlage des Aufwachsens und damit zu einem festen Bestandteil der Lebenswelt von Kindern und Jugendlichen geworden ist. Der Erwerb von Medienkompetenz als eine individuelle, aber auch gesellschaftliche Kompetenz ist von wachsender Bedeutung und sollte beim Umgang mit dem neuen Medium Computer (und damit verbunden die Nutzung des Internets) im Vordergrund stehen. Das stellt für Eltern und andere an der Erziehung beteiligte Personen eine große erzieherische Herausforderung dar. Diskutiert wird z. B. darüber, ob schon Kindergartenkindern der Umgang mit dem Computer vermittelt werden soll, um ihre späteren beruflichen Chancen zu erhöhen. Medienkompetenz kann sich dann darin zeigen, die elektronischen Medien als Mittel zur Veröffentlichung und Durchsetzung individueller und sozialer Interessen zu erkennen und sie für die eigenen Interessen zu nutzen.

Grüninger und Lindemann (2000) haben versucht, den Medienkonsum von Vorschulkindern statistisch zu erfassen. Das Ergebnis zeigte, dass das Fernsehen und seinerzeit noch die Videofilme das wichtigste Medium für diese Altersklasse darstellt. Kinder, die gar nicht fernsehen, bilden dabei die absolute Ausnahme. Die Familie als zentrales Beziehungsgefüge bestimmt die Art und Dauer des kindlichen Medienkonsums. Am Fernsehverhalten der Eltern und der Geschwister, meist im elterlichen Wohnzimmer, orientieren sich die jüngeren Kinder und passen ihre Sehgewohnheiten ihren Vorbildern an. Die Art und die Dauer des Medienkonsums richtet sich auch nach dem Alter, Geschlecht und Milieu des Kindes. (Vorschul-)Mädchen nutzen Bücher, Hörspiel- und Musikkassetten häufiger und länger als Jungen, die Videofilme und -spiele sowie Computerspiele bevorzugen und intensiver nutzen als gleichaltrige Mädchen. Es scheint, dass Mädchen eher fantasiebetonte Medien nutzen, Jungen dagegen Technik und Action betonende Medien. Neben dem Geschlecht ist das Alter der Kinder von Bedeutung. Mit zunehmendem Alter nimmt das

Interesse an Bilderbüchern und Hörspielkassetten ab und das Fernsehen und der Computer gewinnen an Bedeutung.

Mit zunehmendem Alter der Kinder verlieren Eltern auch die Einflussmöglichkeit auf die Länge der Zeit, die ihr Junge vor dem Computer verbringt, und sie haben auch zunehmend weniger Einfluss darauf, was er dort konsumiert. Mit Computersperren jeglicher Art flößen Sie einem in PC-Fragen versierten Jungen sicherlich keinen Respekt mehr ein; er weiß viel besser als Sie, wie solche Einschränkungen zu umgehen sind.

Auch das Umfeld, in dem Kinder aufwachsen, wirkt sich auf deren Medienverhalten aus. Wo keine Spielplätze, Wiesen oder Wald sind, kann man schlecht im Freien spielen. Gerade für die Entwicklung der Kinder sind nicht mediale, sondern Beschäftigungen außerhalb des Hauses von großer Wichtigkeit, um dem spontanen Spiel- und Bewegungsdrang nachzukommen. Mit Abnahme des sozioökonomischen Status verlieren Medien wie Bilderbücher oder Hörspielkassetten leider an Relevanz, während Medien wie Fernsehen oder Computerspiele an Bedeutung zunehmen (vgl. Grüniger/Lindemann, 2000).

Für Jungen sind die sich heute darstellenden Sozialisationsbedingungen als durchaus ungünstig anzusehen. Zunehmend müssen sie ohne präsenten Vater oder ein anderes männliches Vorbild in einer von Frauen dominierten Umwelt aufwachsen. Sie suchen sich andere männliche Vorbilder in den Helden aus den Medien. Je nach Alter des Jungen können das Batman, Helden aus „Star Wars", Pokémon-Figuren oder andere Kämpfer aus Actionfilmen und PC-Spielen sein. Die Vorbilder zeigen oft übertriebene maskuline und stereotype Eigenschaften.

Eine zunehmende Bedeutung haben Computerspiele, in denen sich Jungen, online verbunden, mit anderen Spielern im Internet verbünden und messen können. Ob online mit anderen verbunden oder allein spielend, Jungen finden in einem Konsolenspiel oder am Computer oft das, was sie im richtigen Leben nicht mehr ausleben können: mächtig sein, kämpfen, siegen, Autorennen fahren, einer Gruppe angehören, Fantasien ausleben. Sie kämpfen stattdessen gegen Hexen und Zauberer oder legen sich mit mächtigen Dämonen an. Sie können so die Lust nach Macht und Überlegenheit scheinbar ausleben und sich strategisch verhalten. Seinem virtuellen Spielcharakter (Avatar) kann der Spieler alle Eigenschaften geben, die er selbst nicht hat und vielleicht gern hätte: Erster, Bester, Erfolgreichster, am besten Aussehenster, Gewinner, Reichster und was man sonst eben gern wäre. Das Spielen am PC ist dabei eine „leistungsorientierte Aktivität, die mit dem Gefühl des völligen Aufgehens in dieser Tätigkeit verbunden sein kann. Für diese Form des gefühlsmäßigen Erlebens ist der Begriff ‚Flow' geprägt worden. […] Der Handelnde geht völlig in seiner Aktivität auf. Sie bietet ihm laufend Herausforderung, sodass keine Zeit für Langeweile bleibt oder Sorgen darüber, was außerhalb dieser Aktivität wichtig wäre" (Fritz in Dittler/Hoyer, 2006: 132 ff.). Ein zusätzlicher Reiz ist das Belohnungssystem eines Computerspiels, das so schnell belohnt, wie es keine Mutter oder Vater tun kann. Wer alle Aufgaben fehlerlos erledigt oder alle Gegner besiegt hat, erreicht ein höheres Level und bereitet sich damit ein Erfolgserlebnis. Damit verbunden ist die Ausschüttung des Botenstoffs Dopamin im Gehirn, der entscheidend zur Ausgeglichenheit und zum Wohlbefinden beiträgt. Gerade dieses unmittelbare und an Schnelligkeit nicht zu überbietende Belohnungssystem weckt die Befürchtung, dass sich die jugendlichen Online-Spieler in den virtuellen Welten verlieren und Suchtverhalten entwickeln könnten. Befürchtungen, das Spielen von Gewaltspielen aus der sogenannten Ego-Shooter-Perspektive (bei der ein Spieler die Perspektive der von ihm gesteuerten Figur einnimmt, die einen bewaffneten Kampf mit einem Gegner austrägt) erhöhe das reale Gewaltpotenzial, was sich z. B. in einer Zunahme von Amokläufen äußern würde, wird unter Experten kontrovers diskutiert.

Bleib' locker, Mama!

Mein Sohn hat bereits im Alter von zwei Jahren ferngesehen, womit ich mich gar nicht als gute Mutter fühle. Zu meiner Verteidigung kann ich nur sagen, ich brauchte diese Zeit der Ruhe. Ich legte mir ein gutes Buch zurecht und schaltete das Telefon auf stumm. Meistens schlief der Sohn nach einer halben Stunde ein und schlief dann zwei Stunden in meinem Arm. Ich schaltete den Fernseher dann aus. Es war so schön friedlich zwischen uns beiden in dieser Zeit. Körperkontakt ohne Zappelei, kein scheinbar zielloses Herumrennen, nicht ständig Nein sagen müssen. Wir saßen zusammengequetscht auf einem Sessel. Ich habe jede dieser Minuten genossen. Einerseits, weil die Nähe zu meinem Sohn so schön war, andererseits, weil ich während dieser Zeit lesen konnte und einen guten Grund hatte, mich vor jeglicher anderer Arbeit zu drücken.

Das haben wir so gemacht, bis er mit fünf Jahren in den Kindergarten kam. Ich glaube, ich konnte alle Winnie-Pooh-Sendungen, die zu dieser Zeit liefen, mitsprechen. Manchmal sahen wir auch die „Sendung mit der Maus", die ich sonntags aufzeichnete. Und niemals sahen wir eine Sendung, die nicht für Kinder gedacht war, und niemals saß er allein vor dem Fernseher. Als der Sohn ungefähr fünf oder sechs Jahre alt war, wurden die Pokémon-Figuren aktuell. Es gab eine Fernsehserie und Spiele für den Gameboy. Der Sohn wollte unbedingt einen Gameboy und das Spiel haben. Da ich mir auch davon erhoffte, dass er sich für eine Weile selbst beschäftigen würde, kaufte ich beides. Nun ist es aber so, dass man für die Pokémon-Spiele lesen können muss. Das konnte er aber noch nicht. Stattdessen haben wir beide zusammen auf besagtem Sessel gesessen, und ich habe vorgelesen, während er die Knöpfe gedrückt hat. Einmal kamen wir nicht durch einen Tunnel und ich habe abends zwei Stunden damit verbracht, es zu schaffen – es gelang mir einfach nicht. Ich ging ins Bett und konnte nicht einschlafen. Ich stand wieder auf und saß um

Mitternacht in einer kalten Küche und versuchte, doch noch durch einen Tunnel in einem Pokémon-Spiel zu kommen. Es gelang mir schließlich, aber ich fragte mich, was zum Teufel ich hier eigentlich tat. Zu meiner Ehrenrettung sei gesagt, dass ich auch Bilderbücher angesehen und Geschichten vorgelesen habe. Ich habe Märchen erzählt und bin mit den Kindern ins Museum gefahren. Ich habe gebastelt und Gemüsegärten im Garten angelegt. Wir sind zum Turnen und Schwimmen gefahren. Und sehr oft habe ich meinen Sohn nicht in die Kita geschickt (sehr zum Ärger der Erzieherinnen), weil wir ein paar Tage irgendwohin verreist waren und eine wunderschöne Zeit miteinander verbrachten. Wir sahen uns Kulturgüter und Baustellen an und waren auch im Kunstmuseum.

Aber wir sahen auch fern und spielten zusammen mit dem Gameboy. Später gegeneinander, mit Kabel. Wir haben dann gemeinsam irgendwelche hässlichen Maschinen zerstört. Verabschiedet von diesen Spielen habe ich mich, als ich sehr viel später einmal bei „Counter-Strike" mitspielen sollte. Laufen, schießen, umsehen, nachladen und das alles fast gleichzeitig, das hat meine Kompetenzen (als Mutter) überschritten. Ich glaube, so böse war mein Sohn mir deswegen nicht, ich war eher hinderlich als nützlich. So ist das mit dem Muttersein: Wenn man seine Dienste getan hat, wird man entlassen. Der Fernseher war bei uns ein Gerät, das einen Knopf zum Ausschalten hatte. Wir sahen eine Sendung, die für Kinder geeignet war, und schalteten dann ab. Abends lief der Fernseher erst, wenn die Kinder im Bett waren. Das fand der Gatte manchmal ärgerlich, weil er keine Nachrichten sehen konnte und den Anfang von Spielfilmen verpasste. Mein Argument war dann immer: Die Kinder werden so schnell groß, und dann kannst du den ganzen Abend fernsehen, noch mindestens 30 Jahre lang. Glücklicherweise war er diesem Argument gegenüber aufgeschlossen. Er erzählte den Kindern jeden Abend eine erfundene Geschichte von dem kleinen Bär, dem großen Bär, dem Teddy und dem Hund, die immer wieder neue Abenteuer zu bestehen hatten.

Ich bewunderte seine Fantasie und Geduld. Er akzeptierte auch, dass die Kinder nie besonders gut einschliefen und wir abwechselnd immer wieder beruhigende Worte sprechen mussten, bis sie endlich eingeschlafen waren. Auch diese Zeit ist mehr als schnell vergangen. Und nun in der Pubertät der Kinder freut man sich, wenn sie einen einmal rufen, weil sie etwas wollen oder brauchen. Und sei es nur den Eintritt für einen Kinobesuch.

Einen eigenen Fernseher im Zimmer oder einen Computer gab es damals nicht. Dieser wurde nötig, als der Sohn in die fünfte Klasse des Gymnasiums kam. Recherchieren und arbeiten am Computer schien etwas Selbstverständliches für alle außer uns zu sein. Meine Kolleginnen hatten schon alle einen Internetzugang und eine E-Mail-Adresse, nur ich hatte noch keinen Computer. Und alle waren froh, als sich die frohe Kunde von seiner Ankunft verbreitete. Er stand zuerst an meinem Arbeitsplatz. Aber schon bald wurde er von meinem Sohn in Beschlag genommen. Er hatte immer eine Aufgabe daran zu erledigen, Spiele spielen, chatten, recherchieren. Es war schon eine große Herausforderung, die Zeit am Computer zu begrenzen, denn das Gemecker und Gezicke, das folgte, war kaum auszuhalten. Ich weiß auch nicht mehr genau, wann ich aufgegeben habe, die Medienkonsumzeiten zu beschränken, ich denke, der Sohn war zwischen 14 und 15 Jahre alt. Ich hatte einfach keine Lust mehr, ich war die ständigen Diskussionen leid. Ich gab auf. Ich hoffte, dass die ganzen guten Grundlagen, die wir in der Erziehung gelegt hatten, schon fruchten würden. Wir haben stabile Beziehungen geboten, auf die sich die Kinder verlassen konnten (und immer noch können). Wir haben versucht, ein Vorbild zu sein, mit den Werten, die wir für wichtig und richtig halten, was uns sicherlich nicht immer geglückt ist. Aber beide Kinder sind bisher auf einem guten Weg. Das bedeutet nicht, gute Noten zu haben oder anderen ehrgeizigen Fleiß zu zeigen. Das bedeutet, mitfühlen zu können, Freunde zu haben, eine Vorstellung von Moral zu haben, Verantwortung für sein Tun zu übernehmen,

Konsequenzen aushalten zu können, sich selbst bewusst zu sein und sich für einen wertvollen Menschen zu halten. Die Grenzen anderer und die eigenen Grenzen zu kennen. Nein sagen zu können, wenn ich etwas nicht möchte, und Ja zu mir selbst, denn ich weiß, was ich mir wert bin und dass ich etwas in meinem Leben erreichen kann, das mich ausfüllt und glücklich macht.

Und wie sagte mein Sohn so oft, wenn ich wieder einmal nörgelnd neben ihm stand und verlangte, dass er den PC ausmachen sollte: „Bleib' locker, Mama! Ich muss nur noch das eine Level schaffen."

Warum erzähle ich diese lange Geschichte? Weil ich fest daran glaube, dass exzessiver Fernseh- und Computerspielkonsum nicht die Ursache für eine Sucht oder Vereinsamung ist, sondern deren Symptom.

Reden wir mal drüber

Die Kommunikation in der Familie hat einen Einfluss auf das Erleben und Verhalten von Jungen und Mädchen. Mädchen machen aber auf Beziehungsstörungen in der Familie mit einer weniger anstrengenden Art und Weise aufmerksam und bringen das Familien-Mobile weniger in Schwingungen als Jungen.

Die Qualität der Beziehung zwischen den Partnern und den anderen Familienmitgliedern hat also einen erheblichen Einfluss auf die Kommunikation in der gesamten Familie. In einer gestörten Familie, in der nicht mehr positiv miteinander kommuniziert wird, kann ein Kind nicht zu einer glücklichen Persönlichkeit mit einem hohen Selbstwertgefühl heranwachsen. Familien, die leiden, erziehen verhaltensauffällige Kinder. Sie tragen womöglich zu Kriminalität, zu seelischen Störungen, zu Depressionen, Suchtverhalten und einem gestörten Sozialverhalten bei. Kinder entwickeln sehr schnell ein

Gefühl dafür, worüber in der Familie gesprochen werden darf und worüber nicht. Ein Thema oder ein Problem verschwindet nicht allein dadurch, dass nicht darüber gesprochen wird. Gerade Kinder machen durch ihr auffälliges Verhalten auf problematische, unterschwellige Konflikte aufmerksam.

In einer Familie stritten sich Mann und Frau, sobald sie sich gemeinsam an den Tisch setzten. Sie sprachen laut und unfreundlich miteinander und machten sich gegenseitig Vorwürfe über ihre Verhaltensweisen. Das Kind, eineinhalb Jahre alt, fing unmittelbar daraufhin an, auf sich aufmerksam zu machen. Es spielte mit dem Essen, schmiss es auf die Erde, klopfte mit dem Löffel auf den Tisch, trat mit den Füßen gegen den Tisch und war überhaupt so laut, dass die Eltern kein Wort mehr wechseln konnten. Das Kind hatte irgendwann gelernt, dass die Eltern sich nicht mehr streiten können, wenn sich beide auf sein Verhalten konzentrieren müssen, und fing an zu stören – eine für das Kind ganz logische Schlussfolgerung. Das Kind selbst wurde wiederum ständig dafür gemaßregelt, dass es sich so schlecht am Tisch benahm. Die Strafe, ausgeschimpft zu werden, war für das Kind aber leichter auszuhalten als der ständige Streit und die Disharmonie zwischen den Eltern. Das Kind verhielt sich in diesem Alter nicht bewusst und absichtsvoll so, es reagierte lediglich auf die unangenehme Situation und versuchte, sie mit seinen Möglichkeiten zu verbessern. Es lernte durch die Kritik an seinem Verhalten aber auch, dass es scheinbar nicht so viel wert ist. Es wurde für seine gute Absicht, Streit zu schlichten, zusätzlich bestraft.

Das Kind hatte nach einer Weile gelernt, dass sein Verhalten Erfolg hat und die Eltern keine Zeit mehr zum Streiten hatten, weil sie sich ausschließlich um das Kind kümmern mussten. Es hat dann das störende Verhalten immer dann gezeigt, wenn es Missstimmungen gab, z. B. in der Schule, wenn die Lehrerin mit einem anderen Kind schimpfte. Das Kind lenkte dann, wie gelernt, von der konfliktreichen Situation ab.

In der systemischen Familientherapie spricht man in diesem Zusammenhang von einer Homöostase, dem Herstellen eines inneren Gleichgewichts. Und wenn die Eltern viel streiten und damit viel Bewegung in das System Familie bringen, sorgt meist ein Kind mit seinem Verhalten für einen Ausgleich (vgl. Brüggemann, Ehret-Ivankovic, Klütmann, 2009). Das Kind bekommt für seine Aufgabe aber kein Lob, sondern obendrein Bestrafung und Ablehnung. Mit Zurechtweisungen wie „Jetzt sei doch endlich mal still!" oder „Hampel nicht dauernd herum!" maßregeln Erwachsene das Kind und veranlassen es dazu, Wut und Ärger zu unterdrücken. Vielleicht haben sie als Kind selbst gelernt, dass es besser ist, seine Gefühle über Wut und Ärger nicht offen zu zeigen, weil das meist eine Strafe und das Gefühl des Abgelehntwerdens zur Folge hatte. Ein angepasstes Verhalten hat eher Anerkennung zur Folge: „Was für ein liebes/artiges Kind!"

Durch eine wertschätzende Kommunikation fühlen sich nicht nur Eltern wertvoll und anerkannt, alle Familienmitglieder können ein positives Selbstwertgefühl entwickeln und Strategien lernen, konfliktreiche Situationen anders als durch auffallendes Verhalten zu meistern. Nicht nur ein gestörtes Kommunikationsverhalten zwischen den Partnern führt zu Verhaltensauffälligkeiten des Kindes. Auch eine für das Kind nicht eindeutige Kommunikation, von den Eltern zum Kind, birgt Konfliktpotenzial.

Eine Mutter nahm wegen Verhaltensauffälligkeiten der zehnjährigen Tochter eine Beratung in Anspruch. Die Tochter würde sich unsicher verhalten, sich nie darüber äußern, was sie gern möchte, keine Entscheidungen treffen und hätte keinerlei Selbstwertgefühl. Sie mache sich Sorgen um ihre Tochter. Im Laufe der Beratung stellte sich heraus, dass die Mutter zwar ihre Tochter fragte, was sie gern hätte. Die Antwort wurde aber von der Mutter vorgegeben: „Möchtest du joggen gehen oder lieber ins Kino?" war zwar eine Frage, wenn aber die Tochter antwortete: „Ins Kino", dann wurde sie so lange darüber belehrt, wie schlecht Kino sei und wie gesund dagegen Joggen, dass sie sich für das Joggen entschied. Nicht, weil es ihr mehr Spaß gemacht hätte, sondern weil es den Erwartungen der Mutter mehr entsprach. Und weil die Tochter nicht immer sofort erkennen konnte, welche Erwartungen die Mutter hatte, welche Antwort die Mutter am liebsten hören würde, hatte sie entschieden, lieber nichts mehr zu sagen, um keine falsche Antwort zu geben. Aus der Sicht der Tochter war das die einzig richtige Lösung. Der Mutter war ihr eigenes Verhalten nicht bewusst, sie hatte es gar nicht bemerkt. Sie hatte sicherlich aber auch einen „guten Grund", sich so zu verhalten, genau wie die Tochter.

Gibt es für das Kind im Grunde keine Wahlmöglichkeit, sollten Eltern ihr Anliegen gleich in Form einer Anweisung an das Kind richten: „Geh deine Zähne putzen!" Eine Ergänzung mit dem Wort „bitte" wäre noch höflicher und netter. Die anschließende Erwiderung des Kindes „Dazu habe ich keine Lust, das mache ich nicht" kann von Ihnen mit dem Hinweis kommentiert werden, dass es bei dieser Anweisung keine Rolle spielt, ob das Kind Lust empfindet oder nicht, sondern dass die Handlung etwas Notwendiges ist, das getan werden muss.

Nach meiner Erfahrung tun sich Mütter hierbei meist schwerer als Väter. Frauen haben bei Anweisungen, die in dieser Form geäußert werden, oft das Gefühl, sie würden sich autoritär verhalten. Für Männer ist es dagegen oft selbstverständlicher, eine Anweisung zu geben. Sollten Sie den Eindruck haben, dass Sie viele Befehle aussprechen, und bekommen Sie dies auch von Ihrem Kind zurückgespiegelt („Ich bekomme den ganzen Tag nur Anweisungen!"), überlegen Sie einmal, ob es in Ihrer Familie zu viele Regeln gibt, die eingehalten werden müssen. Überlegen Sie dann, welche Werte in Ihrer Familie Ihnen besonders wichtig sind und welche Regeln dafür eingehalten werden müssen. Je nach Alter des Kindes müssen diese Regeln neu überdacht und neu ausgehandelt werden. Je mehr ein Kind (und das sind meist die Jungen) die Regeln in Frage stellt und die Grenzen von Regeln austesten will, desto wichtiger ist es, wenige, aber dafür klare Regeln zu haben. Bei Jungen, die sich besonders anstrengend zeigen, sind Sie als Mutter abends fix und fertig, wenn es zu viele Regeln gibt, die eingehalten werden müssen. Weniger ist hier mehr und besser für alle.

Bei Jugendlichen werden autoritäre Anweisungen selten Erfolg zeigen. Je älter ein Kind wird, desto mehr wird es sich Ihrer Autorität entziehen und irgendwann ganz. Gerade Jugendlichen gegenüber können wir nur ansprechen, was wir uns wünschen, was uns Sorgen und schlaflose Nächte bereitet, was uns verletzt und was uns freut. Eine entsprechende Reaktion der Jugendlichen können wir nicht erzwingen. Vor allem in der Pubertät kommen Eltern oft Zweifel, ob das Verhalten des Jugendlichen das Ergebnis ihrer Erziehung ist. Die Kommunikation ist oft auf das Nötigste reduziert, auf Wörter wie Ja, Nein, keine Ahnung, weiß ich nicht, Hunger. Ist es Ihnen gelungen, eine gute Beziehung zu Ihrem Kind in den ersten Lebensjahren zu legen, dann haben Sie die Basis für das Erwachsenenleben geschaffen. Sie müssen die Pubertätszeit nur abwarten können. Leider dauert diese eine ganze Weile, manchmal bis zu ein paar Jahren. Aber wenn es Ihnen gelingt, Ihre gute Beziehung zu Ihrem Kind zu erhalten, auch wenn die Kommunikation zeitweilig gestört zu sein scheint, dann kommen die dann jungen Erwachsenen wieder zu Ihnen zurück, bildlich gesprochen, hoffe ich. Sie werden Sie um Rat fragen und Ihre Meinung schätzen. Eine Kollegin von mir sagte dazu immer, sie würde den Jugendlichen in der Zeit der Pubertät gerne ein Schild umhängen, auf dem steht „Baustelle. Wegen Umbau vorübergehend geschlossen".

Die Beziehungen in Ihrer Familie zu verbessern, ist also über die Art und Weise der Kommunikation

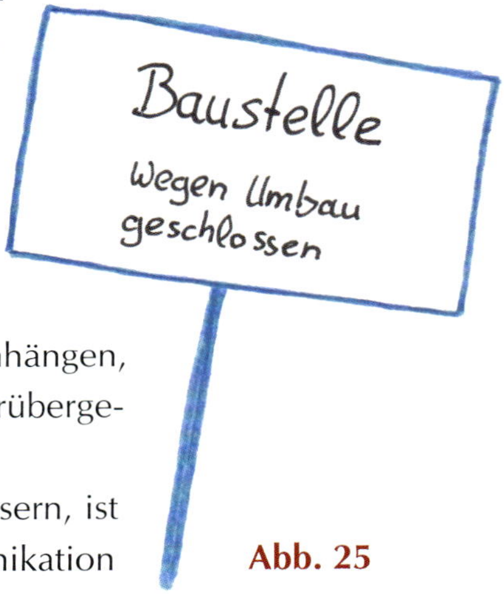

Abb. 25

möglich. Eine gute Beziehung der Eltern ist eine gute Basis, auf der sich ein positives Selbstwertgefühl der Kinder aufbauen kann. Fragen Sie sich daher, wie in Ihrer Familie kommuniziert wird (vgl. Satir, 2009):

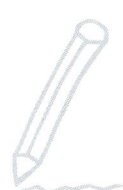

- Können Sie in Ihrer Familie über Ihre Gefühle offen sprechen?
- Kann jedes Familienmitglied über seine Gefühle offen sprechen?
- Können Sie offen Kritik üben? An allen Familienmitgliedern?
- Können alle anderen Familienmitglieder Sie kritisieren?
- Wie reagieren Sie, wenn Sie etwas hören, das Ihnen nicht gefällt?
- Wie reagieren andere in der Familie, wenn sie etwas hören, was ihnen nicht gefällt?
- Fragen Sie die anderen Familienmitglieder, wie sie sich fühlen?
- Werden Sie gefragt, wie Sie sich fühlen? Von wem?
- Fragen Sie nach, wenn Sie etwas nicht verstanden haben?
- Fragen die anderen Familienmitglieder nach, wenn sie etwas nicht verstanden haben?
- Berücksichtigen Sie das individuelle Gesprächsverhalten jedes Einzelnen?

Und nun, da ich mit diesem Kapitel am Ende der Kinderzeit angelangt bin und den Schritt in die Welt der erwachsenen Männer mit Ihnen machen möchte, möchte ich Ihnen noch einmal sagen: Halten Sie durch, Erziehung ist nicht leicht. Und Vertrauen Sie auf Ihre guten Fähigkeiten als Eltern.

Eltern sind auch Mann und Frau

„Nicht wir sind doof, sagen die Mädchen über die Jungs. Nein, die sind doof, sagen die Jungs über die Mädchen. Also sind unterschiedslos alle doof, jedenfalls in der Altersklasse der Zehn- bis Dreizehnjährigen und in den Augen des jeweils anderen Geschlechts. Komisch, dass jede so gut über jeden Bescheid weiß, dabei bemühen sich doch alle, den ganzen Tag aneinander vorbeizugucken" (Janssen/Steuernagel, 2005: 116).

Ein paar Jahre später sieht man die gleichen Jungs und Mädchen in inniger Umarmung, frisch verliebt und voller Zuversicht in die Zukunft blickend. Zehn Jahre später wagen sie den Schritt in Lebensgemeinschaften oder Ehen und wieder ein paar Jahre später wird der erste Nachwuchs geboren. Nicht bei allen verläuft es so, aber eben doch bei etlichen. Und ich wage die Behauptung aufzustellen, dass Frauen und Männer zu keinem Zeitpunkt wirklich wissen, wie sich der jeweils andere fühlt. Sicherlich sind Hobbys, Vorlieben, Geschmack und Schlafgewohnheiten bekannt. Aber wissen Männer, wie Frauen fühlen? Und wissen Frauen, wie Männer fühlen? Ganz klar muss diese Frage mit einem Nein beantwortet werden, denn sie können es niemals wirklich wissen. Vielleicht theoretisch, vielleicht nah dran, aber niemals so richtig. Denn niemals wird ein Mann fühlen können wie eine Frau. Und niemals wird eine Frau fühlen können wie ein Mann. Und ich meine, dass es auch gar nicht wirklich notwendig ist, das Fühlen des anderen selbst zu erleben. Wichtig ist es, das eigene Selbst als Frau oder Mann zu fühlen und als etwas Wertvolles, als etwas, das so ist, wie es ist anzuerkennen, ohne das Andere dafür abwerten zu müssen. Den jeweils anderen im strukturierten, organisierten oder beziehungsvollen Sein anzuerkennen – ohne Veränderungswunsch, nachdem die erste Zeit der Verliebtheit vergangen ist. Die bedingungslose Annahme, ohne Änderungswunsch, setzt aber voraus, dass ich mich zuerst selbst bedingungslos annehme und als wertvoll anerkenne. Das scheint in unserer Kultur, trotz aller Emanzipation, für die Frauen ein schwieriger Prozess zu sein. Weiblichkeit wird zu oft noch durch sexistische Bilder und Berichte abgewertet und auf Darstellung von Geschlechtsmerkmalen reduziert. Soziale Berufe, in denen eher weibliche Kompetenzen vorteilhaft sind, werden immer noch schlechter bezahlt und bekommen weniger gesellschaftliche Anerkennung als scheinbar männliche Berufe. Solange es eine gesellschaftliche Wertung in der Form von besser oder schlechter gibt, wird es auch Bemühungen geben, die eine Seite auf die andere Seite ziehen oder schieben zu wollen. Ich glaube, mit dem Ergebnis wird keine Seite wirklich glücklich sein.

Ziel kann nur die gegenseitige Achtung und Anerkennung des jeweils anderen Selbst sein, verbunden mit einer absoluten Nicht-Bewertung mit gut oder schlecht.

Liebe, Kind und dann?

Partnerschaft ist der Ort, an dem wir Liebe, Verständnis, Unterstützung, Freundschaft und Geborgenheit finden sollten. In der Beziehung zur Partnerin oder zum Partner tanken wir die Kraft, um mit dem Leben außerhalb der Partnerschaft so gut wie möglich zurechtzukommen. Die Liebesbeziehung wird genährt durch tiefe geistige Verbundenheit, die ohne viele Erklärungen unendlich zu sein scheint, und eine körperliche Verbundenheit, die zwei Seelen miteinander vereint. So sollte jede Liebesbeziehung zwischen zwei Menschen beginnen. Diese Vorstellung scheint veraltet und wenig realistisch zu sein angesichts der Tatsache, dass mittlerweile fast jede zweite Ehe geschieden wird. Dennoch gehen junge und frisch verliebte Paare mit genau dieser Vorstellung in eine Liebesbeziehung. Ein gemeinsames Kind zu bekommen, ist für Paare der größte Ausdruck und

Beweis ihrer Liebe. Umso paradoxer erscheint es, dass gerade die Beziehung der Partner in den ersten Lebensjahren des Kindes der größten Gefahr des Scheiterns ausgesetzt ist. In den ersten Lebensmonaten bleibt für das eigene Leben keine Zeit übrig. Die Sehnsucht nach dem Kind ist gestillt, die Sehnsucht nach Freiheit für die eigenen Interessen entsteht. Aber alle Energie wird durch das Kind verbraucht. Eltern sind darauf nicht vorbereitet. Sie lernen nicht, was es für das eigene Leben, die eigenen Interessen bedeutet, wenn ein Kind geboren wird. Es entsteht ein Interessenkonflikt, vielleicht auch Neid auf die Berufstätigkeit des Partners, der scheinbar seinen „Interessen" nachgehen kann. Beruflichkeit wird bezahlt und gesellschaftlich anerkannt und scheint damit attraktiver und erstrebenswerter zu sein als Mutterschaft und Kindererziehung. Die Umstellung von Zwei auf Drei ist ein Bruch im Lebenszyklus, den viele Paare nicht schaffen; oft folgt eine Trennung.

In der Ausbildung der Mädchen und Jungen ist bis zum Hochschulabschluss, mehr oder weniger, eine Gleichberechtigung hergestellt. Mit der Geburt des ersten Kindes entsteht ein Interessenkonflikt. Die Vereinbarkeit von Beruf und Familie ist für beide schwierig, und in einer großen Mehrzahl ist die Aufteilung der Rollen nach der Geburt des ersten Kindes weiterhin traditionell. Die Frau beantragt das erste Erziehungsjahr, der Mann geht weiterhin seiner Berufstätigkeit nach. Frau und Mann fällen auch eine ökonomische Entscheidung, weil der Mann, meistens und immer noch, mehr verdient als die Frau. Somit hat er weiterhin gesellschaftlich Anerkennung und ein sicheres Einkommen. Die Frau bekommt in der gering bezahlten Erziehungszeit keine große Anerkennung für ihre Leistung als Mutter. Der Beruf der Hausfrau und Mutter hat ein großes Defizit, es fehlen die gesellschaftliche Anerkennung, die Wertschätzung durch eine Bezahlung, die hochwertige Anerkennung als Rentenjahre. Das Erziehungsgeld füllt nur die Lücke des Einkommens in den ersten zwölf bzw. 14 Monaten (vgl. Spieker, 2007: 9). Anschließend wird die Mutter gar nicht mehr bezahlt, und die Anerkennung für die Rentenversicherung ist völlig unzureichend. Kein Wunder, dass vor allem gut ausgebildete Frauen weniger Kinder bekommen. So lange sie nicht die Gewissheit haben, nach einer Mutterzeit, egal wie lange, wieder vollständig in das erlernte Sachgebiet einsteigen zu können, so lange werden sie lieber weiterhin keine Kinder bekommen als zu riskieren, die teure und wertvolle Ausbildung umsonst gemacht zu haben – eine unter ökonomischen Gesichtspunkten sinnvolle Entscheidung.

Die ersten Misstöne zwischen frisch gebackenen Eltern treten dann dadurch auf, dass die Frau das Gefühl hat, weder das Umfeld noch ihr Partner erkennen die Leistungen an, die sie tagtäglich im Zusammenleben und mit der Erziehung des Kindes vollbringt. Gleichzeitig haben auch die Männer das Gefühl, für ihre Leistung, finanzielle und strukturierte Sicherheit für die neue Familie zu schaffen, nicht genügend Anerkennung von der Partnerin zu bekommen. Väter engagieren sich in ihrem Beruf und darüber hinaus auch in ihrer Rolle als Vater und Ehemann. Sie wickeln, füttern, kuscheln und erzählen Geschichten. Sie kochen, putzen und hören zu. Väter und Ehemänner wollen ihren unterschiedlichen Rollen gerecht werden, und die Ansprüche dafür sind vielfältig. In ihrem Beruf müssen sie kompetent, entscheidungsfreudig, konkurrenz- und gleichzeitig teamfähig sein, eben strukturiert und organisiert. Als Lebenspartner sollen sie beziehungsfähig und empathisch sein und Konflikte souverän lösen können.

Vor allem Konflikte zwischen Vätern und Söhnen sind für Frauen schwer auszuhalten. Frauen lösen Konflikte auf ihre eigene Art und Weise und halten die Spannungen zwischen Vater und Sohn oft nicht aus. Als Folge mischen sie sich in den Vater-Sohn-Streit ein, wollen den Konflikt auf ihre Weise beilegen. Väter fühlen sich dadurch bevormundet, in ihren Kompetenzen beschnitten und für erziehungsunfähig gehalten. Gespräche über unterschiedliche Erwartungen, Wünsche und Bedürfnisse werden erst gar nicht geführt, oder enden oftmals im Streit. Beziehungskonflikte und Frust in der Partnerschaft nehmen zu. Männer ziehen sich noch mehr in ihre Strukturen, wie den Beruf, zurück. Das Missverständnis besteht schon darin, dass Frauen gar nicht die Kompetenzen des Mannes und Vaters in Frage stellen, sie wollen nur helfen, unterstützen, beispielsweise eine gute Beziehung zwischen Vater und Sohn herstellen. Sie verstehen es nicht, dass der Mann sich gekränkt oder wütend zurückzieht, und werten dieses Verhalten wiederum als Ablehnung ihrer Person. Frauen verstehen in Konfliktsituationen das Verhalten des Mannes nicht. Sie haben keinen Zugang zu der Andersartigkeit des Denkens, da sie selbst ganz anders handeln würden.

Wenn es den Lebenspartnern gelingen würde, Verständnis für die Andersartigkeit zu entwickeln, wäre das sicher eine gute Grundlage für eine lang anhaltende Beziehung. Als Frau werden Sie sich weniger zurückgewiesen fühlen, weniger verletzt sein und weniger wütend. Als Mann verstehen Sie, dass Sie von Ihrer Partnerin nicht automatisch mehr Anerkennung erhalten, je mehr Sie arbeiten und Geld verdienen. Sie werden verstehen, warum es für Frauen wichtig ist, viele Beziehung herstellende Dinge zu tun. Und über Gefühle zu reden, stellt für eine Frau unglaublich viel Beziehung her.

Eine der wenigen und kurzen Momente, in denen sich alle Strukturen aufzulösen scheinen, ist in der von Liebe geprägten sexuellen Vereinigung. In diesem Moment lösen sich Struktur und Beziehung auf. Etwas Neues entsteht und findet vielleicht seinen Ausdruck in Samenerguss und Orgasmus, manchmal in der Zeugung eines Kindes. Nach diesem kurzen Moment der intensiven Vereinigung, der für viele Frauen meist zu schnell vergeht, zieht sich der Mann in seine ihn schützenden Strukturen zurück. Frauen haben nicht selten das Gefühl, die noch eben vorhandene Nähe schon wieder zu verlieren. Je länger ein Paar zusammen ist und je mehr die Liebesbeziehung durch Alltagsstrukturen bestimmt wird, desto deutlicher zeigt sich auch, dass der Weg zur sexuellen Vereinigung auf unterschiedliche Art und Weise gegangen wird und dass es immer schwieriger zu werden scheint, sich gemeinsam auf den Weg zu machen.

Männer und Frauen passen nicht zusammen?

John Gray (1992) hat auf unterhaltsame Weise eine lebenstaugliche Gebrauchsanweisung für das andere Geschlecht geschrieben. In seinem Buch „Männer sind anders. Frauen auch" beschreibt er das männliche Verhalten und Empfinden aus seiner männlichen Perspektive. Und ist, wie ich finde, auch sehr bemüht, das weibliche Handeln und Fühlen zu verstehen. Seiner Auffassung nach halten Männer Emotionalität, den Wunsch nach Nähe, das Äußern von Gefühlen, weinen, vor Freude quieken, quatschen ohne Ende, wissen wollen, was der/die andere fühlt, den Haushalt machen und die Kinder versorgen für weibliche Eigenschaften. Nicht, dass Männer keine Emotionen oder den Wunsch nach Nähe und auch Angst hätten, sie zeigen es nur nicht.

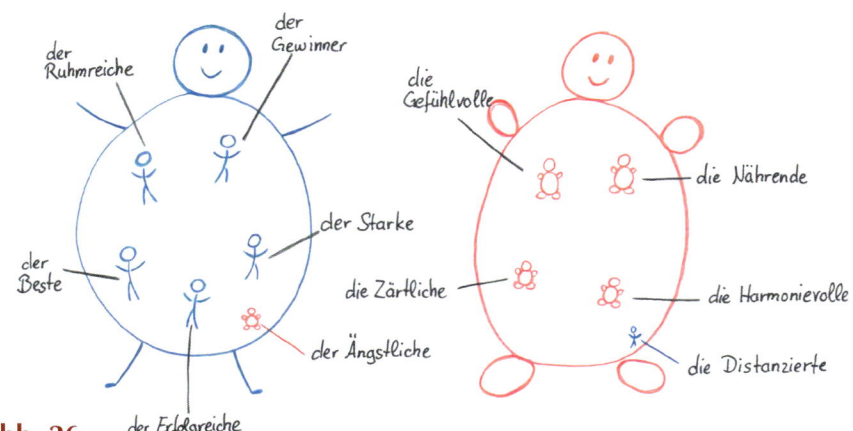

Abb. 26

Männer und Frauen haben die gleichen Anteile in sich, nur deren Größe ist meines Erachtens verschieden. So sind die strukturierten Anteile im Mann groß und „der Ängstliche" oder „der, der gern über Gefühle spricht" meist eher klein. Bei Frauen sind die emotionalen Anteile oft größer. Es kommt natürlich auch darauf an, in welcher Situation man sich gerade befindet.

Männer strukturieren sich eher nach klaren Regeln: niemals zu viel lächeln; nie so aussehen, als bräuchte man die Anerkennung anderer; immer selbstsicher auftreten; sich immer den Anschein geben, man wisse ganz genau, was man tut; niemals sagen, man wisse oder könne etwas nicht; nie Gefühle zeigen; nie bedürftig wirken; immer auf Sieg spielen; niemals vor etwas weglaufen; nie weinen; kein Schwächling sein; sein Geld verdienen; sich nie beklagen; den Befehlen des Vorgesetzten Folge leisten; Sportler, Heimwerker und Berufstätiger sein; Interessen an Angeln, Autos, Sportschau, Computer und Technik haben; keine Herz-Schmerz-Filme sehen und keine Liebesromane und Selbsthilfebücher lesen; die Haltung haben: Frauen und Kinder zuerst ins Boot.

Frauen fragen sich gegenseitig: „Wie fühlst du dich?" Männer tun das nicht. Männer öffnen sich emotional nicht oder sehr selten, erkennen aber auch nicht, wie wichtig es für Frauen ist, sich zu öffnen. Selbst wenn Frauen mit Trennung und Scheidung drohen, bleiben sie oft verschlossen und in ihrer Höhle zurückgezogen, bis es deswegen zur Trennung kommt. Frauen erwarten, dass Männer über Gefühle nachdenken, darüber reden und sie auch zeigen. Sie glauben, dass sie dieses Bedürfnis gegenüber ihrem Partner auch deutlich zum Ausdruck gebracht haben, mehrmals und immer wieder. Und irgendwann sind sie es leid und müde, um Nähe und Geborgenheit zu bitten. Und überhaupt möchten sie diese Gefühle gar nicht mehr, wenn sie erst danach fragen müssen. Was ist schon eine Umarmung, die nicht aus vollem Herzen kommt? Frauen glauben dann, wenn ihr Partner nicht reagiert, obwohl sie ihm ihre Wünsche deutlich gemacht haben, dass er scheinbar kein Interesse daran hat, die Beziehung zu verbessern. Die meisten Trennungen und Scheidungen werden von Frauen vollzogen, und die meisten Männer wissen nicht genau, warum sich ihre Partnerin von ihnen getrennt hat. Die Beziehung zweier Menschen wird am stärksten durch die Geburt des ersten Kindes beeinflusst. Der Familienzuwachs ist nicht nur ein wunderbares und einzigartiges Erlebnis, er verändert auch die Lebenssituationen von einem Tag auf den anderen. Die Rollen der Partner werden neu verteilt und Aufgaben zugeschrieben. Frauen und Männer möchten und müssen berufstätig sein und versuchen, Familie, Partnerschaft und Berufstätigkeit miteinander zu vereinen. Das gelingt nicht immer, Unzufriedenheit kann entstehen und die Beziehung wird belastet.

Zu Beginn einer Liebesbeziehung ist jeder darauf bedacht, dem anderen die Wünsche von den Augen abzulesen und dafür seine eigenen Wünsche hinten anzustellen. Nach mehreren Jahren sind die Partner dazu oft nicht mehr bereit und wundern sich, dass der andere nicht mehr alles fühlt und erspürt, was einen bewegt. Man fängt an, sich gegenseitiges Nichtverstehen vorzuwerfen. Miteinander reden wäre eine gute Möglichkeit, die Missverständnisse aus dem Weg zu räumen. Viele Männer machen dazu aber nicht den ersten Schritt und bitten um ein klärendes Gespräch. Oft genug merken sie nicht einmal, dass ihre Partnerin unzufrieden oder unglücklich ist. Frauen senden, ihrer Meinung nach, haufenweise Signale aus, die darauf hinweisen, was sie sich wünschen oder brauchen. Männer sind oft genug nicht empfänglich für diese Signale und tun nichts. Daraufhin suchen Frauen das Gespräch, haben dann aber das Gefühl, ihr Partner würde ihnen nicht ausreichend zuhören oder sich nicht genügend für ihr Anliegen interessieren oder nicht verstehen, was sie wollen. Frauen merken dann, dass der Partner wirklich nicht weiß, was sie brauchen, aber anstatt dies dem Partner ganz deutlich zu sagen („Ich wünsche mir sehr, dass du mich in den Arm nimmst"), sagen sie nichts, und zwar mit dem Argument: „Wenn ich ihm erst sagen muss, was ich mir wünsche, dann habe ich anschließend das Gefühl, er handelt nicht mehr aus eigenem Antrieb, sondern nur, um mir einen Gefallen zu tun. Und dann weiß ich nicht, ob er es wirklich ehrlich meint. Dann kann er es auch gleich ganz lassen."

Und damit ist die Enttäuschung vorprogrammiert. Als Paarberaterin habe ich die Erfahrung gemacht, dass dieses die Klagen sind, die am häufigsten von den Frauen geäußert werden. Sie möchten, dass ihr Partner ihre Wünsche spürt und adäquat handelt und sind enttäuscht, wenn er es nicht oder nicht ausreichend tut. Oft haben die Frauen den Wunsch, dass der Mann sich verändern soll. Aber wie bereits beschrieben, steht es nicht in unserer Macht, einen anderen Menschen zu verändern. Daher kann ich auch hier nur einige Ratschläge geben, was Sie als Frau tun können, um Ihre Wünsche und Bedürfnisse erfüllt zu bekommen.

Allein das Wissen darüber, dass Männer und Frauen unterschiedlich denken, handeln und kommunizieren und keines der beiden Varianten die bessere ist, kann schon dazu beitragen, das Gefühl von Liebe über die anfängliche Verliebtheit hinaus zu bewahren. Und bei aller freundschaftlichen Trennung, bei aller gegenseitigen Unterstützung, trotz gemeinsamer Feste ist der größte Wunsch der Kinder, dass die Eltern in Liebe miteinander verbunden bleiben und die Familie nicht auseinandergerissen wird.

In einer Familie, in der die Kommunikation gestört ist und kein liebevoller Umgang miteinander gepflegt wird, kann ein Kind sein Selbstwertgefühl nicht optimal entwickeln und festigen. Verhaltensauffälligkeiten des Kindes können ein Anzeichen für eine gestörte Kommunikation der Eltern untereinander und zum Kind sein. Konflikte, ob offen oder verdeckt ausgetragen, haben eine beunruhigende Wirkung auf die Kinder. Und je reizoffener ein Kind ist, desto mehr ist es auf Sicherheit bietende Beziehungen angewiesen (Hüther/Bonney, 2010: 120). Ein gestörtes Sozialverhalten, Aggressivität, Depressionen, Suchtverhalten und Kriminalität können sichtbar gewordene

Beziehungsstörungen sein. Eine beziehungsfördernde Kommunikation in der Partnerschaft ist ein stabiles Fundament, auf dem sich Kinder zu selbstsicheren Erwachsenen entwickeln und Partner ihre Liebe erhalten können. So profitieren alle davon.

Männer und Frauen sind manchmal anders

In diesem Abschnitt über die Kommunikation von Männern und Frauen schreibe ich über die Männer und die Frauen, wohl wissend, dass jeder Mensch individuell und einzigartig ist. Es gibt aber immer wieder Situationen, in denen deutlich wird, dass sich Männer und Frauen doch mehr oder weniger geschlechterspezifisch verhalten.

Abb. 27

Eine Geschlechterdifferenz (vgl. Drygala, 2005) zu denken, scheint dem Prinzip der Gleichheit und des Gleichseins zu widersprechen. Erschwerend kommt hinzu, dass wir in unserer abendländischen Kultur in Gegensätzen nach dem Muster „gut-schlecht" denken: hell-dunkel, reich-arm, groß-klein usw. Das könnte zur Befürchtung Anlass geben, dass wir dieses Muster auch bei „Mann-Frau" bzw. in dem Kontext der Eigenschaften der Geschlechter anwenden. Schon Eva wird von Adam beschuldigt, ihn dazu verführt zu haben, in den Apfel zu beißen. Was wiederum dazu führte, dass beide das Paradies verlassen mussten. Für mich gehören dafür zwei dazu: jemand, die verführt, und jemand, der sich verführen lässt. Schließlich hat Eva ja Adam den Apfel nicht gegen seinen Willen aufgezwungen, sondern beide haben für sich autonom gehandelt. Dennoch bleibt für mich das Gefühl, dass Eva die Schuldige und damit „Schlechte" zu sein scheint und Adam der Schuldlose und damit der „Gute".

Gianfranco Cecchin sagt in einem Interview, das in der Familiendynamik 1/2012 (Molter, 2012: 61) veröffentlicht worden ist, zur Problematik von Geschlechterdifferenz:

„Die Idee, Ungleichheit zu beseitigen, ist eine Idee des Kommunismus, die fehlgeschlagen ist, denn Ungleichheit ist ein Teil menschlichen Unterschiedes in der Welt. Es gibt gesunde und ungesunde Menschen, Männer und Frauen, alte und junge, weiße und schwarze, reiche und arme Menschen. Wenn man geboren wird, unterscheidet man sich schon von jedem anderen. Es ist ein altes Problem: Wie können wir lernen oder lehren, die Unterschiede nicht auszubeuten, Unterschiede nicht zu einer Quelle der Ausbeutung zu machen? Wenn wir jetzt sagen, gut, lass uns die Unterschiede abschaffen, glaube ich, sind wir auf der falschen Fährte. Männer und Frauen gleich zu machen, das ist eine falsche Fährte. Wir sollten Wert legen auf die Unterschiede, sie nicht zu einer Quelle der Ausbeutung machen, sondern zu einer Quelle der Kreativität."

Insofern gibt es nicht die Männer und die Frauen. Es gibt Frauen und Männer, die reden, denken und handeln völlig anders, als ich es hier beschreiben werde. Beurteilen Sie selbst, wie stark Sie sich oder Ihren Partner in den Beschreibungen wiederfinden.

Die Aussagen „Männer leben Strukturen – Frauen leben Beziehungen", „Männer brauchen Aufgaben – Frauen brauchen emotionale Nähe", „Männer wollen Lösungen anbieten – Frauen wollen über Gefühle sprechen" sind daher also nicht als Dogmen zu verstehen, sondern stellen den Versuch dar, das Anderssein (das nun einmal in der Welt ist) des jeweiligen Geschlechts zu beschreiben. Dadurch möchte ich Verständnis für die Art und Weise der Kommunikation und des Denkens von ihm und von ihr wecken mit dem Ziel, das Zusammensein liebevoller zu gestalten.

Gray (1992) macht einen Versuch, das Verhalten des Mannes mit einem evolutionären Gewinn zu erklären und entsprechend zu beschreiben. Sie denken scheinbar mehr in Strukturen, organisieren, ordnen, regulieren und nummerieren gern. Strukturen sorgen in Krisenzeiten für einen kühlen Kopf, auch in Krisen mit Frauen. Männliches Denken in Strukturen war und ist lebensnotwendig und diente unseren Vorfahren auf der Jagd und bei der Verteidigung gegenüber Feinden (heute geht der Mann in den dunklen Garten oder Keller, wenn wir Frauen ein komisches Geräusch hören). Frauen kritisieren oft, dass sie den Männern keine Gefühle im Gesicht ablesen können. Aber wenn ein Mann in Krisenzeiten einen Plan schmiedet, darf man ihm seine Gedanken nicht im Gesicht ablesen können. Je größer die Krise, desto mehr Regeln/Struktur braucht der Mann. Wenn ein Mann sich bedroht fühlt, beispielsweise durch den „kommunikativen Angriff" einer Frau (die diesen nie als solchen bezeichnen würde, sondern eher als klärendes Beziehungsgespräch), dann zeigt er oft keine Gefühle, sondern entwickelt einen Plan und schafft Struktur. Diese Struktur dient als Schutzschild gegen Verlustgefühle und Verletzungen. Gefühle von Trauer und Schmerz werden nicht zugelassen, werden gefiltert, so auch alle anderen Gefühle. Lassen Männer diesen Schutzschild fallen, fühlen sie sich wehrlos. Diese Wehr- und Hilflosigkeit kann mit Wut überspielt werden und bietet somit wieder Schutz.

Frauen dagegen leben und pflegen Beziehungen. Sie wollen nicht strukturieren, sondern Beziehungen herstellen, aufrechterhalten und verbessern. Frauen wünschen sich ein Beziehung stiftendes Verhalten von ihrem Partner; strukturiertes Denken fällt für sie nicht darunter, über Gefühle reden dagegen schon.

Männer messen sich gerne

Welche Verhaltensweisen brachten für wen evolutionär einen Vorteil? Die Männer hatten in der Regel die Aufgabe, auf die Jagd zu gehen und die Gruppe zu verteidigen, notfalls im Kampf. Was war dabei hinderlich?

Abb. 28

Reden?

„Ach, meine Prostata quält mich heute wieder. Und meine Frau hat noch gefragt, ob ich damit wirklich auf die Jagd gehen will. Und ich hab' gesagt, ich versuche es mal. Und wenn es dann nichts wird, kann ich ja immer noch wieder nach Hause kommen. Was meinst du?"

Das Freiwild würde sich freuen.

Angst und Mitleid zeigen?

„Ach, das arme Rehkitz. Sieh' nur, wie niedlich das guckt. Und das flauschige Fell. Da mag ich heute gar nicht meinen Speer hineinbohren."

Das Rehkitz würde sich freuen.

Hierarchie klären?

„Möchtest du heute den Speer werfen? Oder soll ich lieber? Wenn ich ihn heute werfe, kannst du ihn morgen werfen."

Die Beute würde sich freuen.

Nicht, dass Jungen und Männer diese Gefühle nicht haben. Sie haben genauso Ängste, Unsicherheiten und Mitleid. Sie zeigen es aber in bestimmten Situationen nicht.

Was waren, evolutionär gesehen, die wichtigsten Aufgaben der Frauen?

Abb. 29

Kinder versorgen, Nahrung zubereiten und aufpassen, dass das Feuer nicht ausgeht. Diese sehr verantwortungsvollen Aufgaben hatten die gleiche Wertigkeit wie die Aufgaben der Männer als Jäger und Kämpfer. Kein steinzeitlicher Jäger wäre wahrscheinlich auf die Idee gekommen, seine Frau provokant zu fragen, was sie den ganzen Tag am Feuer und mit den Kindern gemacht hat, während er auf der anstrengenden Jagd war. Ich vermute auch, dass keine der Frauen seinerzeit auf die Idee gekommen wäre, dem Jäger den Säugling in den Arm zu drücken, weil sie noch ein paar Beeren sammeln musste. Jeder hatte die Aufgabe, für das Überleben der Familie zu sorgen. Ohne Nahrung wären wir ausgestorben, ohne Nachkommen auch.
Ich möchte an dieser Stelle noch einmal deutlich machen, dass ich keineswegs befürworte, dass Frauen wieder zurück ans Feuer gehen und sich vorrangig um die Kindererziehung kümmern sollten. Alle Frauen und Männer sollten das tun, wodurch sie eigene Zufriedenheit und ihr Lebensglück finden. Egal, ob Männer in einem sogenannten

Frauenberuf, als Hausmann oder als Manager tätig sind. Egal, ob Frauen in sogenannten Männerberufen, als mehrfache Mutter oder als Erzieherin tätig sind. Maßgeblich dabei sollte die Zufriedenheit mit sich selbst und dem eigenen gewählten Leben sein. Leider ist eine solche freie Wahl aber in den meisten Fällen gar nicht möglich, denn die (sozialen) Frauenberufe werden immer noch schlechter bezahlt und weniger gesellschaftlich anerkannt als die sogenannten Männerberufe (in der freien Wirtschaft; vgl. Allmendinger/Leuze/Blanck, 2008). Und so lange diese wirtschaftliche und gesellschaftliche Ungleichheit nicht aufgehoben ist, wird es keine freie Wahlmöglichkeit geben. Die Rollen werden weiterhin traditionell verteilt werden, die Frauen damit benachteiligt und die Jungen auch, denn für sie wird es zu wenig männliche Vorbilder in den ersten eineinhalb Lebensjahrzehnten geben.

Das Beispiel mit den Jägern und den Frauen am Feuer soll lediglich deutlich machen, welche Eigenschaften dabei vorteilhaft waren. Und wie Sie bereits wissen, haben alle auch immer die anderen Eigenschaften in ihrer Persönlichkeit verankert. Auch diese müssen völlig wertfrei und als gleichwertig betrachtet werden.

Frauen reden gerne

Eine der wichtigsten Eigenschaften in der Gruppe der Frauen war das Reden. Durch die Kommunikation wurde Gemeinschaft hergestellt. Durch die Kommunikation haben die Kinder die Sprache gelernt. Sprache ist kein genetisches Programm, sondern wird durch Vorleben und Wiederholungen gelernt. Durch die Gemeinschaft konnten die Frauen sich in der Gruppe gegen Angreifer wehren.

Heute bergen Gespräche zwischen Männern und Frauen ein hohes Konfliktpotenzial, weil beide Gesprächspartner ganz unterschiedliche Erwartungen an den Verlauf und das Ergebnis eines Gesprächs haben.

Abb. 30

Wenn Frauen ein Gespräch beginnen, dann wissen sie nicht, wie dieses Gespräch verlaufen wird. Es ist für sie auch nicht wichtig zu wissen, welches Ergebnis das Gespräch haben soll. Und ein Ziel (im männlichen Verständnis) gibt es nicht. Es sei denn, sie sagt: „Bitte bring' mir das Regal in der Küche an die Wand." Aber das ist kein Gespräch. Je mehr die Frauen über Gefühle sprechen, desto weniger wissen sie, was das Ergebnis oder das Ziel des Gesprächs sein soll. Sie wollen sich in diesem Gespräch austauschen und Beziehung und Nähe herstellen. Die angesprochenen Emotionen oder Ereignisse werden nicht nur einmal erzählt, sondern müssen aus verschiedenen Perspektiven immer noch einmal neu durchleuchtet werden. So lange, bis sie sich klar zeigen. Und das kann ganz schön lange dauern (und es muss viel Licht und viel Perspektive hineingebracht werden). Frauen untereinander tun dies ganz automatisch, z. B. durch die Frage: „Hast du schon mit A darüber gesprochen? Was sagt denn B dazu?" usw. Für Männer eine scheinbar völlig unnütze Angelegenheit, noch einmal darüber sprechen zu müssen, wenn das Problem schon mit jemandem besprochen wurde. Da wird doch wohl schon eine brauchbare Lösung gefunden worden sein. Männer fragen selten um Rat und empfinden es als persönlichen Angriff auf ihre Kompetenzen, ungebetene Ratschläge oder Hilfsangebote zu bekommen. Wenn ein Mann wirklich nicht mehr allein weiterkommt und einen Rat benötigt, sucht er sich diesen selbst. Er fragt jemanden, der mehr Erfahrung hat und den er respektiert. Ein anderer Mann fühlt sich dadurch sehr geehrt, setzt seine Beratermütze auf, hört sich das Problem an und gibt dann einen kostbaren Ratschlag. Und damit ist die Problembewältigung beendet. So verhält der Mann sich auch, wenn eine Frau ihr Problem schildert. Er geht irrtümlicherweise davon aus, dass sie Rat sucht und Lösungen braucht. Er möchte ihr helfen, sich besser zu fühlen. Er mag sie. Sie hört aber nach dem Lösungsvorschlag nicht auf, über das Problem zu reden. Ganz im Gegenteil, weil er ja schon so schnell einen Rat hatte und das Gespräch als beendet ansieht, fühlt sie sich nicht angenommen mit ihrem Problem. Dann glaubt sie, er hätte das Problem vielleicht nicht richtig verstanden und fängt noch einmal von vorne an, es zu schildern, in der Hoffnung auf emotionales Verständnis. Dadurch glaubt der Mann wiederum, sein Rat wäre nicht gut genug, und er versucht es vielleicht mit einem neuen anderen Rat und möchte damit das für ihn uneffektive und damit unangenehme Gespräch beenden (vgl. Gray, 1992). Die Frau aber hat immer noch nicht das bekommen, was sie braucht und so gerne hätte, die über das Reden hergestellte tiefe Verbundenheit und das Gefühl von Beziehung und Nähe. Und so beginnt ein Teufelskreis, der mit einem Streit und schlechten Gefühlen endet.

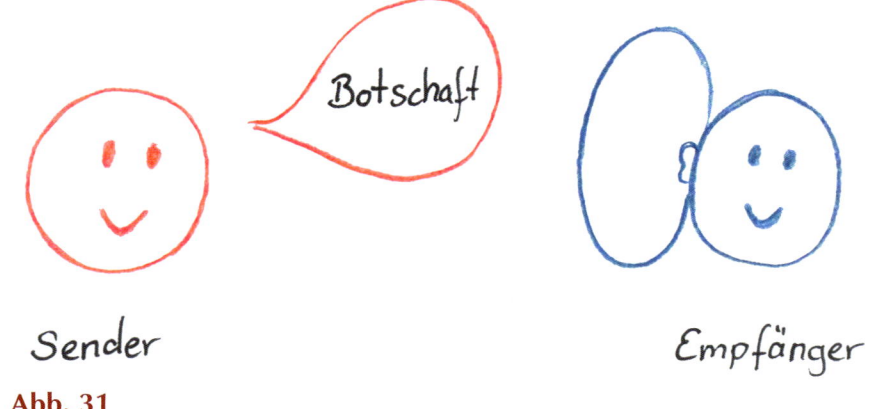

Abb. 31

Noch einmal in Kürze beschrieben:

Sie fängt an zu reden.

Er glaubt in tiefer Überzeugung, es gibt ein Ziel.

Er setzt seine Beratermütze auf und nimmt den Lösungskoffer in die Hand.

Sie spricht weiter und ist höchstens erst an Punkt zwei der Geschichte angelangt. Das meiste der Erzählung liegt also noch vor ihr. Sie schmückt die Geschichte mit Einzelheiten aus.

Er wird zunehmend nervöser, da **er** schon mindestens auf Stufe 3 seiner Struktur ist und noch nicht erkennen kann, wie **er** das Problem lösen könnte.

Er sendet dann zunächst verbale Signale aus, die dazu beitragen sollen, dass **er** sich klarer darüber werden kann, wie **er** das Problem lösen könnte.

Folgende Dinge hört **sie** dann vielleicht: „Nun komm' doch endlich mal auf den Punkt!", „Was willst du denn eigentlich?", „Worum geht es denn überhaupt?", „Ich hab' doch schon was dazu gesagt!" (Mein Mann sagt dann gern: „Sprich' mal ein bisschen schneller!")

Diese Sätze von **ihm** führen aber bei **ihr** dazu zu glauben, **er** hätte noch nicht verstanden, wie wichtig **ihr** das Erzählen der ganzen

Geschichte in ihrer ganzen Ausführlichkeit ist. Oder **sie** könnte auch glauben, **er** hätte gar nicht verstanden, worum es überhaupt geht.

Und was dann passiert, ist für **ihn** fast gar nicht auszuhalten: **Sie** geht noch mal zurück zum Start und fängt noch mal von vorne an. **Er** denkt, **sie** glaubt, **er** wäre etwas beschränkt, da **er** ja schon verstanden hatte, worum es ging, und bringt erneut eine Lösungsmöglichkeit. **Sie** glaubt, **er** höre nun überhaupt nicht mehr zu, und intensiviert **ihre** Bemühungen. **Er** glaubt, **sie** halte **ihn** nun für völlig inkompetent, und resigniert.

Spätestens dann gibt der Mann auf und sendet eher non-verbale Signale:

Entweder geht er einfach mitten im Gespräch davon und macht etwas anderes, oder er liest weiter seine Zeitung oder sieht den Film im Fernsehen weiter an. Das ist keine Unhöflichkeit und kein Desinteresse an der Partnerin. Er kann die Situation nur nicht aushalten, denn er hat das Gefühl, sie lehnt seinen Lösungsvorschlag ab, und fühlt sich dadurch selbst abgelehnt. Er fühlt sich nutzlos. Da bietet ein Rückzug den bestmöglichen Schutz. Er weiß nicht, dass sie gar keine Lösung braucht, sondern einen Zuhörer und Verständnis.

Ein Mann in einer Väterrunde bemerkte dazu: „Ist doch klar, warum der weggeht. Der bringt den Lösungskoffer weg."

Keine ungebetenen Ratschläge, keine Beratermütze!

Wenn der Mann solche Signale sendet, ist die häufigste Klage der Frau: „Du hörst mir nie richtig zu!" Sie fühlt sich selbst genauso abgelehnt wie er.

Frauen stellen durch und in der Kommunikation eine Beziehung her. Sie helfen sich gegenseitig, hören zu und versuchen sich in andere hineinzuversetzen. Frauen versuchen, in Harmonie und Gemein-schaft zu leben, manchmal um jeden Preis und als höchsten Wert. Sie teilen ihre Gefühle mit und versuchen, die Gefühle der anderen nachzuvollziehen. Anteilnahme und Verständnis füreinander ma-chen sie zufrieden. Sie reden über Sorgen und Probleme, stunden-lang, immer wieder von Neuem über das gleiche Thema, fühlen mit, fragen nach, nehmen Anteil, geben Unterstützung, versuchen zu hel-fen. Wenn eine Frau ihre Freundin anruft, erwartet sie keine schnelle Lösung, sondern Mitgefühl und Verständnis. Und das Betrachten des Problems aus möglichst vielen verschiedenen Blickwinkeln.

Für viele Männer funktioniert die Partnerschaft in ihren Augen gut. Sie glauben, dass Dinge, die funktionieren, nicht verbessert werden müssen. Repariere nie etwas, was funktioniert! Wenn eine Frau einen Mann verbessern will, hat er das Gefühl, sie will ihn reparieren, das heißt, er muss kaputt sein. Der Rat an Frauen lautet daher: Enthal-ten Sie sich möglichst oft jeglicher Ratschläge und Verbesserungs-vorschläge. Denken Sie daran, dass Männer nicht gern über Dinge sprechen, die sie nicht ändern können. Hilfreich wäre es, wenn Sie Ihren Partner vor dem Gespräch daran erinnern, dass es Ihnen nicht darum geht, eine Lösung zu bekommen!

Wenn ein Mann seine Beratermütze aufsetzt, merkt er nicht, dass sie gar keine Lösung braucht, sondern einfach nur reden will und je-manden braucht, der lange zuhört. Der Rat an Männer lautet: Setzen Sie Ihre Beratermütze nicht auf. Bieten Sie Frauen nicht vorschnell Lösungen an. Hören Sie lange und ausgiebig zu und zeigen Sie Ver-ständnis und machen Sie sich deutlich, dass die Gefühle der Frau nicht immer rational und logisch sind (Gray, 1992: 30 f.). Und haben Sie Verständnis dafür, dass die Gespräche der Frauen dazu dienen, Beziehungen herzustellen, und dass das Ziel unklar ist.

Man kann nicht nicht kommunizieren

Jede Form der Kommunikation, ob verbal (mit Worten) oder non-verbal (ohne Worte/Körpersprache), beeinflusst das Verhalten der Gesprächspartner wechselseitig. Die Körpersprache, z. B. Gestik und Mimik, kann dazu beitragen, dass die Gesprächspartner sich entweder wertgeschätzt oder abgelehnt fühlen. Durch die Interpretation der Körpersprache kann die Aufrichtigkeit einer Nachricht intuitiv überprüft werden. „Eine Geste oder eine Miene sagt uns mehr darüber aus, wie ein anderer über uns denkt, als hundert Worte" (Watzlawick, Beavin u. Jackson, 2000: 22). Eine hochgezogene Augenbraue, ein Seufzen oder Schweigen wirken daher häufig ehrlicher als das gesprochene Wort. Die Frage „Warst du beim Frisör?" wird begleitet durch Körperhaltung, Tonfall und Mimik des Fragenden. Diese Aspekte der non-verbalen Kommunikation tragen dazu bei, wie der andere diese Frage bewertet.

Ein Beispiel: Die Frau (Senderin) stellt einem Mann (Empfänger) eine (scheinbar) sachliche Frage: „Findest du mich zu dick?" Bei dieser Frage geht es der Frau in den seltensten Fällen darum zu erfahren, wo und an welcher Stelle einige Pfunde zu viel oder zu wenig sind. Das weiß die Frau sowieso schon. In den wenigsten Fällen möchte die Frau daher eine sachliche Stellungnahme hören. Es geht viel mehr um die Frage: Was für eine Beziehung haben wir? Magst du mich so, wie ich bin?

Diese Frage soll also lediglich Aufschluss darüber geben, ob der Mann die Frau so mag, wie sie ist. Das heißt, wie er die Beziehung zwischen sich und der Frau bewertet.

In einem Telefonat, beim SMS-Schreiben oder Chatten haben die non-verbalen Signale weniger Bedeutung, da die beiden Kommunizierenden sich nicht sehen können. Das könnte ein Hinweis darauf sein, warum Jugendliche so gern mit Hilfe der neuen Medien kommunizieren. Es ist eine relativ simple Art, miteinander zu reden, vor allem für Jungen. Das geschriebene Wort steht ohne weitere Zugaben direkt vor ihnen, reduziert auf die nötigsten Buchstaben, um den Inhalt noch erkennen zu können. Die schwierig zu interpretierenden und möglicherweise verstörend wirkenden Beigaben der Körpersprache, Mimik und Gestik entfallen und machen dadurch eine Kommunikation scheinbar einfacher und sicherer. In der Zeit der Pubertät, in der nichts sicher und einfach ist, ist diese Art der Kommunikation willkommen. Am Telefon müssen bereits Tonfall und Lautstärke in der Botschaft mit berücksichtigt werden. Vielleicht ein Grund, warum Jungen und Männer nicht so viel (privat) telefonieren wie Mädchen und Frauen. Das Telefonat ist aber immer noch leichter zu führen als ein Gespräch von Angesicht zu Angesicht, vor allem, wenn das Thema des Gesprächs Gefühle sind. Das wäre eine mögliche Erklärung dafür, warum manche Frauen sagen: „Am Telefon kann ich das mit meinem Mann am besten besprechen."

Der Empfänger bestimmt den Inhalt der Botschaft

„Im Unterschied zur Information sind zum Zustandekommen von Kommunikation zwei Partner nötig: der Sender (Kommunikator), von dem die Kommunikation ausgeht, und der Empfänger (Kommunikant), der sie erhält. Kommunikation ist also ein Informationsaustausch, der durch Mit-Teilen (Geben) und Teil-Nehmen (Nehmen) geprägt ist. Reagiert der Empfänger, dann ist eine Interaktion gegeben" (Simon, 2007: 17).

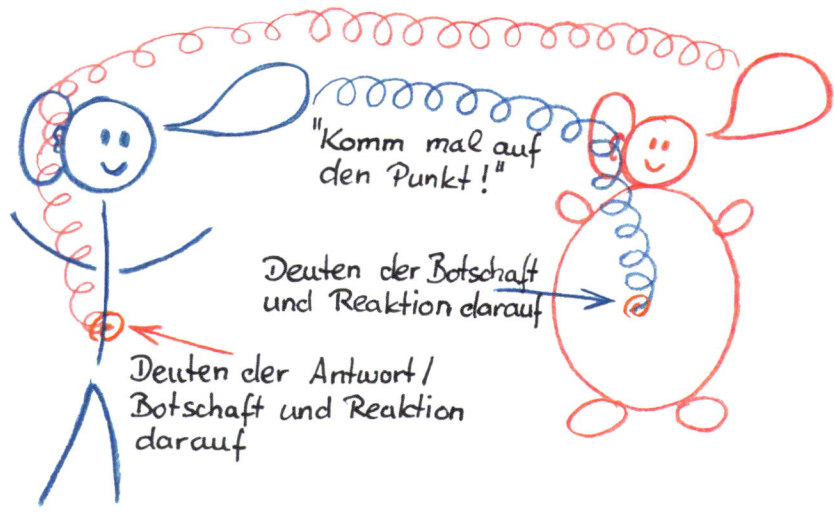

Abb. 32

Die größten Verständigungsprobleme in einer Beziehung entstehen weniger dadurch, dass der Mann oder die Frau etwas sagt, dass den anderen/die andere verletzen oder kränken soll, sondern vielmehr dadurch, dass der Empfänger einer Botschaft diese mit seinen eigenen Erfahrungen und Gefühlen deutet und bewertet. Der Empfänger der Botschaft reagiert dann seinerseits wieder auf seine Bewertung und verhält sich daraufhin auf eine bestimmte Art und Weise, die Rückschlüsse darauf zulässt, wie er die Botschaft bewertet hat. Wenn die empfangene Botschaft wohlwollend interpretiert wurde, wird die zurückgesendete Botschaft eher mit wohlwollenden Körpersignalen versehen werden und die Chancen, vom anderen wohlwollend interpretiert zu werden, steigen. Das Gespräch wird vermutlich gut verlaufen.

Beispiel: Eine Frau fragt Sie: „Warst du beim Frisör?" Das ist nicht einfach nur eine Frage. Wenn Sie mit Ihrem Haarschnitt zufrieden sind und sich selbst mögen, werden Sie mit Freude antworten: „Ja, neue Strähnchen und geschnitten." Wenn Sie mit dem Haarschnitt nicht zufrieden sind und sich selbst nicht gut leiden können, werden Sie eher antworten: „Findest du auch, dass mir das gar nicht steht? Der Frisör hatte keine Ahnung, wie ich es haben wollte. Und nun sehe ich so aus!" In beiden Fällen wissen wir (Frauen), wie sich die Senderin der Botschaft fühlt. Die Frage „Warst du beim Frisör?", von einer Frau an eine Frau gerichtet, ist viel mehr als eine Frage und wird vielleicht von der anderen Frau mit Ja beantwortet. Aber das wollte die Fragerin ja gar nicht wirklich wissen. Sie wollte wissen, wie zufrieden Sie mit Ihrem Haarschnitt sind, also wie Sie sich damit fühlen. Und sie bringt durch den Tonfall auch schon zum Ausdruck, wie sie Ihre Frisur findet und damit, in welcher Beziehung sie zu Ihnen steht. Über die Frisur zu sprechen, ist also nicht einfach nur ein Fachgespräch über Schneidetechniken und Farbskalen, sondern ein hochsensibler Gesprächsbereich, in dem Freundschaften geschlossen und beendet werden.

Frauen gehen zum Frisör und erwarten anschließend, dass der Mann erkennt (was viele aber gar nicht tun), dass sie beim Frisör war und danach fragt. Sie will nicht wissen, wie er den Haarschnitt fachlich beurteilt, sondern sie möchte wissen, ob er sie so mag. Die meisten Männer vermuten nicht, dass die Frage nach der Frisur eine hochsensible und komplexe Frage ist, da sie sich in den seltensten Fällen diese Frage gegenseitig stellen. Sie vermuten daher, sie möchte die fachliche Bewertung der Frisur und antworten vielleicht: „Gut", was heißen soll, dass es gut geschnitten ist. Die Frau hat allerdings nicht nach der Perfektion des Schnittes gefragt, sondern wollte eine Bewertung ihrer Beziehung haben. Und da ist die Antwort „Gut" vielleicht nett, aber auf gar keinen Fall ausreichend. Die Frau wird die knappe Antwort eher dahingehend deuten, dass er scheinbar kein Interesse an ihr hat. Das wird sie verletzen, und sie wird sich noch einmal vergewissern wollen, ob er denn wirklich kein Interesse mehr an ihr hat, und sie fragt noch einmal: „Findest du das wirklich gut? Ist die Farbe nicht zu dunkel?" Auch das will sie gar nicht wirklich wissen, denn sie fragt sich immer noch, ob er wirklich nicht mehr Interesse an ihr hat. Er bewertet die zweite Frage aber schon so: Er glaubt, sie denkt, er wäre ein bisschen begriffsstutzig oder ein Depp, da er doch schon gesagt hat, dass er die Frisur gut findet. Das Thema sollte damit schon beendet sein. Auf diese (seine) Interpretation wird er reagieren und wahrscheinlich ablehnende Körpersignale aussenden, vielleicht mit den Worten: „Hab' ich doch schon gesagt, oder nicht?" Diese Signale und Worte wird sie wiederum auch als Ablehnung deuten, und im schlimmsten Fall eskaliert die Frage in einem Streit und mit der Aussage der Frau: „Du verstehst mich überhaupt nicht." Und jeder denkt von dem anderen das Schlimmste.

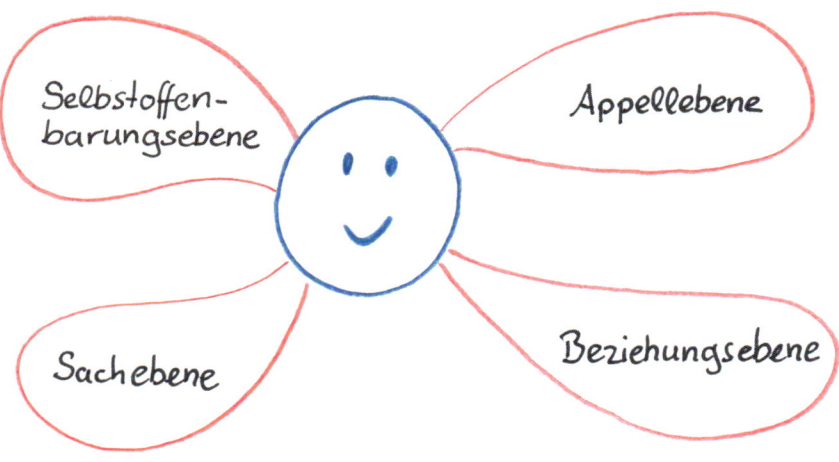

Abb. 33

„Du verstehst mich nicht!" und „Nie hörst du mir richtig zu!" sind wahrscheinlich die häufigsten Klagen von Frauen. Dazu ein weiteres Beispiel: Der Mann kommt abends von der Arbeit nach Hause und kümmert sich zunächst um seine Hierarchien abklärenden Jungs. Nachdem er diese Aufgabe auch zufriedenstellend erfüllt hat, möchte er eigentlich seinen wohlverdienten Feierabend auf seine Art und Weise nutzen, vielleicht fernsehen, in den Hobbyraum gehen, Zeitung lesen oder Ähnliches. Er möchte sich in seine Höhle zurückziehen. Die Frau dagegen hat den ganzen Tag ohne ihn verbracht und möchte Nähe und Beziehung herstellen, indem sie ihn gern daran teilhaben lassen möchte, was den ganzen Tag über alles passiert ist. Vielleicht beginnt sie das Gespräch mit: „Stell dir mal vor […]." Viele Männer wissen, dass das ein Gespräch wird, in dem es nichts zu lösen und kein Ziel gibt. Vielleicht schaffen sie es, eine Weile zuzuhören, und wenden sich dann wieder ihrer Tätigkeit zu. Andere Männer hören erst einmal zu, die Beratermütze auf dem Kopf und den Lösungskoffer in der Hand. Wie schon geschrieben, gibt es aber nichts zu lösen, und über kurz oder lang fällt der Satz: „Komm' mal auf den Punkt!" Höchstwahrscheinlich bewertet die Empfängerin diesen Satz als Desinteresse und reagiert entsprechend. Wie sie den Satz bewertet, hängt von verschiedenen Ursachen ab; die Beziehung zum Partner und die Lebenserfahrung der Frau spielen dabei eine Rolle. Natürlich beeinflusst auch ihre momentane Gemütsverfassung ebenso wie die vom Sender ausgesendeten non-verbalen Signale ihre Reaktion.

Bleib' doch mal sachlich!

Nach Friedemann Schulz von Thun (2002) kann ein und dieselbe Nachricht auf vier verschiedenen Ebenen gesendet und interpretiert werden: auf der Sachebene, auf der Selbstoffenbarungsebene, auf der Beziehungsebene und auf der Appellebene.

Die Frau (= Senderin) sagt zu ihrem Partner (= Empfänger): „Wie das hier schon wieder aussieht, überall dieser Schmutz!" Was steckt alles drin in dieser Nachricht, was hat die Senderin (beabsichtigt oder nicht) hineingesteckt und was kann der Empfänger der Nachricht alles entnehmen? Je nachdem, mit welchem Ohr wir eine Botschaft empfangen, gewinnen die unterschiedlichen Aspekte der Botschaft eine Bedeutung. So kann man aus ein und derselben Nachricht unterschiedliche Botschaften „heraushören" (s. Abb. 33).

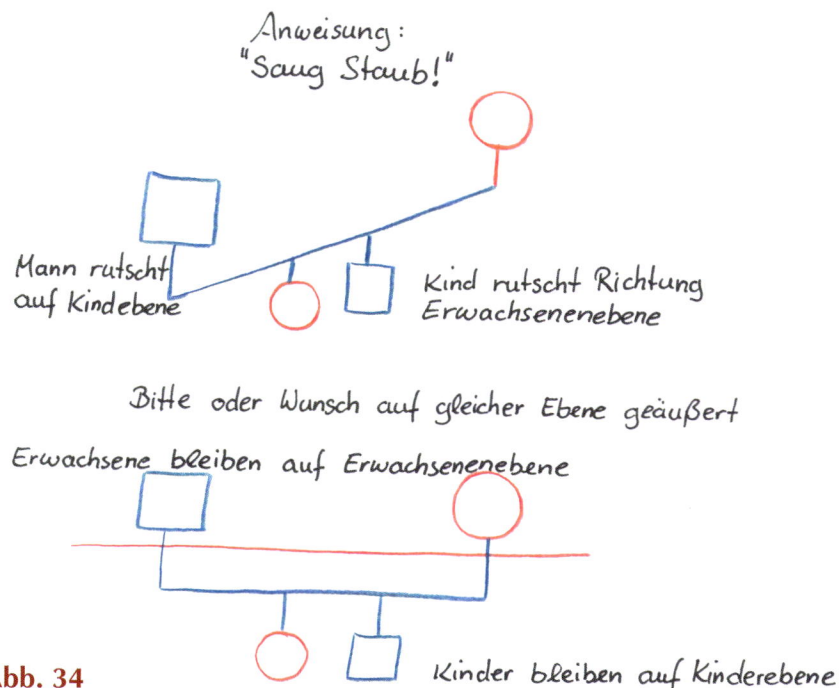

Anweisung: "Saug Staub!"

Mann rutscht auf Kindebene

Kind rutscht Richtung Erwachsenenebene

Bitte oder Wunsch auf gleicher Ebene geäußert

Erwachsene bleiben auf Erwachsenenebene

Kinder bleiben auf Kinderebene

Abb. 34

Auf der Sachebene stellt sich die Frage, worüber ich informiere oder was ich von meinem Gesprächspartner über die Sache erfahre. Jede Nachricht enthält eine Sachinformation. In dem Beispiel oben erfahren wir, dass die Frau es für schmutzig hält. Sachlichkeit und Verständlichkeit sind erforderlich, um Sachinformationen erfolgreich übermitteln zu können. Ging es der Frau in diesem Beispiel darum, sachlich den Zustand der Wohnung zu beschreiben? Wenn es sich um eine Immobilienmaklerin handelt, die einen Preis senken will, vielleicht schon. Aber in diesem Fall geht es um die Kommunikation in einer Beziehung, und da meint und braucht sie sicherlich etwas ganz anderes. Zuwendung und das Gefühl, geliebt und unterstützt zu werden? Vielleicht.

Wenn Menschen miteinander kommunizieren, geht es nach Schulz von Thun nur selten allein um den Sachaspekt. Auf der Beziehungsebene stellen sich Fragen wie was ich von jemanden halte und wie Sender und Empfänger zueinander stehen oder wie der Gesprächspartner mich findet. Gestik, Mimik und Tonfall haben auf der Beziehungsebene eine größere Bedeutung als auf der Sachebene. Botschaften, die auf der Beziehungsebene gesendet und interpretiert werden, sind meist mit einer Vielzahl von Gefühlen verbunden, denn der Empfänger der Botschaft empfängt nicht nur einen Sachinhalt, sondern er fühlt sich als Person auf eine bestimmte Art und Weise behandelt. Ist der Mann in meinem Beispiel ein Mann, der seine Aufgaben in der Haushaltsführung emanzipiert wahrnimmt, wird er die Botschaft eher auf der Beziehungsebene interpretieren, darauf reagieren, sich ungerecht behandelt fühlen und vielleicht denken: „Nie kann ich es ihr recht machen. Was soll ich denn noch alles tun? Ich mach' schon so viel und nie ist sie zufrieden." Er wird wiederum mit einer Botschaft seinerseits reagieren, und sei es nur non-verbal. Dabei richtet sich seine möglicherweise ablehnende Haltung nicht gegen den Sachverhalt, sondern gegen die von ihm so interpretierte Botschaft, er sei in den Augen seiner Frau scheinbar zu faul.

In einer Nachricht erfährt man nicht nur einen Sachverhalt, sondern auch etwas über die Person des Senders. In jeder Nachricht steckt also auch ein Stück Selbstoffenbarung des Senders. Das beinhaltet sowohl die gewollte Selbstoffenbarung wie auch die unfreiwillige Selbstenthüllung durch die Körpersprache. Aus der Art, wie der Sender sich verhält, kann der Empfänger vielleicht entnehmen, ob er sich wohl oder unwohl fühlt. Auf der Selbstoffenbarungsebene stellen sich die Fragen, was ich von mir selbst kundgebe und was mir mein Gesprächspartner über sich mitteilt. Auf das Beispiel bezogen, ganz streng genommen hieße das lediglich, dass die Frau zwischen sauber und schmutzig unterscheiden kann und scheinbar eine klare Vorstellung davon hat, was sie als schmutzig definiert. So einfach ist es aber in den seltensten Fällen, denn die Selbstoffenbarung kann Vielfältiges beinhalten: „Ich mag so nicht in diesem Haus leben"; „Ich mag es nicht, dass ich immer alles allein machen muss"; „Ich habe auch keine Lust zum Putzen". Was genau die Frau damit offenbaren möchte, kann der Mann nur erfahren, wenn er nachfragt, was genau sie damit sagen möchte. Viele Männer haben aber kein Ohr für versteckte Selbstoffenbarungen der Frauen, was allerdings, so zeigt meine Erfahrung in den vielen Paarberatungen, kein absichtlich verletzendes Verhalten ist. Viele Männer haben einfach nicht das Ohr für versteckte Botschaften.

Ähnlich verhält es sich mit versteckten Appellen. Auf der Appellebene stellt sich die Frage, wozu ich jemanden veranlassen möchte oder was sich der Gesprächspartner von mir wünscht. In dem obigen Beispiel kann es durchaus sein, dass die Frau ihren Appell „Mach sauber!" nicht deutlich als solchen ausgesprochen, aber durchaus so gemeint hat. In dem Beispiel könnte der versteckte Appell lauten: „Bitte übernehme das Staubsaugen" oder „Ich möchte eine Haushaltshilfe haben" oder „Sag' den Kindern, sie sollen mehr aufräumen". Ihrer Meinung nach wird der Satz „Hier ist es schmutzig!" deutlich genug sein, und sie kommt gar nicht auf die Idee, dass diese Botschaft auch anders aufgenommen und interpretiert werden könnte. Weitere Beispiele wären „Da liegen Socken auf der Erde!", „Das Geschirr gehört in den Geschirrspüler!", „Wie das hier aussieht!" oder „Wie du immer ´rumläufst!" Manche Männer und pubertierende Jungen schon gar nicht werden diese Appelle als solche nicht hören und eher antworten: „Stimmt" oder „Finde ich nicht" oder „Mir doch egal". Eine deutliche Handlungsaufforderung haben sie nicht bekommen und werden sie auch nicht heraushören. Erschwert wird die Situation dadurch, dass eine Frau keinem Mann, mit dem sie eine „Beziehung" hat, eine Anweisung erteilen kann. Anweisungen erteilen nur Vorgesetzte oder Höhergestellte an Weisungsempfänger, dazu später mehr. Ist ein Mann auf seinem Appellohr besonders empfindlich, weil er nicht gern Befehle entgegennimmt, wird er auf diesen versteckten Appell, wenn er ihn wahrnimmt, eher abweisend reagieren. Hat er den Appell als Hilferuf verstanden, wird er seine Beratermütze aufsetzen und eine Lösung anbieten: „Dann mach' halt sauber" oder „Die Socken haben bestimmt die Kinder liegen gelassen".

Die Nachricht der Frau „Wie das hier schon wieder aussieht, überall dieser Schmutz!" kann also vom Mann ganz unterschiedlich interpretiert werden. Läuft der Mann los und holt einen Staubsauger, hat er die Botschaft als Appell interpretiert, aber welcher Mann tut das schon? Sagt er: „Ich halte es auch für schmutzig", ist dieses eine Selbstoffenbarung. Sagt er: „Stimmt, es ist schmutzig", hat er die Botschaft auf der Sachebene interpretiert. Sagt er: „Aber ich hab' dich doch lieb, auch wenn du nicht so oft putzt", hat er auf der Beziehungsebene reagiert, aber welcher Mann antwortet schon so? Die vielen Möglichkeiten zu antworten und die Gefahr, das Falsche zu sagen, könnten ein Grund sein, warum Männer auf solche Äußerungen gar nicht erst reagieren. Egal wie, es wird wahrscheinlich die falsche Reaktion sein.

Sie können sich vorstellen, dass solche Konstellationen Konfliktpotenzial in sich bergen. Und in dem Konflikt wird es nicht um den

Zustand der Wohnung gehen, sondern auch um den Zustand der Beziehung. Es gibt aber Möglichkeiten, Botschaften so anzubringen, ohne zu riskieren, dass das Gespräch in einem uneffektiven Streit endet. Dazu komme ich im nächsten Abschnitt.

Wege aus dem Dilemma – Ich-Botschaften

Eine gute Beziehung zwischen den Eltern und auch zu den Kindern kann dadurch erhalten werden, dass sich alle Familienmitglieder mit einer wertschätzenden Haltung begegnen. Sätze, die mit „ich" anfangen, werden in der Regel weniger ablehnend und emotional interpretiert als Sätze, die mit „du" beginnen. Die Äußerung „Ich habe mich geärgert, …" ohne ein „weil du …" wird weniger Ablehnung hervorrufen als ein Satz wie „Ich finde, du solltest freundlicher sein". Das ist keine Ich-Botschaft, sondern eine Du-Botschaft, der Empfänger wird eher mit ablehnender Haltung darauf reagieren.
Du-Botschaften senden nach Gordon (1972: 128) meist eine Anweisung an den Gesprächspartner, die der Sender für die einzig richtige hält. Beginnen die Ratschläge oder Lösungsvorschläge zusätzlich mit „du musst", „du solltest", „warum versuchst du nicht" usw., wird der Empfänger automatisch mit Abwehr reagieren, da er sich bedrängt und bevormundet fühlt. Es ist das, was der Empfänger tun sollte oder muss, aus der Sicht des Senders, verbunden mit einer eindringlichen Handlungsaufforderung. Du-Botschaften sagen nichts über das Befinden des Senders, über seine Meinung oder Haltung aus. Der Satz „Du musst dem Kind aber mal deutlich zeigen, wo die Grenzen sind" sagt nichts darüber aus, ob der Sender der Botschaft das Kind auch so energisch ansprechen würde oder nicht.

Darüber hinaus vermitteln Du-Sätze unterschwellig die Botschaft, dass der Empfänger selbst schuld an der Situation ist und nur sein Verhalten ändern muss, um die Situation kompetent zu bewältigen. Du-Botschaften werden von dem Empfänger als Herabsetzung oder Ablehnung empfunden, sie provozieren Widerstand und Unbehagen. Du-Botschaften werden persönlich genommen und werten den Empfänger ab. Sätze wie „Du hättest doch wissen müssen, dass", „Du hättest darauf achten müssen, dass" oder „Beim nächsten Mal sagst du einfach ..." sind keine Lösungsvorschläge, sondern vermitteln dem Empfänger, z.B. einer Frau, lediglich, dass sie sich falsch verhalten hat und damit schuld an der Situation ist. Du-Sätze enthalten eine Bewertung durch den Sender, z.B. durch einen Mann, auf die die Frau entweder mit deutlichem Protest reagiert oder sich verschließt. In beiden Fällen wird sie nicht mehr offen für weitere Nachrichten sein.

Eine wertschätzende und beziehungsförderliche Form, Botschaften zu senden, sind Ich-Botschaften. Durch Ich-Botschaften begegnen Sie dem Gesprächspartner offen und direkt, ohne ihn zu verletzen oder anzugreifen. Durch Ich-Botschaften sind Sie „authentisch", das heißt, Körperhaltung, Gestik, Mimik und das gesprochene Wort passen zueinander. Ihr Partner wird eher zuhören und Ihnen mehr Achtung und Respekt entgegenbringen. Ihr Partner wird auch nicht unbedingt einen Ratschlag heraushören, und vielleicht wird er auch geneigter sein, länger zuzuhören, wenn er nicht befürchten muss, angegriffen zu werden. Auf die meisten Du-Botschaften reagieren Menschen, ganz unabhängig vom Geschlecht, mit Widerstand, Verteidigung, Rechtfertigung, Vorwürfen und dem Hinweis, dass der andere es auch nicht besser macht.

Die Aufforderung „Du kannst auch mal wieder Staub saugen!" animiert geradezu zu der Antwort: „Ich habe auch noch genug andere Sachen zu tun. Ich sauge ständig, und übrigens, was hast du denn den ganzen Tag gemacht?"

Die Schwierigkeit besteht darin, die Ich-Botschaft so zu formulieren, dass der andere nicht mit einer Abwehrreaktion reagiert. Überlegen Sie daher, bevor Sie sich laut äußern, ob Sie im Begriff sind, eine Ich- oder eine Du-Botschaft zu senden. Und ob es sich gegebenenfalls um eine versteckte Du-Botschaft handelt. Das ist sicher nicht immer so ganz einfach, vor allem im Eifer eines Gespräches, in dem die Emotionen überschwappen. Wir werden als Kinder mit Du-Botschaften groß („Aus dir wird nie etwas Vernünftiges!" ist übrigens auch ein Du-Satz). Aber man ist nie zu alt, Neues zu lernen, und Sie können Ihre Ich-Sätze im Laufe der Zeit immer weiter verbessern. Der Erfolg wird Ihnen recht geben und Sie motivieren.

Ein Befehl bleibt ein Befehl

Wie erreicht nun die Frau, dass der Mann sie unterstützt, ohne eine Du-Botschaft auszusenden? Eine Ich-Botschaft wie „Ich finde es hier schmutzig" wird, wie beschrieben, keinen Erfolg bringen. Es geht also nicht ganz ohne eine Du-Botschaft. Sie muss nur so verpackt sein, dass es kein Befehl ist, kein Vorwurf, und sie muss eine Wahlmöglichkeit beinhalten.

Wie können nun Sie als Frau Ihren Mann (oder Sohn) dazu motivieren, handeln zu wollen? Sie könnten ihm drohen: „Wenn du jetzt nicht […] (Staub saugst), dann […] (trenne ich mich)." Davon rate ich Ihnen allerdings dringend ab. Vom Sohn können Sie sich sowieso nicht trennen, und wenn Sie sich schon damit abgefunden haben, sich vom Mann zu trennen, brauchen Sie auch nicht mehr damit zu drohen. Aber wie bereits beschrieben, steht es nicht in unserer Macht, einen anderen Menschen zum Handeln zu zwingen. Wenn ein Mensch unter Druck und Androhung von Konsequenzen handelt, ist das keine intrinsische Motivation (eine Motivation, bei der man aus eigenem Antrieb handelt). Damit ist die Motivation für eine Handlung nicht von langer Dauer, sie währt nur so lange, bis der Auslöser verschwunden ist. Dann wird auf alte Muster zurückgegriffen, und alles ist wieder so, wie es einmal war.

Die Entscheidung zu handeln muss also ausschließlich freiwillig erfolgen. Und das ist manchmal schwer auszuhalten, wenn man sich im Recht glaubt. Warum kann die Frau in dem Beispiel nicht einfach sagen: „Saug' Staub!"? Das ist ein eindeutiger Appell, aber eben auch eine Anweisung, wenn nicht sogar ein Befehl. Und leider ist es ganz kontraproduktiv in einer durch Wertschätzung und Anerkennung geprägten Beziehung, wenn jemand dem anderen einen Befehl erteilt. Befehle werden aus einer ganz eindeutig hierarchisch geprägten Haltung erteilt. Der Vorgesetzte erteilt den Angestellten Befehle (was er als guter Chef gut verpacken wird), der Offizier dem Soldaten (was als Selbstverständlichkeit angesehen wird) oder der Arzt dem Patienten (hier heißt das nicht Befehl, sondern Therapie). Und vielleicht die Mutter dem Kind (das kann man dann wohlwollend noch Erziehung nennen). Wenn der Vorgesetzte und die Mutter die Anweisung mit einem Bitte und Danke versehen und ein gewisses Mitspracherecht einräumen, werden beide sicherlich erfolgreicher sein. Wie so oft kommt es auch hier auf den Zusammenhang, den Kontext, an. Anweisungen, ob mit oder ohne Bitte, bleiben Anweisungen, und wenn Partner sich gegenseitig Anweisungen erteilen, gerät das Familien-Mobile aus dem Gleichgewicht.

Würdest du bitte …?

Welche Möglichkeiten haben Sie nun, Ihren Partner (oder Ihre Partnerin) zum Handeln zu motivieren? Hier würde ich gern das Beispiel aus dem weiten Feld der Hausarbeit verlassen und lieber zu folgendem Satz greifen: „Du verstehst mich überhaupt nicht. Kannst du nicht einfach mal zuhören?" Sie wissen jetzt schon, in welches Dilemma Sie Ihren Partner mit diesem Satz bringen. Der Vorwurf des ersten Satzes wird schon Widerstand hervorrufen, und womöglich wollen Sie über Gefühle sprechen, was für ihn schwer auszuhalten ist, weil das Sprechen über Gefühle zu fast 100 Prozent weiblich ist. Frauen beginnen einen Wunsch oft mit der Frage: „Kannst du […]?", vielleicht sogar mit dem Zusatz „nicht auch mal", und wundern sich dann, dass sie vom Partner eine ablehnende Antwort bekommen. Das liegt natürlich auch daran, dass die Formulierung „nicht auch mal" unterstellt, dass der Partner das sonst nie macht. Und genauso wird er darauf auch reagieren, mit Ablehnung, mit Verteidigung, mit Rechtfertigung und einer Auflistung, was er sonst alles macht. Der zweite „Fehler" liegt in der Verwendung des Wortes Können. Erstaunlicherweise fassen fast alle Männer (und Jungen auch) diese Formulierung so auf, als ob die Frau ihr Können in Frage stellt (vgl. Gray, 1992). Manchmal antworten sie: „Ja, kann ich. Mach' ich aber nicht." (So die Antwort meines Mannes auf die Frage, ob er auf dem Heimweg Brot mitbringen kann.) Die Frau wiederum wird diese Antwort gar nicht verstehen und als Ablehnung ihres Wunsches und ihrer Person interpretieren und genau auf diese Bewertung reagieren: „Ich rackere mich den ganzen Tag hier zu Hause ab, und da kannst du nicht mal in den Supermarkt gehen und Brot einkaufen. Soll ich jetzt mit den beiden kleinen Kindern noch mal los, nur weil ich das Brot vergessen habe?" Und schon ist der Streit da.
Diese Irritation entsteht dadurch, dass Frauen die Formulierung „Kannst du […]?" im Gespräch unter Frauen überhaupt nicht mit der

Bedeutung von Können oder Nichtkönnen in Verbindung bringen. Frauen verwenden die Formulierung „Kannst du […]?" gleichbedeutend mit dem Ausdruck „Wärst du so freundlich und […]". Für sie ist es das Gleiche, und sie sehen wirklich gar keinen Unterschied darin und können demzufolge auch schlecht nachvollziehen, warum Männer diesen Sachverhalt anders sehen und deuten. Ich persönlich kenne keine Frau, die zu einer Freundin sagen würde: „Würdest du heute Abend den Wein mitbringen, wenn du zu mir kommst?" Sie würde das so nicht fragen wollen, weil sie weiß, dass die Freundin dann gar nicht wüsste, was das für eine Frage ist. Die würde nämlich diese Frage nicht als höflich formulierte Bitte, Wein mitzubringen, auffassen, sondern wortwörtlich verstehen, sich also fragen, ob sie nun Wein mitbringen soll oder nicht.

Und die Freundin, die auf die Frage: „Kannst du den Wein mitbringen?" antwortet: „Klar, mache ich!", gibt mit dieser Äußerung nicht zu verstehen, dass sie in der Lage ist, Wein mitzubringen, sondern, dass sie Lust dazu hat.

Anders ist es in der Kommunikation zwischen Männern und Frauen. Aus der an den Partner gerichteten Frage „Kannst du heute auf dem Nachhauseweg Brot mitbringen?" hört dieser heraus: „Bist du heute auf dem Nachhauseweg körperlich und geistig in der Lage, Brot einzukaufen?" (einmal etwas überspitzt ausgedrückt). Dadurch wird beim Partner zunächst das Gefühl ausgelöst, dass seine Partnerin ihn insgeheim nicht für fähig hält, Brot einzukaufen, was sich steigern kann zu der Annahme, meine Frau hält mich für blöd, einzukaufen. Das wird ihn ärgern und er wird entsprechend verärgert reagieren. Nicht alle Männer hören auf diesem Appell-Ohr so empfindlich, aber sehr viele, und den meisten ist das gar nicht bewusst. Aber sie reagieren genauso, als ob die Partnerin sie für einen Deppen halten würde. Probieren Sie es aus, denn Sie sollten herausfinden, wie empfindlich Ihr Mann ist, um nicht weiter in diese Falle zu tappen. Und achten Sie auch einmal außerhalb Ihrer Beziehung darauf, beim

Elektriker, beim Versicherungsvertreter, beim Nachbarn, beim Bruder, beim Vater. Sie werden erstaunt sein, wie häufig Ihr männliches Gegenüber die Frage „Kannst du [...]?" als ein Infragestellen seines Könnens interpretiert und darauf entsprechend reagiert. Ich möchte diesen Sachverhalt nicht bewerten, weder in die eine noch in die andere Richtung. Vielmehr wollte ich zeigen und darauf hinweisen, dass sprachliche Äußerungen mit ganz unterschiedlichen Ohren gehört, interpretiert und entsprechend beantwortet werden. Und dabei spielt auch das Geschlecht (neben vielen anderen Faktoren) eine Rolle. Daran sollten beide Geschlechter denken – und das sollten Sie, liebe Leserin, lieber Leser, sich immer vor Augen halten bei Ihrer Kommunikation in Ihrer Partnerschaft oder mit anderen.

Kürzlich waren Möbelpacker und Maler in der Nachbarschaft aktiv und parkten ihre Fahrzeuge in unserer Straße. Ich wartete auf den Heizöltankwagen und befürchtete, dass dieser nicht an den Fahrzeugen vorbeikam. Also ging ich zu den Handwerkern und fragte ganz freundlich: „Ich bekomme gleich Heizöl. Können Sie Ihren Lieferwagen beiseitefahren?" Und was sagte der Möbelpacker ironisch zum Maler: „Kannst du das? Oder ist dein Rücklicht kaputt?" Natürlich hatte ich seine Fähigkeit in keiner Weise in Frage gestellt, schließlich hatte er den Wagen ja auch hergefahren. Ich hatte lediglich vergessen, dass er das Wort Können anders benutzt als ich.

Leider kann ich Ihnen die Frage, die sich vielleicht nun aufdrängt, warum Männer das so und Frauen das so interpretieren, nicht beantworten. Aber im Grunde genommen ist es auch egal, warum das so ist. Es ist eben wie es ist, wie braune Augen, scheinbar nicht veränderbar. Aber es gibt eine Lösung, wie damit umgegangen werden kann. Als Frau können Sie einen Wunsch oder eine Bitte z. B. an Ihren Partner mit den Worten „Würdest du" einleiten. „Würdest du bitte Staub saugen?", „Würdest du bitte auf dem Nachhauseweg Brot mitbringen, ich habe es nicht mehr zum Bäcker geschafft?", „Würden Sie bitte den Lieferwagen beiseitefahren, damit der Heizöltankwagen vorbeikommt?" – scheinbar das Gleiche und doch in den Ohren eines Mannes ganz anders.

Je mehr der Mann Sie mag, desto weniger bekommen Sie auf die Frage „Würdest Du…" eine ablehnende Antwort. Wenn Ihr Mann dennoch auf die Frage „Würdest du bitte […]?" ablehnend reagiert, wird er einen wirklich guten Grund dafür haben. Und den sollten Sie respektieren, auch wenn Ihnen das schwerfällt. „Würdest du…" ist in meinen Augen die einzige Möglichkeit, den Partner um etwas zu bitten. Daher gebe ich Ihnen als Frau den Rat, diese Formulierung oft zu benutzen, auch wenn Ihnen als Frau die Formulierung „Kannst du…" näher liegt.

Anstatt mit einem Du-Satz nur anzuklagen „Nie hörst du mir richtig zu!", der vom Empfänger als abzuwehrender Angriff empfunden wird und nicht als Handlungsaufforderung, versuchen Sie es einmal damit: „Es ist mir sehr wichtig, dir meine Geschichte, die ich erzählen möchte, in voller Länge und mit allen Details und voller Gefühle zu erzählen. Würdest du mir den Gefallen tun, so lange zuzuhören, bis ich fertig bin? Damit ich das Gefühl haben kann, dass dich meine Geschichten und damit ich auch interessieren?" Wenn Ihr Mann Ihnen dann nicht zuhören möchte, dann haben Sie entweder nicht schnell genug gesprochen und er hat den Rest nicht mehr gehört oder er hat einen guten Grund, nicht zuhören zu wollen. Wählen Sie dann die Kurzform: „Würdest du mir bitte so lange zuhören, bis ich meine Geschichte ganz erzählt habe, ohne einen Ratschlag zu geben." Wenn er dann immer noch nicht zuhören möchte, sagen Sie dann doch einmal: „Wenn du so reagierst, gibst du mir das Gefühl, dass ich dich nicht interessiere. Das Gefühl möchte ich nicht haben, weil ich dann denke, dass du mich nicht magst. Und wenn ich denke, du magst mich nicht, muss ich mich wirklich fragen, was dein guter Grund ist, mich nicht zu mögen." Liest sich lang und hört sich kompliziert an? Ist es auch, vor allem ist es ungewohnt, so zu sprechen. Versuchen Sie es aber trotzdem einmal (Sie können die

Beispielsätze auch abwandeln), anstatt ihrem Partner Vorwürfe zu machen, dass er schon wieder nicht richtig zuhört. Schlimmer kann es ja nicht werden, oder?

Das Risiko, dass die Frage beinhaltet, sollten Sie eingehen, denn Sie sollten mit niemandem zusammen sein, der Sie nicht mag.

Wenn Sie als Mann diesen Abschnitt lesen, würde es mich freuen, wenn Sie bei zukünftigen Äußerungen Ihrer Partnerin berücksichtigen würden, dass für sie die Fragen „Kannst du […]?" und „Würdest du […]?" das Gleiche bedeuten. Sie stellt Ihr Können nicht in Frage, auf gar keinen Fall. Reagieren Sie nicht ablehnend, sondern erklären Sie ihr, was Sie fühlen, wenn sie zu Ihnen sagt „Kannst du […]?".

Aus dem Nähkästchen geplaudert

„Du schrubbst die Fliesen!"

Das Badezimmer hatte es dringend nötig, geputzt zu werden, vor allem die Fliesen und Fugen. Nun finde ich, ganz altmodisch, das ist harte Arbeit und damit Männersache. Mein Mann findet, dass er nach einer 45-Stunden-Woche Freizeit am Wochenende verdient hätte, das finde ich auch. Nichtsdestotrotz mussten die Fliesen geschrubbt werden, und ich wollte das nicht tun, ich wollte das übrige Bad putzen, obwohl ich ebenso viel arbeite wie mein Mann. Am liebsten hätte ich gesagt: „Das Bad muss geputzt werden, du schrubbst die Fliesen und ich mache den Rest." Aber wie Sie nun wissen, ist das erstens ein Du-Satz und zweitens ein Befehl. Ich hätte damit also keinen Erfolg gehabt. Nun werden Sie vielleicht sagen: „Sie brauchten ja auch keinen Erfolg. Das ist doch ganz selbstverständlich, dass man sich die Arbeit teilt, das sollte doch wohl keine

Frage sein usw." Genau das habe ich auch gedacht. Es sollte doch wohl kein Problem sein, wenn beide arbeiten, sich die Hausarbeit am Wochenende zu teilen. Nun ist es in unserer Familie aber so, dass mein Mann den Wochenendeinkauf macht, für alle kocht und die Küche auch anschließend sauber macht. Damit ist sein Anteil abgedeckt, die Fliesen waren also zusätzliche Arbeit. Ich überlegte, welche Möglichkeiten ich hatte.

„Du schrubbst die Fliesen!" – Geht nicht, ist ein Befehl.

„Schrubbst du bitte die Fliesen?" Ist ja keine wirkliche Frage, sondern auch ein wenn auch netter Befehl.

„Kannst Du die Fliesen schrubben?" Kann er, macht er aber nicht. Bleibt nur die Frage: „Würdest Du am Wochenende bitte die Fliesen schrubben?"

Ich überlegte mir folgenden Satz: „Schatzi, das Bad muss geputzt werden und die Fliesen und Fugen müssen dringend geschrubbt werden. Ich finde, dass ist total schwere Arbeit und mir tun anschließend immer die Schultern total weh. Außerdem bin ich so klein, dass ich an die oberen Fliesen gar nicht rankomme. Würdest du am Wochenende die Fliesen schrubben, während ich den Rest sauber mache?"

Ehrlich gesagt, hätte ich immer noch viel lieber gesagt: „Du schrubbst die Fliesen" und fertig.

Außerdem überlegte ich mir, was ich wohl sagen würde, wenn er „Nein" sagt, die Möglichkeit bestand ja immerhin. Dann hätte ich ihn natürlich nach seinem guten Grund für die Ablehnung gefragt und diesen selbstverständlich, wenn auch zähneknirschend, akzeptiert.

Aber so weit ist es gar nicht gekommen. Auf meine Frage: „Würdest du am Wochenende bitte die Fliesen schrubben?" bekam ich eine kurze Antwort: „Selbstverständlich."

Probieren Sie es einige Male aus, statt „Kannst du…" „Würdest du…" zu sagen. Auch im Gespräch mit Ihrem Sohn. Und fragen Sie bei einer Ablehnung nicht „Warum nicht?" (siehe Kapitel 4: Der gute Grund). Die Frage nach dem Warum wird immer eine Verteidigungshaltung hervorrufen. Sie verhärten damit die Position, statt zum Nachdenken anzuregen. Fragen Sie stattdessen: „Aus welchem Grund?" Auch wenn Ihnen in diesen beiden Formulierungen kein großer Unterschied zu sein scheint, probieren Sie es einfach aus, und Sie werden überrascht sein, welche guten Gründe andere Menschen haben.

Der Zyklus der Frau, die Höhle des Mannes

Abb. 35

Viele Frauen haben zu den unterschiedlichen Zeiten ihres Monatszyklus entsprechende Emotionen. Vor und während des Eisprunges bevorzugen Frauen den hundertprozentigen Mann, das Alphamännchen. Vor und während der Menstruation ist das mehr oder weniger egal.

Auch Männer haben einen Zyklus: in der Höhle, außerhalb der Höhle. In der Höhle gibt es nur 100 Prozent Männlichkeit, Frauen haben keinen Zutritt. Gray (1992) beschreibt, was die Höhle des Mannes (und des pubertierenden Jungen auch) alles sein kann: vor dem PC sitzen, fernsehen, die Fernbedienung in der Hand halten, Zeitung lesen, Motorrad fahren, im Hobbyraum sein, Sport treiben, Mittagsschlaf halten, Gartenarbeit machen (weniger bei den pubertierenden Jungs), nichts tun und an die Decke starren (eher bei den pubertierenden Jungs).

Nun haben Frauen oft die Angewohnheit, direkt vor dem Eingang der Höhle zu hocken, weil sie gern in Beziehung mit ihrem Mann oder Sohn gehen möchten. Aber wie soll er aus der Höhle herauskommen, wenn der Ausgang versperrt ist?

Mein Rat: Je eher Sie die Höhle des Mannes akzeptieren und ihm die Zeit dafür geben und gönnen, die er braucht, desto eher wird er wieder herauskommen und auch Ihnen geben können, was Sie brauchen. Ihr Sohn wird sich in der Pubertät sehr lange in seine Höhle zurückziehen und sich anschließend seiner Freundin oder seinem Freund widmen. Sie sollten als Mutter akzeptieren, dass Sie nun einen erwachsenen Sohn haben, der sich auf den Weg machen wird, seine eigene Familie zu gründen.

„Schatz, wir müssen reden!"

Metakommunikation ist „Kommunikation über Kommunikation"; wir reden darüber, wie wir miteinander reden. Nicht das Worüber steht dabei im Mittelpunkt des Gesprächs, sondern das Wie, die Art und Weise, wie wir miteinander reden. Metakommunikation ist das Gespräch über das Gespräch. Ist die Beziehung belastet, geht es in seltenen Fällen um den Austausch sachlicher Botschaften. Bald hat jedes Gespräch das Ziel, die Beziehung zu klären. Problematisch ist dabei nur, dass Frauen diese Gespräche sehr früh beginnen, wenn Männer noch gar nicht bemerken, dass die Beziehung gestört ist. Das gilt natürlich auch im umgekehrten Fall, aber die meisten Beziehungen werden von Frauen gelöst. Frauen sind durch das Gespräch nicht zufriedengestellt und ziehen sich traurig oder verärgert zurück. Der Beziehungskonflikt ist dadurch aber nicht gelöst, sondern durch die Art der Kommunikation noch verschärft worden. Hier hilft nur die Metakommunikation, ein Gespräch darüber, wie man miteinander lösungsorientiert kommuniziert. Es gilt der Satz: „Wer sich nicht in Gefahr begibt, kommt darin um". Mit anderen Worten: Wer nicht den Mut aufbringt, sich einer Auseinandersetzung zu stellen über die Art, wie man miteinander umgeht und redet, der wird schließlich Opfer der ungeklärten Kommunikationsstörung werden. Erst wenn wir durch eine Störung hindurchgegangen sind, besteht die Chance, aus der Störung herauszukommen. Das Reden über das Reden und damit auch über die Beziehung kann anfänglich auf Widerstand stoßen. Denn gute Metakommunikation verlangt einen vertieften Einblick in die eigene Innenwelt und den Mut zur Selbstoffenbarung, dem sich im Allgemeinen die Frauen eher stellen als die Männer.
Vielleicht ist es für ein Gespräch hilfreich, die nachfolgende Zusammenfassung griffbereit zu haben, um sich im Falle eines drohenden Streites daran zu erinnern.

Zusammenfassung der Elemente einer positiven Gesprächsführung:

Für sie:
- Geschichten kürzer erzählen, weniger ausschmücken
- berücksichtigen, dass er eine Lösung anbieten möchte
- „Würdest du ...?" statt „Kannst du ...?"

Für ihn:
- keine Beratermütze aufsetzen, keinen Lösungskoffer in die Hand nehmen
- keine schnellen Lösungsvorschläge anbieten
- berücksichtigen, dass sie ausführlich erzählen möchte

Für beide:
- keine Frage mit „Warum" anfangen, stattdessen formulieren: „Aus welchem Grund?"
- Du-Botschaften vermeiden – Ich-Botschaften verwenden
- daran denken: Die Botschaft wird vom Empfänger bewertet, d.h. ich selbst bestimme, wie ich finde, was ich höre.
- sich fragen: Welche Anteile agieren gerade in mir?

Wenn es Ihnen gelingt, diese wenigen Punkte mehr und mehr im Gespräch zu berücksichtigen, wird sich Ihre Kommunikation und damit Ihre Beziehung verbessern. Das Mobile wird im Gleichgewicht hängen.

Sie können sich auch schon vor dem Gespräch überlegen, wie Sie sich anschließend wieder versöhnen werden, wenn das gut gemeinte Gespräch doch in einem Streit geendet ist. Ein Gläschen Sekt, ein gemeinsames Bad, zusammen Essen kochen oder alles zusammen?

Haben Sie vielleicht nach der Lektüre dieses Buches das Gefühl, dass Sie etwas Interessantes gelesen haben, was Ihr Partner auch unbedingt wissen sollte? Und möchten Sie ihm den Vorschlag machen, es auch zu lesen? Dann geben Sie damit einen ungebetenen Ratschlag, und in vielen Fällen wird er diesen nicht gern annehmen wollen. Männer mögen sich auch nicht gern zu einem pädagogischen Vortrag oder Seminar schicken lassen. Und zur Eheberatung gehen sie meist erst dann, wenn die Frau mit der Trennung droht.

Es kann also sein, dass Sie dieses Buch ausschließlich für sich selbst nutzen, da Ihr Partner sich weigert, es ebenfalls zu lesen. Aber vielleicht hilft Ihnen das Gelesene bereits, mit einer anderen Haltung in ein Gespräch mit Ihrem Partner zu gehen. Auch wenn wir es gern möchten, wir können niemals einen anderen Menschen ändern oder zwingen, etwas zu tun. Wir können nur uns selbst verändern. Wir können versuchen, dem anderen zu erklären, was uns bewegt und was wir uns wünschen. Und dann können wir nur hoffen, dass es eine Wirkung haben wird. Mehr steht nicht in unserer Macht. Sie könnten es noch mit den Worten versuchen: „Schatzi, ich würde mich wirklich freuen, wenn du das Buch auch lesen würdest." Das „Schatzi" ist natürlich individuell austauschbar.

Zu guter Letzt

In Grundgesetz, Gleichstellungsgesetz und BGB ist festgelegt, dass es zwei Geschlechter gibt und jeder Mensch einem Geschlecht zugeordnet ist, das in der Geburtsurkunde eingetragen wird. Das Geschlecht eines Menschen wird durch unterschiedliche Faktoren bestimmt, zu denen die biologischen Grundlagen, wie die Chromosomen, aber auch die sozialen und kulturellen Bedingungen gehören, unter denen ein Mensch heranwächst. Die Chancengleichheit von Männern und Frauen in allen politischen, gesellschaftlichen und wirtschaftlichen Bereichen ist umzusetzen. Bei allen gesellschaftlichen Vorhaben sind dabei aber die unterschiedlichen Erfahrungen und Interessen von Frauen ebenso wie die von Männern von vornherein und regelmäßig zu berücksichtigen, da es keine geschlechtsneutrale Realität gibt.

Mädchen und Jungen entwickeln ihre ganz eigene Individualität, unabhängig vom Geschlecht, wobei sich Gene und Umwelt gegenseitig bedingen und eine Wertung in Form von „besser" oder „schlechter" diskriminierend ist.

Als Eltern haben Sie vor allem die Aufgabe, ein Vorbild zu sein. Machen Sie sich Ihre eigene Lebensgeschichte bewusst. Leben Sie die Werte, die Sie an Ihre Kinder weitergeben wollen. Denken Sie positiv und loben Sie die Stärken. Machen Sie sich Ihre unterschiedlichen Rollen als Mutter und als Vater bewusst. Lassen Sie Fehler zu. Lachen Sie oft und ärgern Sie sich wenig. Berücksichtigen Sie, dass Testosteron „mobil" zu machen scheint, und seien Sie liebevoll hartnäckig beim Setzen von Grenzen. Halten Sie das Gemecker und Gezicke aus, das legt sich auch wieder.

Mit dieser Haltung schaffen Sie die Grundlage für die Herausbildung eines gesunden Selbstbildes und bieten die beste Voraussetzung für das schulische Lernen. Berücksichtigen Sie dabei, dass Jungen oft nicht so schön schreiben wie Mädchen und beim Lernen häufig mehr

Bewegung brauchen. Jungen scheinen einen Vorteil beim räumlichen Denken zu haben, dafür schreiben Mädchen umfangreiche Aufsätze. Verschwenden Sie nicht zu viel Energie, die Schwächen besser zu machen, sondern fördern Sie die Stärken. Erhalten Sie sich die gute Beziehung zu Ihrem Kind. Und denken Sie daran: Die anstrengenden Kinder kommen später im Leben meist am besten zurecht. Vertrauen Sie darauf, dass Ihr Sohn oder Ihre Tochter den besten Weg finden wird. Pflegen Sie Ihre Partnerschaft und die Kommunikation in Ihrer Beziehung. Denken Sie an das weibliche Beziehungsgeflecht und an die männlichen Strukturen.

Und wenn Sie an all das denken und sich trotzdem verzweifelt fühlen, sagen Sie sich:
Wenn Kairos ist, verwächst sich vieles von ganz alleine.

„Nichts kann den Menschen mehr stärken als das Vertrauen, das man ihm entgegenbringt."

(A. von Harnack)

anke

Danke an meine Kinder, ohne sie wäre dieses Buch nicht
entstanden. Sie sind das Beste, das mir passiert ist.
Danke an meinen Mann, dem Vater dieser Kinder.
Danke an meine Eltern und an meine verstorbene Oma – für
die Familie, die sie mir gegeben haben.
Danke an meine Freundin Anni dafür, dass sie ist, wie sie ist.

Bedanken möchte ich mich auch bei Thomas Sonntag für das
sorgfältige Redigieren der Texte und bei Katja Mense-Seerich für
das professionelle Layout. Alles in allem war es eine sehr gute
Teamarbeit, bei der ich viel gelernt habe.

Literatur

Allmendinger, J.; Blanck, J. M.; Leuze, K. (2008): 50 Jahre Geschlechterge-rechtigkeit und Arbeitsmarkt.
In: Aus Politik und Zeitgeschichte, Beilage zur Wochenzeitung
„Das Parlament", Nr. 24, S. 18-25

Beuster, F. (2007): Die Jungen-Katastrophe.
Das überforderte Geschlecht. Reinbek b. Hamburg: Rowohlt

Bevölkerung und Erwerbstätigkeit. Statistik der rechtskräftigen Beschlüsse
in Eheauflösungssachen (Scheidungsstatistik).
Fachserie 1 Reihe 1.4. Wiesbaden: Statistisches Bundesamt. Im Internet
verfügbar unter: http://www.destatis.de/ (Stand: Februar 2013)

Biddulph, S. (1998): Jungen! Wie sie glücklich heranwachsen, warum sie
anders sind - und wie sie zu fähigen, liebevollen und ausgeglichenen Män-nern werden. München: Beust

Birkenbihl, V. F. (2004): Jungen und Mädchen, wie sie lernen.
Öffentlicher Vortrag in Odelzhausen, 2004.
Veröffentlicht auf DVD, Digimedia United.

Bode, S. (2010): Die vergessene Generation.
Die Kriegskinder brechen ihr Schweigen. 14. Aufl. München: Piper

Bowlby, J. (1969): Bindung. München: Kindler

Brisch, K. H. (2011): Die Wiege der Sicherheit.
In: Gehirn & Geist, Nr. 9/2011, S. 48–55

Brizendine, L. (2008): Das weibliche Gehirn. Warum Frauen anders sind
als Männer. 2. Aufl. München: Goldmann

Brüggemann, H.; Ehret-Ivankovic, K.; Klütmann, C. (2009): Systemische
Beratung in fünf Gängen. Ein Leitfaden. 3. Aufl.
Göttingen: Vandenhoeck & Ruprecht

Colapinto, J. (2000): Der Junge, der als Mädchen aufwuchs.
Düsseldorf; Zürich: Patmos

Dittler, U.; Hoyer, M. (Hrsg.) (2006): Machen Computer Kinder dumm?
Wirkung interaktiver, digitaler Medien auf Kinder und Jugendliche aus
medienpsychologischer und mediendidaktischer Sicht. München: kopaed

Dräger, T. (2008): Gender Mainstreaming im Kindergarten.
Stuttgart: ibedem

Drygala, A. (2005): Die Differenz denken. Zur Kritik des Geschlechterverhältnisses. Wien: Turia + Kant

Erikson, E. H. (1998): Der vollständige Lebenszyklus. 4. Aufl. Frankfurt/Main: Suhrkamp

Ernst, A.; Herbst, V.; Langbein, K.; Skalnik, C. (1999): Kursbuch Kinder. Köln: Kiepenheuer & Witsch

Foerster, H. von; Glasersfeld, E. von; Hejl, P. M. et al. (2010): Einführung in den Konstruktivismus. 12. Aufl. München: Piper

Freud, S. (1975): Einige Bemerkungen über den Begriff des Unbewussten in der Psychoanalyse. In: Studienausgabe, Bd. 3: Psychologie des Unbewussten. Frankfurt/Main: Fischer

Gluckman, P.; Hanson, M. (2007): Aus dem Tritt geraten. Warum unsere Welt nicht mehr zu unseren Körpern passt. Heidelberg: Springer

Gray, J. (1992): Männer sind anders. Frauen auch. München: Goldmann

Grüninger, C.; Lindemann, F. (2000): Vorschulkinder und Medien. Opladen: Leske + Budrich

Haglund, K. (1992): „Weißer Mann, warum nennst du unsere Heimat grüne Hölle?" In: P.M. Perspektive „Naturvölker", Nr. C7382F 92/028, S. 25-31

Harlow, H. (1961): The development of affectional patterns in infant monkeys. Determinants of infant behaviour. London: Methuen

Haug-Schnabel, G.; Bensel, J. (2005): Grundlagen der Entwicklungspsychologie. Die ersten 10 Lebensjahre. Freiburg/Breisgau u. a.: Herder

Hintermann, A. (2009): Anleitung zur Erstellung eines Genogramms. Obfelden. Im Internet verfügbar unter: www.2hintermann.ch/dokus/genogramm2008.pdf (Stand: Februar 2013)

Hüther, G. (2009): Männer – das schwache Geschlecht und sein Gehirn. Göttingen: Vandenhoeck & Ruprecht

Hüther, G. (2009b): Ohne Gefühl geht gar nichts. Worauf es beim Lernen ankommt. DVD. Müllheim/Baden: Auditorium Netzwerk

Hüther, G.; Bonney, H. (2010): Neues vom Zappelphilipp. ADS verstehen, vorbeugen und behandeln. Mannheim: Padmos

Janßen, U.; Steuernagel, U. (2005): Warum sind die anderen anders? Oder wie die Gesellschaft funktioniert. München: Deutsche Verlags-Anstalt

Jung, C. G. (2009): Archetypen. 15. Aufl.
München: Deutscher Taschenbuch-Verl.

Keimeleder, L.; Schumann, M.; Stempinski, S.; Weiß, K. (2002): Qualifizierung in der Tagespflege. Das DJI-Curriculum „Fortbildung von Tagesmüttern". Seelze: Kallmeyersche Verlagsbuchhandlung

Kelek, Necla (2007): Die verlorenen Söhne. Plädoyer für die Befreiung des türkisch-muslimischen Mannes. München: Goldmann

Largo, R. H. (2008): Kinderjahre. Die Individualität des Kindes als erzieherische Herausforderung. München: Piper

Maccoby, E. E. (2000): Psychologie der Geschlechter. Sexuelle Identität in den verschiedenen Lebensphasen. Stuttgart: Klett-Cotta

McGoldrick, M. (2007): Wieder heimkommen. Auf Spurensuche in Familiengeschichten. Genogrammarbeit und Mehrgenerationen-Perspektive in der Familientherapie. 2. Aufl. Heidelberg: Carl Auer

McGoldrick, M.; Gerson, R.; Petry, S. (2009): Genogramme in der Familienberatung. 3., vollst. überarb. und erw. Aufl. Bern: Huber

Merkel, H. (1990): Wie lange trägt der Einbaum noch?
München: Don-Bosco

Molter, J. J. (2012): Vom Ende der großen Entwürfe … zum Blühen systemischer Praxis. In: Familiendynamik.
Systemische Praxis und Forschung, Nr. 1, S. 58–62

MPFS (Medienpädagogischer Forschungsverbund Südwest; Hrsg.) (2010): JIM-STUDIE 2010 Jugend, Information, (Multi-)Media. Basisuntersuchung zum Medienumgang 12- bis 19-Jähriger. Stuttgart: MPFS. Im Internet verfügbar unter: http://www.mpfs.de/?id=181 (Stand: Februar 2013)

Murphy-Witt, M. (2003): Konsequente Eltern – glückliche Kinder.
München: Südwest

Nelles, W. (2009): Das Leben hat keinen Rückwärtsgang: Die Evolution des Bewusstseins, spirituelles Wachstum und das Familienstellen.
Köln: Innenwelt-Verl.

Otten, D. (2000): Männer-Versagen. Über das Verhältnis der Geschlechter im 21. Jahrhundert. Bergisch Gladbach: Lübbe

Paetsch, M. (2010): Aufbruch zu neuen Kontinenten.
In: GEOkompakt, Nr. 24, S. 86-99

Pauen, M. (2010): Der empathische Egoist.
In: Gehirn & Geist, Nr. 11, S. 72–75

Pool, R. (1995): Evas Rippe. Das Ende des Mythos vom starken Geschlecht.
München: Knaur

Renggli, F. (1985): Angst und Geborgenheit. Soziokulturelle Folgen der
Mutter-Kind-Beziehung im 1. Lebensjahr. Ergebnisse aus Verhaltensfor-
schung, Psychoanalyse und Ethnologie. Reinbek b. Hamburg: Rowohlt

Rohr, R.; Fthenakis, W. (2008): Vater, Sohn und Männlichkeit. Wie der
Mann zum Mann wird. Kavelaer: topos

Satir, V. (2009): Selbstwert und Kommunikation.
Familientherapie für Berater und Selbsthilfe. 19. Aufl. Stuttgart: Klett-Cotta

Schellenbaum, P. (1991): Homosexualität im Mann.
Eine tiefenpsychologische Studie. München: Kösel

Schlee, J. (2008): Kollegiale Beratung und Supervision für pädagogische
Berufe. Stuttgart: Kohlhammer

Schmid, B. (2009): Systemische Professionalität. Konzepte für Beratung,
Organisation und Psychotherapie. DVD. Müllheim/Baden: Auditorium
Netzwerk

Schröder, H.; Krause, R.; Wild, B. et al. (2009): Die Psychologie des La-
chens. DVD. Müllheim/Baden: Auditorium Netzwerk

Schulz von Thun, F. (2011a): Miteinander reden. Bd. 1: Störungen und
Klärungen – allgemeine Psychologie der Kommunikation.
Reinbek b. Hamburg: Rowohlt

Schulz von Thun, F. (2011b): Miteinander reden. Bd. 2: Stile, Werte und
Persönlichkeitsentwicklung – differentielle Psychologie der
Kommunikation. Reinbek b. Hamburg: Rowohlt

Shapiro, J. (1992): Männer sind wie fremde Länder.
Verständigungshilfen für Frauen. Frankfurt/Main: Fischer

Siegler, R. S.; DeLoache, J.; Eisenberg, N. (2008): Entwicklungspsychologie
im Kindes- und Jugendalter. Heidelberg: Spektrum Akad. Verl.

Simon, W. (2007): GABALs großer Methodenkoffer. Grundlagen der Kommunikation. Offenbach: GABAL

Spieker, M. (2007): Familiengründung und Beruf. In: Aus Politik und Zeitgeschichte, Nr. 7, S. 8-14.
.
Bonn: bpb, S. 8 - 14

Spitzer, M. (2006): Gehirn & Geist. DVD. Aufzeichnung der Serie BR alpha. Müllheim/Baden: Auditorium Netzwerk

Tariverdian, G.; Buselmaier, W. (1995): Humangenetische Sprechstunde. Berlin u. a.: Springer

Watzlawick, P.; Beavin, J. H.; Jackson, D. D. (2011): Menschliche Kommunikation. Formen, Störungen, Paradoxien. 12., unveränderte Aufl. Bern u. a.: Huber

Notizen

Notizen

Notizen

Notizen

Notizen

Notizen